四特 教育系列丛书 SITEJIAOYUXILIECONGSHU

教师的一生修炼

《"四特"教育系列丛书》编委会 编著

吉林出版集团股份有限公司
全国百佳图书出版单位

图书在版编目 (CIP) 数据

　　教师的一生修炼／《"四特"教育系列丛书》编委会编著.
一长春：吉林出版集团股份有限公司，2012.4
　　（"四特"教育系列丛书／庄文中等主编.教师全方位
修炼）
　　ISBN 978-7-5463-8768-0

　　Ⅰ.①教… Ⅱ.①四… Ⅲ.①中小学－教师－职业道德
Ⅳ.① G635.1

　　中国版本图书馆 CIP 数据核字（2012）第 044371 号

教师的一生修炼

JIAOSHI DE YISHENG XIULIAN

出 版 人	吴　强	
责任编辑	朱子玉　杨　帆	
开　　本	690mm×960mm　1/16	
字　　数	250 千字	
印　　张	13	
版　　次	2012 年 4 月第 1 版	
印　　次	2023 年 2 月第 3 次印刷	

出　　版	吉林出版集团股份有限公司
发　　行	吉林音像出版社有限责任公司
地　　址	长春市南关区福祉大路 5788 号
电　　话	0431-81629667
印　　刷	三河市燕春印务有限公司

ISBN 978-7-5463-8768-0　　　　　定价：39.80 元

前 言

　　学校教育是个人一生中所受教育最重要的组成部分，个人在学校里接受计划性的指导，系统地学习文化知识、社会规范、道德准则和价值观念。学校教育从某种意义上讲，决定着个人社会化的水平和性质，是个体社会化的重要基地。知识经济时代要求社会尊师重教，学校教育越来越受重视，在社会中起到举足轻重的作用。

　　"四特教育系列丛书"以"特定对象、特别对待、特殊方法、特例分析"为宗旨，立足学校教育与管理，理论结合实践，集多位教育界专家、学者以及一线校长、教师的教育成果与经验于一体，围绕困扰学校、领导、教师、学生的教育难题，集思广益，多方借鉴，力求全面彻底解决。

　　本辑为"四特教育系列丛书"之《教师全方位修炼》。

　　教师的职责是"传道授业解惑"，更是把教学当成自己的终生事业，用"爱"塔起教育的基石，用自己的学识及人格魅力，点燃学生的兴趣，促进学生的健康、快乐成长。

　　俗话说："教师不能半桶水。"学生专业知识水平的高低，很大程度上受教师知识水平的制约，如果教师在教学中对教材分析不透，对知识重点把握不准、要点讲解不清，那么学生听过他的课就会产生一种模糊的、收获不大的感觉。因此，教师必须知识广博、语言丰富，学生才能学到真正的知识。本书从新世纪、新时代经济和社会发展的要求出发，在理论与实践结合的基础上，对新世纪教师素质及其修养的一系列问题，进行了比较全面、系统、深入的阐述。应当说，这是一项十分有意义的工作。

　　本辑共20分册，具体内容如下。

　　1.《师魂》

　　教师被人们称为"人类灵魂的工程师"，担负着传授知识、传承文明、培养人才、提高民族素质的光荣任务。教师的最高境界需要"忙人之所闲，闲人之所忙"，从有到无，从无到有；从看教育是教育，到看教育不是教育，再到看教育还是教育。教师对教育的最大贡献，就是让人的精神生活世界有生机、有活力、有智慧。

　　2.《以礼服人》

　　作为教师，我们要正确领会礼仪、礼貌、礼节、仪式和教师礼仪的概念，领会礼仪的地位和作用，掌握教师礼仪的原则、方法，坚持科学发展观，为构建社会主义和谐校园而奋斗。教师的一举手一投足，甚至一颦一笑，都蕴含着教育的力量。本书从教师的个人形象、教师的服饰、教师的语言、师生关系礼仪、教师与家长沟通礼仪、同事共处礼仪、集会礼仪和社会交往礼仪等方面，系统阐述了教师礼仪的一些基本常识。

3. 《教师的一生修炼》

本书将重点探讨如下诸方面的理论与实务：职业规划——自我实现的教育生涯、如何设计职业生涯、职业发展规划行动、教师入职与离职规划、新教师角色适应规划、教师专业发展规划、校长成长规则、职场诊断与修炼、潜能开发、以及享受学习化教育生活等。

4. 《育人先做人》

教师是学生智慧的启蒙者，学生未来的引领者。教师的质量决定了教育的质量，教师的品质决定了教育的品位，教师人格的完善能够提升教育的水准。教育职业对教师人格提出了严格的要求：在教师自身的人格教育中不断提升自我，完善人格。人格教育是一生的工作，提升自我、完善人生会伴随一个人一生的历程。

5. 《教育语言随心用》

本书内容涵盖了教学语言艺术和教育语言艺术训练的方方面面。从宏观综论到微观剖析，从课堂艺术到辅导艺术，从艺术对话到精彩演讲，从个性张扬到群体发展，从全体教育到特殊教育，质朴无华，内容充实，观点鲜明，为教师深入研究和准确使用教学语言和教育语言提供了可借鉴的经验。

6. 《师者无敌》

本书编写的基本理念是：就内容构架而言，以促进教师对自身职业的理解为基础，以增进教师职业人生的完善为基本目标，以启发、引导的方式来促进教师德性的自主形成；就编写形式而言，力求摆脱单一的理论说教，从当代教师职业生活实际出发，抓住主要问题，采取生动、灵活的语体形式，把精要的论述与典型的事例结合起来，注重该书的可读性。

7. 《教师的信仰》

职业精神是教师不可缺失的最本质的东西。一位教师能不能成为好教师、名教师，关键是有没有职业道德，有没有职业精神。今天的教育，缺的不是楼房，而是文化与技术；缺的不是理念，而是行为与操作；缺的不是水平，而是责任和精神。教育的希望，在于教师良心的回归、精神家园的重建。只要有了良好的精神状态，我们就有战胜任何困难的勇气，就有奋然前行的动力。

8. 《看透学生的心理》

学生的心理困惑从何而来？概括来说就是一"高"一"低"：高，学生是个承载社会、家长高期望值的群体，自我成才欲望非常强烈；低，其心理发展尚未成熟，缺乏社会经验，适应能力较差。正是这欲望与不能之间的矛盾造成了学生的心理问题。我们编写本书，是期望引导教师与青少年共同克服这一难题，去打开人生的成功局面。

9. 《卓越教师》

突出骨干教师的培训，既是加强中小学教师队伍建设的当务之急，又是提高教师质量的长远之计。本书在编写上提倡以培训学科带头人为目标，以现代教育思想、现代教育技术、特级教师的学术报告，以及当前教改的热点问题为研究内容，源于实践又高于实践，可用作骨干教师的培训教材，也可用于普通教师的自我阅读与提高，以期使教师在较短的时间内达到或接近特级教师的水准，成为学科带头人。

10.《与学生打成一片》

如何做最受学生欢迎的老师，是每个老师都要思考的问题，也是每个老师都希望的。学校的课程很多，语文、数学、英语、科学、音乐、美术、体育等等，每门学科都有自身的特点，每个学生都有自己的喜好，教师能真正做到让每个学生都欢迎吗？本书将教会教师怎么样靠自己的才能和高尚的品德赢得学生的喜欢和尊重，让每一个教师都能成为受学生欢迎的教师。

11.《培养教师爱岗敬业精神》

本书从教师的角度出发，阐述了教师爱岗敬业所带来的深刻变化，介绍了爱岗敬业的途径和方法，从勇于负责、乐于服从、热情专注、自动自发、团结协作、勤奋努力、敢于创新、节俭高效等方面，结合大量教育实例和人生哲理，向广大教师提出了爱岗敬业的崇高理念和修炼方法，期盼每一位教师都能从中受益。

12.《教师职业道德与素质培养》

当前，各级教育行政部门和社会各界都非常关注师德建设，师德教育已经被列为教师继续教育的重要内容之一。本书以专题研究为主线，以典型的案例及案例分析为依托，从教师工作、生活实际出发设置情境、提出问题，突出师德教育的操作性和实效性。本书既适应新世纪对教师职业道德建设的需求，也适用于在校师范生以及申请教师资格者学习。

13.《教师怎样提升教学质量》

每位教师的心里都有一个美好的心愿，那就是都想使自己的教学质量得到最大限度的提高。众所周知，教学质量是一所学校的生命线，提高教学质量是每一位教师时刻都在研究、都想努力做好的一件事。要让教育不平凡，出路就在于能突破平常很容易被封闭的平庸局面。优秀的教师，善于用智慧慢慢凿开通向教育风景的出口。

14.《教师快乐工作指导》

教师工作细致而烦琐，教师不仅要组织好各种教育教学活动，还要保证学生的身心安全。长期的忙忙碌碌、精神高度集中，教师容易产生麻木、倦怠、疲劳的职业状态。为使教师消除职业倦怠，学会快乐地生活、愉快地工作，需要多渠道支持帮助其进入积极健康的工作和生活状态，从心理、物质和精神上给予帮助和支持，让教师感受到集体的关怀和温暖。

15.《教师工作减压指导》

当教师很累，这已经是所有中小学教师共同的感受。中小学教师劳动强度很大，长此以往，就很容易使教师患上疲劳综合征，导致未老先衰，甚至英年早逝的恶果，对教育的可持续发展和教师队伍的稳定十分有害。中小学教师的过劳问题应当引起政府有关部门的高度重视，以人为本的科学发展观要落到实处，不要仅仅停留在口头上。作为教师个人，不要只等待有关部门的措施，必须想方设法给自己"减压"，以防被疲劳综合征缠身。

16.《教师文娱活动指南》

与家人、朋友一起开开心心度过课外时间与休息日、节假日，使身心从工作中彻底解脱出来，得到完整的休整、全面的恢复。要知道工作是永远干不完的，是没有最好的。我们需要多看到一些明天的太阳，让照亮别人的蜡烛燃烧得时间更久、更久……

17.《教师心理健康指南》

随着竞争愈来愈激烈，教师的工作节奏日趋紧张，精神上容易产生巨大压力，精神上和身体上的超负荷状态对健康是非常不利的。如果不注意休息和调节，中枢神经系统持续处于紧张状态，会引起心理应激反应，久而久之可导致交感神经兴奋增强，内分泌功能紊乱，产生各种疾病。本书力图从教师职业发展的实际需求出发，注重必要的理论引领与生动的案例分析结合，突出专业性、应用性、操作性、可读性，可为广大中小学教师培训、自学提供借鉴，也可为高校相关专业学生的学习、研究提供参考。

18.《教师怎样进行教学改革创新》

立足素质教育的学理，探析课堂教学的变革，反思课堂教学实践，重新审视素质教育理论，在实践和理论的互动中探讨我国教育的现实与未来。

19.《从历代名著中学习教育思想》

本书撷取世界知名教育家在世界教育史上具有重大影响和学习价值的教育名著进行选读。每位教育家及其著作均有作者简介、成书背景、内容精要、名著选读等内容。本书结合这些教育名家的成长经历，阐述了不同名著的理论内容和实践特色，批判继承了中外历史上进步的教育思想，对于提高读者的教育理论素养，提升教育工作者的教学水平和创新能力具有一定的借鉴意义。

20.《向教育名家学习教育智慧》

本书着重介绍当代教育家的教育思想。中国是一个教育大国，理应对全人类的教育做出自己的贡献。在两千多年的历史文明进程中，中国也确实不断为世界教育的进步贡献自己的教育思想、教育制度和教育智慧。中华人民共和国成立以来，尤其是改革开放以来，中国教育发生了深刻变化，取得巨大成就，同时，也不断涌现出新的教育思想、新的改革成就和新时代的教育家。我国一大批教育专家学者上下求索、大胆实践，为教育发展出谋划策，为教育改革殚精竭虑。他们的学术思想和教育实践直接推动了我国的教育改革与发展，并将对今后的教育实践与研究继续产生深刻影响。

由于时间、经验的关系，本书在编写等方面，必定存在不足和错误之处，衷心希望各界读者、一线教师及教育界人士批评指正。

编者

目　录

第一章

客观准确的目标定位

没有目标便不会有成功

哲学家爱默生说："当一个人知道他的目标去向，这世界是会为他开路的。"

1953年，有人对耶鲁大学应届毕业生进行了一项问卷调查。统计结果是，3%的学生有明确的目标并写成了文字，97%的学生基本上没有明确的目标。20年后的1973年，追踪所有参加过问卷调查的学生的现状，结论使追踪者十分吃惊。当年那3%的人拥有财富的总和比那97%的人的财富总和还多得多。可见，20年前目标的有无决定了20年后被调查者的命运。

无独有偶，哈佛大学有一项非常著名的关于人生目标影响的跟踪调查。被调查对象是一群智力、学历、环境等条件都差不多的年轻人，调查结果显示：3%的人有清晰且长远的目标，25年来他们从未改变过自己的目标，总是朝着一个方向不懈地努力，25年后，他们几乎都成为社会各界的成功人士，不乏企业家、行业领袖、社会精英。

10%的人有清晰的短期目标，他们的共同点是：不断完成预定的短期目标，且累积完成中期目标，其生活状态步步上升，25年后，他们成为各行各业不可或缺的专业人士，如医生、律师、工程师等。

他们中60%的人目标模糊，这些人能安稳地生活与工作，但都没有什么特别的成绩。剩下的27%，是那些25年来都没有目标的人群，他们几乎都生活在社会的最底层。他们生活得很不如意，常常失业，靠社会救济，并且常常都在抱怨他人、抱怨社会。

上述两个调查都充分说明有无目标对一个人而言是非常重要的，它可以为你找出方向，可以使你的生命在有限的时空里冲破极限，并最大限度地释放能量。可以这么说，成功的人必是目标意识强的人。

古人云："凡事预则立，不预则废。""预"其实是一种精神状态，积极的态度对行动及其结果的影响是人所共知的。所以，作为教师的你主动为职业生涯设定明确的目标对专业发展的促进作用不言而喻。

下面就让我们一起来看看特级教师陆廷荣老师的故事，来感受远大目标对教师职业生涯的深远影响。

二十多年光阴如白驹过隙，二十多年教坛履痕却历历在目。回顾这些年来所走过的一串串深浅不一的足迹，我欣慰：在教育的圣土上，我距我所追求的远大目标渐行渐近……

做教师纯属偶然，我从小学到高中学习成绩一直出类拔萃，然而在高考后我却走进了师专的大门。在大学的三年，我深陷于怀才不遇的苦闷当中，但心中还有一个梦想：考研。

毕业后，我进入一所农村学校，在这里我暗暗下定决心。一定要通过考研离开这里，没想到在职教师工作三年方可报考，我离开教育岗位的希望破灭了。

在一次同学聚会中，了解到大家好多都已经转行，有些还下了海，掘到了第一桶金。整个聚会就在我的羡慕与懊恼中结束了。

在这之后，我又不断风闻同学下海、发财的消息，心情更加抑郁。一天晚上，母亲走进我的房间，向我述说了一件至今都让我刻骨铭心以致后来改变我一生命运的事。她说我父亲好歹也是吃国家粮的，这些年来他一直犯哮喘病，按照规定，他的一切医疗费用都可以报销，可父亲却常常自己掏钱买药。他说，作为一个普通工人，国家给予他的已经太多太多，按理说应该报答国家，可因为生病，这些年来已经花了国家很多钱，他总觉得自己对不住国家，希望儿女将来能替自己为国家尽这份责任。

母亲的一席话让我潸然泪下，就是在那一刻，我做了一个郑重的选择：既然今生注定我物质上不能富有，那么我就一定要在精神上做个富有的人，既然教师职业选择了我，我就应该踏踏实实做一名好教师。在理想与现实之间徘徊多时的一颗心终于安定下来。

其后的道路虽然走得苦乐参半，但我的教育信念却再也没有动摇过。因为有信念，我在后来的人生道路上才能甘于寂寞，放弃一个个节假日，让孤灯清影伴我走过春夏秋冬；因为有信念，我才能守住清贫，任屋外灯红酒绿，我独守三尺讲台；因为有信念，我才能抵制诱惑，任凭东西南北风，我始终咬住青山不放松；因为有信念，我才能克服困难，纵然是遍体鳞伤，我却胜似闲庭漫步。

……

这二十几年来，我是取得了一些成就，我深知成功来之不易，但我更懂得在教育这条漫长而曲折的道路上，我其实才迈出了一小步，我离我的理想目标还很远，但我会矢志不渝地朝这个方向努力。我会竭尽一辈子精力，在教育的苦乐之间继续实践与探索，因为今天在我的心中，

教育事业早已成了一生的最爱。

陆老师度过了二十多年的教坛生涯，他的职业生涯初期的经历也颇为曲折，好在父母的帮助让他摆正了位置，树立了远大的目标，明确了自己的信念，并朝着这个目标坚定地走下去，最终成为一名光荣的特级教师。可见，成功的职业生涯从确定目标开始。

寻找适合自己的职业目标

教师的职业发展目标大致可以分为三类：一是教育学尖子；二是科研能手；三是教育管理者。成功心理学的理论告诉我们，判断一个人是不是成功，最主要看他是否最大限度地发挥了自己的优势。而许多教师之所以能在同辈中出类拔萃，很大程度上就是因为他们能清楚地知道自身的优势所在，并通过勤奋让优势得到最大限度发挥。

每所学校发展水平的差异、学校能为每位老师所提供的发展机会的差异和个人所获得的发展机会的差异，都直接影响着教师职业生涯路线的选择。因此，作为教师的你应根据自身的条件和所处之环境，选择好自己的职业发展道路。

你究竟打算朝哪个方向发展？走行政管理路线，或是走专业技术路线，还是向业务方向发展？是从事教育科学研究，还是向优秀讲课能手努力，或是两者兼而有之？发展路线不同，要求也就不同，这点是不能忽视的。

即使是同一种教师职业，也有不同的岗位，同一个岗位也有不同的工作，同一个工作也有不同的要求，同样的要求各人所完成的方式也不一定相同。

有的教师所具备的人力资源得天独厚，适合从事行政工作，可以在管理方面大显身手，成为一名优秀的校领导；有的老师喜欢钻研，适合搞研究，能在某一领域有所建树，成为著名的学科专家；有的老师兢兢业业，恪尽职守，终于桃李满天下，成为一代名师；有的老师是"多面手"，什么都行……

有效的职业生涯规划需要确定切实可行的目标，以便排除不必要的干扰，一心一意致力于目标的实现。

职业生涯目标设计的内容，可以从两个角度分：①时间的角度，在成长的不同阶段，目标是不同的，也就是要设计阶段目标，阶段目标主要是各个成长阶段要解决的主要问题；②项目的角度，在教育工作中，有许多项目，都可以成为教师攻克的目标，如教材开发、教学方法的改革、教学手段的革新、学生管理、课外活动指导、某个问题的实验或科研等。

当然，除了阶段目标，你首先要有一个总的人生目标。

一个人是否能够成就一番事业，很大程度上取决于有无一个正确而适当的人生目标，没有人生目标，或者人生目标选择不当，都很难实现自己的理想。因而，作为教师的你进行职业生涯规划时，首先就应该确定一个远大的人生目标。

不妨静下心来想一想如下问题。

（1）我希望从教师这个职业中得到什么？

（2）在我已有的教育经验中，什么样的经历让我最感满足？

（3）在我这个职业群体中，哪些人做得不如我？哪些人表现和我差不多？哪些人表现比我优秀？我从他们身上，能够吸取什么经验与教训？

（4）我希望成为什么样的教师？

（5）要成为这样的教师，我需要进行哪些方面的自我更新？

（6）要成为这样的教师，我需要多长时间的努力？

在认真思考了上述问题后，你的人生目标便会在眼前渐渐清晰起来。接下来，你就要考虑如何接近、实现这个远大的目标，这就需要你回过头来，对自己的情况及外部环境等各种因素做一个全面的分析。

我们向你介绍一个简单而有效的机会评估工具——SWOT分析法。

SWOT是四个英语单词的缩写，即strength（优势），weakness（劣势），opportunity（机会）和threat（威胁）。一般来说，优势和劣势属于个人，而机会和威胁则来自外部环境。

首先，你要进行优势分析，也就是分析自己的特长。

你曾经扮演过什么角色及你的特征是什么？是科任教师、班主任还是骨干教师等？你曾经参加过什么教学活动？你获得过哪些奖励？……

尽量多地写出各个问题的答案，你将会清楚你承担的责任和角色，以及你个人的素质状况。然后，按其重要次序列成表格，想想哪些是应该继续保留的，哪些是必须抛弃或改正的。

你学到了什么？在学校期间，你获得了哪方面的专业能力？接受过哪些继续教育或培训？自学过和教育有关的课程吗？有什么独到的教学

方法和专长吗？

你最成功之处是什么？你有过一次成功的公开课吗？获得过学生的一致称赞吗？为何成功？是偶然还是必然？

通过分析，你可以发现自己潜在的能力，并可以以此作为契机，挖掘个人深层次的魅力闪光点。

其次，你要分析自己的劣势和不足。

性格弱点，如不善交际、容易冲动等。一个内向型的教师很难和学生建立起亲密和谐的关系，也很难和同事合作分享教学经验。倒不是说内向型的人就无法成为一名优秀的教育工作者，只有了解自己的性格弱点，才能在工作方法、个人修养方面慢慢改进，重塑自己的个性，以适应个人的职业发展。

欠缺的经验或者专业技能。初入职场的你可能欠缺许多教学经验，例如：应对学生的发难，或者课堂准备不充分的尴尬；有些中老年教师，欠缺学习热情，对多媒体教学还不适应；等等。欠缺不可怕，可怕的是自己还意识不到。

再次，你要进行机会分析，也就是有利于教师职业发展的一些机会。

对社会大环境的分析：当前的政治、经济、科技、文化环境有利于教师职业的发展吗？具体在哪方面有利？

对自己所在学校的环境进行分析：学校能为你提供多大的发展空间？学校领导注重你的持续发展吗？学校为你的发展提供了多少可供利用的资源？

最后，是威胁分析，也就是你在职业生涯中遇到的困难。

学校将来会合并或者降级吗？和其他教师的关系好不好？……

这样一步步分析，一幅清晰的职业生涯机会前景图就会呈现在你的面前。

教师作为一种特定的职业，主要的目标设立，可分成下列几种。

工作目标：为个人在工作或职位上所努力追求的理想。

生活目标：有的教师以桃李满天下为生活目标，有的则追求良好人际关系的建立，有的则想"教而优则仕"等，有不同的生活目标。

进修与休闲目标：包括学位进修和一般讲习、研讨计划，以增进自己的知识和技能为目标；休闲娱乐目标，用以调剂身心，减轻工作、生活中的压力等。

退休目标：届临退休年龄时，应事先规划好退休后的目标，参与社

会服务，或是培养其他专长等。

下面让我们看看一个教务主任是如何利用我们介绍的SWOT分析法来为自己制订目标的。

基本资料

姓名：赵亮；性别：男；血型：B型；出生地：山东泰安；出生年月：1974年8月3日；学历：本科；目前年龄：30岁（2004年）；死亡预测：70岁（2040年）；尚余年限：40年。

自我分析

优势：①有较扎实的教学和管理理论基础（但仍需不断吸收新观念、新知识）；②有3年学校教务管理经验和6年的教学经验（但仍需充实这方面的经历和经验）；③善于沟通，善于与人相处，适应能力强；④分析问题时头脑冷静，善于发现和解决问题。

劣势：有时缺乏冲劲，做具体工作动作较慢。

机会与威胁：目前所处学校属于稳定期，调薪较慢，升迁机会极小。应抓紧时间多学习，打下基础，为下一步突破养精蓄锐。

规划目标

总体目标：成为学校校长。

家庭目标：目前已婚。31岁开始以10年期贷款购买楼房，32岁时要孩子。

健康目标：人身保险至少30万，注意身体健康，不要成为家庭与事业的负担。

收入目标：2004—2007年，年薪3万～5万元；2007—2010年，年薪4万～6万元；2010年，年薪6万，之后每年增加5%～10%。如果可能，自行创办私立学校（非绝对必须之目标）。

学习目标：2004—2007年，自学完教育学硕士主干课程；2007—2010年，自学完领导学和管理学课程；2007年以后每月至少看1本以上相关管理书籍，并将学到的知识用于管理工作中。

持之以恒地向目标前进

我们先来看一下"汽车大王"福特是如何持之以恒地向人生的目标

前进，并逐步走向成功的。

福特在很小的时候就对机械产生了兴趣，虽然父亲并不支持他的爱好，但他一直坚持自己的理想，从未放弃。

自 1879 年 12 月起，福特就到当时的机械制造业重地底特律给人打工。三年后，学了一身本领的福特决心回到家乡开创一番自己的事业。他开了一家小工厂，不时地做一些小机械，帮助父亲的农场提高工作效率。这些小小的成功使福特对实现自己的人生目标充满信心。

看到了查尔斯·杜耶 1893 年在芝加哥博览会上展出的由汽油做动力的车子，福特颇受启发。他决心制造一辆更好的汽车。但福特首先遇到的是点火的问题。为了弥补知识的不足，他决定再去底特律的爱迪生电灯公司学习电学知识。为此，他又和父亲发生争执，但福特还是依然前往底特律，他实现目标的决心是坚不可摧的。

在爱迪生电灯公司工作期间，他充分利用业余时间来实现自己的目标——制造一辆汽车。经过无数次的实验，福特终于在 1896 年 6 月制造出了一辆自己的汽车。车的性能虽然不够完备，但是这次尝试却深深鼓舞了福特，他坚信，只要努力朝着自己的目标奋进，就一定能取得成功。

在研制汽车的道路上，福特遇到了不少的难题：爱迪生电灯公司愿意以每月 500 元薪金和可分红的条件聘他做生产部门的总监，但附带条件是要专心工作，不得分心研制汽车。与此同时，底特律汽车公司的老板也想请他去当工程师，但月薪只有 200 元。面对两种选择，福特经过慎重考虑，最终选择去底特律公司，因为这样就能实现自己当初的理想——制造汽车。

在底特律汽车公司工作期间，福特认真工作，并没有满足现状，时时鞭策自己要戒除懒惰，寻求更大的发展机会。1901 年，在密歇根举行的汽车大赛上，福特将自己用近一年时间设计的赛车开上赛场，一举击败了上届赛车冠军而夺魁。

这次比赛也让福特一夜成名。1903 年，经过多方的努力，给世界汽车行业带来巨大影响的福特汽车公司诞生了。

如果福特当初听从父亲的建议，不从事自己喜爱的汽车行业，如果在遇到困难的时候，他灰心失望，进而放弃，那么也就不可能有今天的

汽车王国。

可见，只要目标明确且符合实际，坚持不懈地去争取、去努力，朝着目标不断前行，就一定能够成功。

下面让我们看看一位中学英语老师是如何在自我发展的道路上坚持自己的目标，不懈努力的。

杨方正老师于 1963 年毕业于华中师范学院（现名华中师范大学）外语系。他当时学的是俄语专业。毕业后，他被分配到湖北黄冈中学任教。他教俄语大约有两年的时间。

1966 年以后，他和大家一样中断了真正意义上的教学工作。直到 1977 年，他才重新走上了讲台。但是，那时的情况发生了很大的变化：他得"转行"教英语。他认为，当时他教英语完全是"误人子弟"，因为他的"全部家当"就是在大学期间学了两年的"第二外语（英语）"。

1979 年，他教的学生参加了高考。幸运的是，当时英语考试成绩只作为"参考分"。而英语专业考生只要 40 分就达到了录取分数线。他有一个学生刚好达到了分数线，当然他只能进入一所普通大学。这件事对他的触动很大。从此，他痛下决心拼命地抓自身的在职业务进修，并明确了自己今后的职业目标——做一名合格的中学英语教师。

当时他的生活条件相当差，每月工资只有 50 多元，却必须养活 4 口人，他省吃俭用，利用节省下来的钱买了一台收音机，后来又买了一台黑白电视机，他利用广播和电视学完了初级班英语、中级班英语、"英语九百句""中级美国英语""跟我学"。另外，他还长期坚持收听 VOA（美国之音）和 BBC（英国广播公司）为外国学生专门设计的特别英语节目。

他利用业余时间（主要是晚上 10 点钟以后）坚持自学，把收录下来的英语节目边听、边记、边写，反复多次，每晚都学到午夜以后。他还几乎把所有的节假日都用在自修上。仅在 1977—1982 年期间，他记的英语笔记就有 100 多万字。

由于教学和自修的担子太重，加上当时他的家庭经济状况特别糟糕，他终于因为劳累过度而病倒了。但是，疾病并没有把他吓倒。在病情得到基本控制的情况下，他又投入紧张的学习与工作之中。因为他从来都没有忘记自己当初的目标。

"功夫不负有心人"。他有幸参加了 1982 年至 1983 年湖北省教育学院中学英语骨干教师培训班（由外籍教师执教）的进修。由于自修的功底很扎实，他在培训班里学习得很顺利，经过刻苦学习，他以口、笔试优异的成绩在培训班结业。当时他已年过四十。这一结果使当时任教的两位美国老师惊讶不已。在其后的英语教学中，他以正确的思想为指导，先后阅读过《给教师的建议》《英语教学法》，学习并研究了当代外语教学法流派和思想。坚持订阅《中小学外语教学与研究》，坚持试验，大胆探索，不断革新教法，并结合中国中学生的特点特别是本校的实际，创建了独具风格的三段五步英语阅读教学模式，教学效果显著。

他培养的学生实际运用英语的能力极强，在英语方面有很强的竞争能力，在全国及省、市级英语竞赛中屡次获奖（包括全省第二名的成绩）。不少学生出国深造或在国内的英语教学、科研及实际应用中大显身手；培养的青年教师中有两人荣获"全国中小学英语教师园丁奖"；有数人在省、市青年教师英语优质课比赛中获一等奖，有更多的人在英语教学中成为学科带头人；撰写的论文有多篇获湖北省优秀论文一等奖，并分别在国内各大英语教学杂志上发表；依据"三段五步英语阅读教学模式"讲授的课文精读示范课曾被拍摄成录像片，作为"优秀课例"在湖北省内外播放；论文《三段五步英语阅读教学模式》在 2001 年 9 月全国高中阅读教学研讨会上荣获论文一等奖；主编了《英语常用词搭配及同义词辨析》（华语教学出版社出版）等数十本专著，受到读者普遍欢迎。杨老师先后荣获"鄂州市政协先进个人""湖北省中小学教育改革先进工作者"，并获"湖北省董必武教育奖励基金奖"等荣誉。

杨老师 1989 年被评为中学特级教师。曾任黄冈地区教育学会中学英语研究会会长、湖北省教育学会中学英语研究会理事，还被聘为湖北省第四批特级教师评选委员会委员等。他崇尚的人生格言："坚韧不拔是成功之本"。

杨老师在校期间学习的是俄语，面对他完全陌生的英语，他并没有畏难退缩，反而为自己树立了一个几乎不可能完成的目标：做一名合格的中学英语教师。难能可贵的是，杨老师一旦确定了目标就不再动摇，并朝着这个方向坚定地走下去，勇往直前。他面对困难，丝毫不退缩，最终成为一名优秀的英语老师，实现了自己的目标。

"专家型"教师——教师发展的终极方向

"专家型"教师可以说是教师自我发展设计的顶峰。所谓"专家型"教师主要是指在教育教学的某一方面（主要是学科教学或学术研究领域）有专长，具有良好的教学效能感和教学监控能力，在教学中富有创见，能根据教学情境的变化及时而灵活地采取恰当的教学行为来促进教学的顺利进行，能够产生较高教学质量的教师。"专家型"教师首先应具备一般教师所具有的素质，同时"专家型"教师要参与教育科研工作，成为研究者，不能只是停留在"知识传递者"的角色上，而要在实践中进行研究和探索。

"专家型"教师具备有求知欲、主观能动性和自学愿望，有合理的工作方式的知识，有演绎、归纳和类比的能力；在进行一项活动时具有确定其不同阶段所必须遵循的逻辑顺序的能力；有形成和修改假设，拟订观察计划或实验计划，以及理出事实与现象之间联系的能力；对收集到的数据材料能够加以处理，使之系统化，并且予以说明，从而得出结论；有独自作出具有科学根据的决定的能力；有清楚、确切、简洁的表达能力。其基本特征主要有以下三个方面。

1. 有合理的工作方式的知识，有演绎、归纳和类比的能力

"专家型"教师应具备的知识主要包括所教学科知识、教学方法和理论，适用于各学科的一般教学策略（如课堂管理的原理、有效教学、评价等）、课程材料，以及适用于不同学科和年级的程序性知识。教特定学科所需要的知识，教某些学生和特定概念的特殊方式；学习者的性格特征和文化背景；学生学习的环境（同伴、小组、班级、学校及社区）；教学目标和目的。除了拥有这些丰富的知识，"专家型"教师还能将这些广博的、可利用的知识灵活地组织起来，运用演绎、归纳和类比等方法用到教学中去。

2. 能高效率地解决教学领域内的问题

"专家型"教师在教学领域内，相对于非"专家型"教师而言，"专家型"教师能高效率地解决教学问题。"专家型"教师在自我发展的过程中，积累了广泛的知识经验和教学经验，并能够迅速有效地将各种信息联系起来，且只需很少或无需认知努力便可以完成多项活动。"专家型"

教师对于某些教育技能已经程序化、自动化，这使他们能够将注意力集中于教学领域高水平的推理和问题解决上。此外，很重要的一点是，"专家型"教师善于监控自己的认知执行过程，即在接触问题时他们具有计划性且善于自我观察，时机不成熟时，他们不会进行尝试，而在教学行为进行过程中，他们又能主动对自己的行为作出评价，并随时作出相应的调节。

3. 善于创造性地解决问题，有很强的洞察力

一般教师和"专家型"教师都是应用知识来分析解决问题的，但"专家型"教师能创造性地解决问题。"专家型"教师在教学中能够鉴别出有助于问题解决的信息，并能够有效地将这些信息联系起来，重新加以组织。他们的解答方法既新颖又恰当，往往能够产生独创的、有洞察力的解决方法。因而，"专家型"教师能够对教学中的问题做出新颖而恰当的解决。

教师专业化为确立"专家型"教师质量标准提供了依据。国内外的学者对教师的素质问题纷纷发表自己的见解，美国学者论述了受学生喜爱的教师有三方面特征。①亲童性。爱护学生，尊重学生的独立性，考虑学生的需要，鼓励每一个学生的学习与进步。②安全感。教师在学生面前的自信、随和及由此形成的教师威信。③个人组织能力和综合能力。教学组织、班级管理、课业规定等方面的使学生可以接受的能力、魄力和态度。

我国学者叶澜提出未来教师的理想风格是"对人类的热爱的博大的胸怀，对学生成长的关怀和敬业奉献的崇高精神，良好的文化素养，复合的知识结构，在富有时代精神和科学性的教育观念指导下的教育能力和研究能力，在实践中凝聚生成的教育智慧。"

唐松林等人提出了三维一体的教师的教育素质结构，即教师素质包括认知结构、专业精神和教育能力三方面。教师的教育素质结构是这三个维度组成的精神世界，其中认知结构起导向和支配作用，专业精神起动力作用，教育能力起保证作用，三者是彼此联系、相互影响、制约、渗透的有机统一整体。

而"专家型"教师的素质结构与一般教师的素质有相同点的同时，也有其特殊点，具体可以概括为以下几个方面。

1. 高尚的师德

师德是教师的灵魂。"专家型"教师首先要有高尚的师德。教师的

师德高低对于学校教育的成败具有举足轻重的作用。高尚的师德包括对教育事业的热爱，强烈的事业心和奉献精神；科学的世界观和积极向上的人生态度；强烈的责任感和对学生的尊重、关心和爱护；处处为人师表，以身作则。

师爱是师德的核心，师爱是一种强大的力量，它不仅能够提高教育质量，也会促进学生的成人和成才，影响学生的身心发展、人格形成、职业选择和人生道路的转变。教师的师德是教师个体人格魅力的反映。在学生心目中，教师是社会的规范、道德的规范、人们的楷模、父母的替身，教师的人格作为师德的有形表现。高尚而富有魅力的教师人格能产生身教重于言教的良好效果，教师的人格对年轻心灵的影响是任何教科书、道德箴言，任何奖励和惩罚制度都不能替代的一种教育力量。

2. 科学的教育理念

教育理念是指教师在对教育工作本质理解基础上形成的关于教育的观念和理性信念。是否具有科学的教育理念是区分一般教师与"专家型"教师的重要标志。"专家型"教师重要的一点是要具有科学的教育理念。

教师是教育活动的组织者和引导者，教师持有什么样的教育观念，不仅直接关系着教师的教育行为，而且还间接地影响着未来教育的性质与发展。"专家型"教师的科学理念主要包括三个方面：①要树立尊重爱护学生，注重开发学生潜能，促进学生个性全面发展的教育观；②树立"教师的主要职责是越来越少地传递知识，而越来越多地激励学生思考，教师将越来越成为一位顾问，一位交换意见的参加者，一位帮助学生发现矛盾论点，而不是给出现成真理的人"的教师观；③树立学生是有主观能动性的千差万别的个体，是教育活动的主体，是学习和发展的真正主人，学生有多方面发展的需要和发展的可能，教育应不断满足学生发展需要，促进学生尽可能发展的学生观。

3. 相当的专业知识和专业能力

相当的专业知识和专业能力是教师从事教育教学工作的前提和保证。"专家型"教师更需要具有这一点。

一般地说，"专家型"教师的知识结构包括普通文化知识、学科专业知识和教育学科知识三方面的内容。强调教师对普通文化知识的掌握，是因为普通文化知识本身具有陶冶人文精神，培养人文素质的内在价值，它能丰富人的文化底蕴，使人性更加完美。"专家型"教师对普通文化知识的掌握不仅要渊博，而且要精深，要内化到个体知识结构中去。掌

握学科专业知识，不仅要求教师对自己所教学科的基本内容有深入透彻的了解，还要了解学科的架构、发展脉络及学科信念等内容。教育学科知识包括教育学、心理学、教学法及教育科学研究等方面的知识，这是教师专业发展的必然要求。"专家型"教师的专业能力除应具有教学能力、组织管理能力、决策能力、交往能力外，还必须具备相应的教育科学研究能力。这是"专家型"教师区别于一般教师的根本所在。教育研究能力是一种综合的能力结构，一般来讲，它包括以下几种能力：定向能力、理论思维能力、创造能力、动手实践能力、评价分析能力、组织科研活动的能力。这六种能力在每个人身上的不同发展水平，就形成每个人不同的研究风格。

4. 勇于创新，具有一定的创造性

"专家型"教师拥有前面三个方面重要素质后，其运用知识技能的能力更加突出。"专家型"教师"不是传声筒，把书本的东西由口头传达出来，也不是照相机，把现实复呈出来，而是艺术家、创造者。"*21*世纪的发展呼唤创造型教师人才。学生创新精神和创新意识的培养乃至创新素质和创新能力的提高都与教师有着最为直接的关系。没有教师的创造性，很难培养出适应未来社会发展需要的创造性的学生。具有创造性是区分"教育家"与"教书匠"的重要标志。

"专家型"教师具有创新意识、创新精神和创新能力。即对教育发展有前瞻能力，能迅速感悟、准确判断处于生成和变动的教育过程中可能出现的新趋势和新问题；具有教育智慧，及时把握教育时机；能根据实际环境选择和决策，调节自己的教育行为；尊重科学，不盲从和迷信权威，有创新的教学模式，创新的教学方法和新颖别致的教学内容；善于进行科学研究，能创造性地把新思想、新观点、新方法融汇到自己的思维模式和工作模式中去，对解决问题有自己独特的见解和主张。

下面还是让我们通过李庾南老师的成长经历来感受"专家型"教师的魅力。

她没有大学文凭，高中毕业就走上了教师岗位；她没有行政职务，至今仍是一位普通的中学教师。然而，她执著地追求，顽强地拼搏，不断地超越，数十年如一日致力于教学改革和教育科研的实践，创立了效果显著、影响深广的"自学·议论·引导"教学法。她就是江苏省首批名师、数学特级教师李庾南。

1978年，李老师毅然摒弃了"年年卖旧货"的机械重复式教学，在领导的支持、同伴的鼓励下，她提出了"学生自学数学能力及其培养"的实验研究课题，踏上了漫长的初中数学教学研究探索之路。那时。课堂上仍然充斥着"满堂灌"的现象，许多老师熟视无睹，而李老师却不甘现状，知难而进。在20世纪80年代初她就上了一堂以学生为主体、培养学生自学能力的公开课。这堂课在得到部分专家学者赞许的同时，也引来不少非议和责难。

可这些并没有击倒李老师，她通过认真总结，更加勤奋刻苦地继续在教改之路上探索与拼搏。为了弥补教育理论方面的不足，追踪课改前沿信息，每个暑假她都要赴扬州师范学院，接受专家学者两个星期的个别辅导。

1984年，为了撰写一篇论文，她多次向老师请教，与朋友磋商。她曾经早上六点从扬州出发，赶往镇江；而后再从镇江赶赴常州中学；傍晚又风尘仆仆地赶往南京，直到后半夜，她才到达南京朋友的住处。一夜只睡三个多小时，第二天一早又急忙赶往省教研室，向有关专家学者求教。她一天奔波了四个城市，收获是沉甸甸的。

1984年早秋，名不见经传的李庚南老师带着凝聚着自己与众多师友心血的论文，赶赴安徽，参加全国数学教学研究会第二届年会。在这次会议上，李老师严密的论证、精确的推理、简洁而生动的语言征服了小组的同志，也征服了与会的专家学者。

随着同仁的祝贺、记者的采访、媒体的报道，李庚南的名字像长了翅膀，迅速地飞向祖国的四面八方。从那以后，不断有外省、外市的学校邀请她去讲课、讲学。每次她都精心准备，抓紧机会向别人学习，不知不觉中实现了自己职业生涯中的一次大超越。

在繁忙的教学、教研之余，李老师还阅读了古今中外著名教育家的名著，曾两次赴美国考察基础教育改革现状，提升自己的认知视野，拓展自己的实践能力。在26年教改研究中，她倾情于学科教育的理论研究和实践探索，经历了由数学学科到多学科、由初中到高中、由校内到校外的推广研究，研究领域和范围不断拓展，研究成果日益显著。

在汲取他人研究成果的基础上，李老师总结提炼出自己的教学思想，即"自学·议论·引导"教学法：自学——虽然自学的形式多样，但是突出了自主学习；议论——强调自主学习基础上的交流讨论，并突出了合作学习、探究学习，以及在互动互究过程中的自觉体验、感悟的学习

方式。

她倡导的教学方式：教师是学生合作学习的伙伴，教师的作用是在导向、帮助、激励、评价、点拨、释疑、解惑中发挥的。她在几轮实验和推广中，十分注意吸纳、丰富、扬弃与拓展，聚焦一个方向，打造一个团队，坚信自己的能力，主动赢取各方理解和支持，因此教育思想不断刷新，教学技艺日益成熟。

1978 年以来，她以写促思，出版了 9 部专著，发表论文 100 多篇，还应邀为中国教育电视台、江苏教育电视台等拍摄理论讲座、教学录像近 200 讲；远赴北京、辽宁、广东、新疆等 26 个省、区、市做学术讲座 150 多场次；多次举办市、省、全国性的教育教学改革讲习班，培训教学骨干、教研人员、高师院校的学生达 2 万多人次。

普通老师李庾南，在自己平凡的工作岗位上，创造了令人倾慕的成绩：她荣获过全国中小学教学改革"金钥匙"奖、全国中学数学教育的最高荣誉奖——苏步青数学教育奖；她是中学数学特级教师、江苏省首批"名师"、第九届全国人大代表、江苏省有突出贡献中青年专家，享受国务院颁发的政府特殊津贴。

第二章

撰写生涯规划书

为什么要制定生涯规划

古人云："凡事预则立，不预则废。"这里所谓的"预"实际上就是计划、规划的意思。事实也证明，有很多人对自己的职业生涯毫无规划，人生的每一步都没有明确的目标，最终导致了事业的失败。而失败的原因并非是因为他们没知识、没才能，而是他们没有设计和采用最适合他们成长和发展的职业生涯规划。

唐骏在《唐骏谈职场奋斗与人生成功》中提到，自己人生成功的重要因素之一是读大学的时候给自己做了职业生涯规划。在他看来，职业生涯规划对一个人的成功非常重要。

一般而言，教师的工作比较稳定，步调规律并且单纯，尽管如此，教师仍然需要有生涯规划。

一、终身教育的需要

20世纪70年代以后，终身教育理念日益受到重视，生涯发展的研究，已不只偏重个人的职业选择方面，进而扩大到个人自我潜能的发挥。

如何使人生各阶段的潜能达到最大实现的可能性，逐渐成为生涯发展研究的重要课题。换言之，不仅要使个人乐在工作，而且也要使个人能安享晚年。教育工作者受到此种理念的冲击，逐渐感受到生涯发展和生涯规划的重要性。

教师逐渐体会到在职进修的必要性，光凭过去所学的知识和经验，是很难胜任目前的教学工作的，必须不断地进修，吸取各种经济、政治、科技和教育知识，以扩大知识领域，提升专业能力。

所以，教师生涯能力的规划与发展，越来越凸显其迫切性。

二、教师自身发展的需要

教育质量能否提升，主要系于教师能否将教学工作当作终生的职业，或是将教学工作当作一生值得奉献的专业。因此，教师必须要具有自我发展意识。

教师的自我发展意识，按照时间纬度，其内容构成至少包括三个方面：

（1）对自己过去发展过程的意识；

（2）对自己现在发展状态、水平所处阶段的意识；

（3）对自己未来发展的规划意识。

"理智地复现自己、筹划未来的自我、控制今后的行为"，使得"已有的发展水平影响今后的发展方向和程度"，使得"未来发展目标支配今日的行为"。

传统的教师发展模式是："学校要求——学校组织学习——教师实践——总结"。而在当代，这种模式必须得到改进，合理的模式应该是："自我认识和自我反思——制订职业生涯规划——理论的学习和准备——实践和行动研究——总结提升"。

生涯规划的意义主要体现在以下几个方面。

1. 有助于教师确立发展目标

一个好的职业生涯规划可以帮助个人明确人生的奋斗目标，有了目标才会激励一个人努力奋斗，去创造条件实现目标，这样才不会随波逐流，浪费青春。

由于我们过去缺乏生涯设计的概念和意识，不少教师对自己要达到什么目标，通过几个阶段达到自己的目标，现在自己处于什么阶段，等等问题，脑子里往往是模糊的、不清楚的，有的甚至从来就没有这样考虑过。表现在工作上，就是听从领导安排，以完成任务为目标，没有多少自己的追求，态度比较被动；当工作不满意时，往往归因于外部的环境制约，认为自己尽了力，没有办法克服困难。

而生涯规划，可以使教师通过分析，认识自己，了解自己，估计自己的能力、智慧以及性格，找出自己的特点，明确自己的优势，正确设定自己的职业发展目标，并制订行动计划，使自己的才能得到充分发挥，以实现职业发展目标，从而获得快乐的人生。

2. 有助于教师抓住重点

制订职业生涯规划的一个最大的好处是有助于教师安排好日常工作的轻重缓急。职业生涯规划使教师能够紧紧抓住工作的重点，增加成功的可能性。

3. 有助于教师适应未来的竞争与社会需求

随着社会的发展，教师面临的问题将愈来愈复杂，所要处理的问题，可能不只是学校内教学的事情，同时还要面对社会、科技、家庭所带来的各种挑战。所以，教师必须对生涯发展有所了解，并且进行有效的生

涯规划。

4.有助于引导教师发挥潜能

职业生涯规划能帮助教师集中精力，全神贯注于自己的日常教学和研究，这样有助于他们发挥尽可能大的潜力，最终实现成功的目标。

5.有助于解决教师的职业倦怠

部分教师由于缺少有意识的训练，因而教学水平和能力往往处于"高原"状态，没有成就感和发展感，这样很快就会出现职业的倦怠和退缩。

职业倦怠指的是个体无法应付外界超出个人能量和资源的过度要求而产生的身心耗竭状态。为了克服职业倦怠，很有必要使教师树立生涯设计的意识，掌握生涯设计的方法，真正把自己的职业生涯置于理性的思考之上。

教师生涯是一个意义深长的生涯，我们的生命在学习中成长，在付出中完成。制订教师职业生涯规划，将使教师的个人生涯获得极致的发展。思考、生活、学习、工作与行动，健康、婚姻与家庭，知识、情感与技能都将得到完整全面的发展，得到真正的人生幸福。

6.有助于评估目前工作成绩

职业生涯规划的一个重要功能是提供了自我评估的重要手段。可以根据规划的进展情况评价目前取得的成绩。

亚里士多德曾经说过："人是一种寻找目标的动物，他生活的意义仅仅在于是否正在寻找和追求自己的目标。"完全没有规划的职业生涯是注定要失败的。教师必须为自己的生涯发展从宏观和微观的角度来进行思考，这样才能自觉地、妥善地完成生涯规划。

职业生涯规划是用来帮助个人设计人生职业道路的。所有人都应当审时度势为自己安排好未来，有了事业的目标，生活才不盲从；有了工作的追求，生活才有动力。对自己职业生涯的设计规划就是将自己的理想化为现实的人生，把对未来事业发展的预期转变为明确的行动步骤。

如何撰写个人生涯规划书

根据著名职业生涯学研究者与培训师程社明博士提出的职业生涯规

划包括的十项内容，我们修订出教师职业规划书应包括的内容。

1. 题目

包括姓名、年限、年龄跨度、起止时期。

2. 职业方向发展方向和当前可以预见的最长远目标

3. 社会环境分析结果

包括对政治环境、经济环境、法律环境的分析，还包括职业环境分析。

4. 学校分析结果

包括行业分析，对学校制度、学校文化、学校管理者、学校品牌和服务、办学理念等的分析。

5. 自身条件及潜力测评结果

个人目前状况和发展潜能。比如，有可能从普通教师发展成为学校领导。

6. 角色及其建议

记录对自己职业生涯影响最大的一些人的建议。

7. 目标分解及目标组合

分析订、实现目标的主要影响因素，通过目标分解和目标组合的方法作出果断明确的目标选择。

8. 成功的标准

9. 差距

即自身现实状况与实现目标之间的差距。

10. 缩小差距的方法及实施方案

案例

（一）个人情况

吴春花，女，28岁，1994年7月参加工作，小学一级教师。开福区三角塘小学语文教师兼班主任。1999年12月湖南师大汉语言文学专业本科毕业，普通话水平二级甲等，计算机水平通过全国计算机等级考试，获一级合格证书。个性开朗，爱好运动、旅游，热爱孩子，热爱教育。最喜欢的教育格言是苏联教育家苏霍姆林斯基所说的："我生活中什么是最重要的呢？我可以不假思索地回答说：爱孩子。"

（二）发展方向

实现新课程理念下的角色转化与自我实现，寻求一份自我实现的自信与肯定，争取成为一名学者型的教师。

（三）行动策略

1.加强职业道德学习

严格以教师职业道德规范自己的言行，热爱每一个学生，关注学生的全面发展，做到为人师表，师德高尚，要以自身的人格魅力引导学生、熏陶学生，使他们成为健全的人、高尚的人、快乐的人。

2.提高专业素质

经常进行教学反思，反思能力的养成可以说是确保教师不断再学习的最基本条件。教师在个人反省或集体反省的过程中，可以发现个人及他人的优缺点，从而拓宽专业视野，激发不断追求超越的动机。我在教育教学中要经常进行反思，勤写教学札记，不断地对自身的教育教学进行研究，对自己的知识与经验进行重组，解决自身在教育教学中遇到的问题。

努力开发新的课程资源。新课程给了教师很大的发展空间，我要努力把握好这样的机会，活学活用教材，尤其要关注身边的生活，把鲜活的生活资源导入我们的课程。

多向专业人士学习请教。事实证明，一个人的发展离不开专业引领，有了专业的学习和指导，往往能事半功倍。因此，我要利用多种途径向专业人士学习，如讲座、座谈、阅读著作等，不断提高自身的理论与实践水平。

3.加强专业合作

教师要实现专业的深入发展，必须突破目前普遍存在的教师彼此孤立与封闭的现象，学会与他人进行合作。因此，我要坚决走出在结构上趋于封闭的教室设计，与来自不同科目及学校的教师进行各种类型的专业合作，经常交流我们的教学体会。这样才能使自己的专业视野更加宽广，进而扩充个人的专业实践理论内涵。

（四）终身学习

现代教师所面临的挑战，不但具有高度的不可预测性与复杂性，而且越来越找不到一套放之四海皆准的应变通则。因此，教师担任教书育人的重任，更应不断学习新的知识，才能适应社会的变化。

加强技能学习，如计算机，短期内打算自学FLASH，学会制作实用、精美的课件，尤其要能实现课件的交互性。多阅读文学书籍，使自己的文学修养不断提升。

附：教学日记一则——一项特殊的作业

"车的世界"是开放单元，识字应广泛地结合生活实践进行，因此，我布置了这样一项特殊的作业：利用休息日请家长带孩子上街头认识交通标志并记录下来；搜集有关车的资料，出一份手抄报。

对这项作业，孩子们投入了极大的热情，因为他们认为这是一次展示自己的好机会。于是，八仙过海，各显神通，孩子们交上来的作业，让我大开眼界。

他们的手抄报内容丰富，有的以介绍车的品牌为主题，有的以说明车的历史为内容，有的以车的儿歌为主题，还有的以宣传交通标志和交通安全为内容。形式也是丰富多彩，有的剪贴，有的画图，有的图文并茂。这些无疑显示了孩子们的聪明才智，虽然有家长帮忙的痕迹，但它毕竟体现了孩子的思考。

在制订职业生涯规划时一个不能忽视的外部力量是与他人合作。作为教师要根据自身的职业规划，考虑与其他教师合作的各种方式。可以选择与他们一道工作，来制订共同的计划，让他们参与到实现自己的目标的活动中去，或者请他们参与帮助评价自己的学习。

一些教育界专家认为，学习团体是一种"新模式"，就促进学校工作者能力的提高而言，这种模式为实现他们的目标提供了最好的前景。这种职业学习团体具有以下特征：共同的任务，合作的团队，深刻的洞察力和职业道德，集体探究，行动指向和实验意愿，致力于持续进步，关注结果。事实证明，这种职业学习团体为教师之间的合作提供了大量极好的范例和建议。

此外，教育部《基础教育课程改革纲要》、各科新课程标准及有关教师专业化的方针政策，为个人、团体、学校或地区制订和评估职业发展规划提供了指南。制订和实施职业生涯规划时，可以遵循这些对教师的发展标准，并应以此为目标来设计自己的职业规划。此时，要考虑下列两方面的问题。

（1）通过学习研究有关新课程与教师专业化的指示精神，构建一个符合新课程与教师专业化精神的、行之有效的自我发展实践规划。

（2）运用问题讨论法来分析当前的计划，使之改善和提高。

你的职业规划，可以是一步步来实施，短期目标的实现是长期目标实现的基础。在每项新目标实施时，一定要写好对前一计划的反思，这

对新计划的实施具有重要意义。当然，在你做了计划后以及参加职业发展活动后也要进行反思。当你思考你的目标和如何实施它们时，你或许需要考虑下面一些问题。

我想要我的所有学生学会什么？或我的教学结果是什么？

我如何来判定学生的学习质量？

我的实践如何影响学生的成绩？

根据资料，我知道我的学生有什么要求？

学校目标和发展计划如何影响我的目标？

我为提高教学质量和改进实践做出了哪些努力？

我如何与他人合作来促进我的目标？

我需要获得哪方面的技能知识和能力？

我将怎样知道我已实现了我的目标？

当学生显示没有掌握所学内容时我将如何处理？

我收集什么来作为我职业发展努力的证据？

我怎样将我的专业发展策略融入日常课堂教学？

当你已经确定了具体目标，你或许需要考虑下面一些问题。

在课堂上，我采用什么方法，可以充分调动学生兴趣？

如果我与同事合作来考查学生的学习，我将会对学生的具体需要有一个较好的认识、理解吗？我怎样评价学生的学习？

我怎样才能把信息技术运用到课堂中去？

我在教学中怎样关注每一位学生？

我需要一位良师来帮助我实现目标吗？

在教学中，我的哪些努力有助于自己实现职业发展设计？

生涯规划书的思考与评价

什么样的计划才是一份好的教师职业生涯规划呢？重点是要把握好如下几点。

（1）要表明个人对提高实践的需要，但是这些需要一定要与学生、学校、地区的需要紧密联系起来。

（2）要集中于把提高学生学习作为职业发展的总目标，并把教育者的目标与已知的学生基本需要结合起来。

（3）要反映学校、地区或政府教育的主动性。

（4）要把反思作为个人学习和发展的一部分。

（5）要包括职业发展活动的有关证明。

（6）要以新课程精神和教师专业发展方针为指导来制订和实施个人学习计划。

那么，究竟如何评价一份职业规划是否合理和完善呢？有没有一个标准呢？通常，首先你要评价职业生涯的目标设置是否合理。评价职业生涯目标的设置，一般要遵循下面的几个原则。

（1）目标的明确性：即要明确描述出所需完成的行动方案，如40岁时，成为省级优秀教师。

（2）目标的可测量性：目标应该是可测量的，要有定量的数据，如数量、质量、时间等。

（3）可实现性：目标必须符合自己的主客观实际，在自己的可控制范围内。

（4）相关性：该目标要与个人的职业发展的总体目标相联系。

（5）时限性：即要设置一定的时间期限，避免不必要的拖延。

（6）是否细化：职业生涯目标是个长期的目标，往往要经过许多子目标，在实现子目标后，逐步地接近长期目标。由于实现长期目标的途径、措施和手段差异较大，因此应根据自己的情况将长期目标分解成中期、近期目标。

此外，你要从内容上评价你的计划做得如何，可以通过以下几方面去考虑。如果对这些问题的回答是清楚的，则说明计划是有深度的，是可行的。

（1）自我认识的结果：对自己的长处和短处特别是不足是否有准确的认识？对自己的人格、智能等特点是否有清楚的认识？对自己成为优秀教师的可能性做了怎样的估计？对自己的教学情况，反思出了什么问题没有？

（2）自我认识的方法：在对自己进行认识与分析的过程中，借助了什么手段？借助了哪些人的帮助，还是仅仅是自我评价？

（3）对发展环境的分析：是否清楚当前教育发展的需要？自己在教育发展中可以做点什么？对学校的特点和需要是否清楚？是否清楚学生的发展需要？如何正确对待自己的工作和生活环境？

（4）目标定位：是否清楚现代教师应该扮演的角色？对教师发展的

目标、类型、水准等是否有比较清楚的认识？自己要成为怎样的教师？这样的教师具有哪些特点？

（5）发展阶段：计划是否包含有关发展阶段的认识？是否明确自己所处的阶段？是否明确今后一个阶段自己要解决的主要问题和矛盾是什么？

（6）发展模式：是否有发展模式的思想？自己按照什么样的轨道、模式来实现自己的发展？是纵深发展，还是横向发展？

（7）发展活动：在采取的措施中，包含哪些专业发展的活动（参加培训、读书、网络、观摩、考察等）？这些活动对于解决自己的发展问题是否有效？采取了什么有效的发展策略？

（8）发展条件：在发展计划中，是否涵括了时间和资金的"预算"？这些预算是否可行？实现专业发展目标，需要哪些条件和外部的支持？哪些条件已经具备，哪些还不具备？能否通过努力创造出符合需要的条件？

在具体评价你的规划时，可以寻求同事的帮助，如组织同事进行讨论，利用"头脑风暴"来一起评估你的规划，大家集思广益，不难发现在制订规划时没有考虑到的方面。除此之外，还可以将你的规划书提交给专门的机构，用专业的方法进行评估，可以更全面地审视你的规划。当然，你也可以运用下面的问题来评价规划的优劣。如果答案是肯定的，说明你的规划书是合理而有效的。

目标和计划是否反映了你的需要，以及你的学生、学校和地区的需要？

你的计划反映的仅仅是新知识及其发展，是否还反映了时间和努力？

你怎样运用资料来确定目标？

你的目标体现了高质量的教育吗？

你的计划反映了怎样提高学生的成绩吗？

你的计划是否针对具体内容范围？

你的计划中是否包括合作性活动？

你的计划包括对结果的反思以及对此所做的适当调整吗？

你的计划包括评估方法吗？

你确认你将要得到的证据吗？

第三章

分清阶段，各个突破

适应期：融入环境

教师职业适应期一般是指教师在角色心理上完成了从学生到教师的过渡，全面进入教师的角色，逐渐适应学校和周围的环境，教学工作逐渐步入正轨，但是在教学方法等方面还缺乏灵活性和创新性的时期。一般来说，师范院校处于实习阶段的学生和大学毕业从事教师职业 1～3 年的教师都处于教师职业的适应期。

如果你处在教师职业生涯的适应期，我们先来看看一位优秀师范毕业生的案例，从中了解教师在职业生涯适应期的特征。

小许是师范大学数学系的一名优秀毕业生。在校期间，他曾多次获得专业基本功大赛的一等奖，系里举行说课比赛，小许从容大方的教态、流利清晰的语言表达、灵活敏捷的教学思路赢得了老师和同学的一致赞赏。

毕业分配时，很多学校都向小许抛出了橄榄枝，经过慎重考虑，小许最终选择了一所离家乡较近的初中任教。小许对自己的未来充满信心，他坚信，不久的将来自己一定能够成长为一名优秀的教师。

入职以后，小许将自己的精力和时间尽可能多地投入教学工作中，自费购买了大量的教学参考书，每天早来晚走，精心备课，认真批改作业。为了构建和谐融洽的师生关系，他还利用课余时间和学生一起活动。本以为这样就能达到预期的效果，但他慢慢发现事情并未像他想的那样发展。

首先，他遇到了学生管理的难题。在他的班级里有几个特别调皮的孩子，每次上小许的课，都交头接耳、窃窃私语，不认真听讲，小许批评教育了几次都没有效果，他们反倒更加放肆。在他们的带动下，每次小许上课，班里就跟开了锅似的。小许喊破了嗓子也无济于事。

这让小许产生了深深的挫败感，与此同时，他还感到教学上的无助。学校建立了教师教学质量考核制度，任教成绩直接与考核奖金挂钩。所以，周围的老师都各人忙各人的教学，有时小许想请教一些教学方面的问题，他们也都顾不上。期中考试过后，小许教的班出现了严重的两极分化现象，平均成绩排在年级最后。

班主任一肚子意见，跑到教务主任面前发牢骚："安排老师的时候，我说不要大学刚毕业的吧，你打包票说他是一个业务精、能力强的老师，

现在成绩下来了，不还是倒数。"

几位其他学科成绩较好的学生家长也频频向校长反映："该班上课纪律太差，老师管不了学生，还是换成有经验的老师吧，再这样下去，我们孩子的数学成绩就差太多了。"

校长迫于各方的压力，找小许谈话:"小许啊，你在大学里没学教育学、心理学吗？"

"怎么没学过，我这两科的成绩还是全班最高分呢？"

"那你上课怎么管不住学生呢？学生上课捣乱，还是因为你的课没有吸引力啊。"

小许听了校长的话，感到很委屈，他觉得大学里学的心理学、教育学根本就用不上，自己花了大量心血准备的课，怎会没有吸引力呢？

从此，小许的心理压力更大了，原有的工作热情逐渐变冷了，整日无精打采，他陷入了深深的迷茫之中……

像案例中小许这样刚刚入职的老师，我们常常称为"新手老师""生手老师"。处于这一时期的老师刚参加工作不久，对教育教学的认识和理解还处在体验和模仿阶段，专业知识技能发展亟待提高，在实际的教学活动中也往往循规蹈矩，灵活不足。而且其角色的转换和定位常常出现失衡与错位的现象。在人际关系方面，又面临来自各方面的怀疑、猜测和观望，再加上往往被学校作为工作的重点而备受关注，这些都给了新教师莫大的压力。

面对上述种种教师适应期的典型特征，作为新手的你在制订行动方案时不妨从以下几个方面着手。

（1）根据自己的个人情况绘制教师生涯导航图。

（2）尽快熟悉教学和环境，包括了解学校的整体状况、熟悉学校的各项规章制度、了解自己所在的年级和班级、尽快熟悉同办公室的老师。

（3）选择一位良师。选择一位优秀的老师作为自己的导师，通过对其教学及管理先进经验的学习，尽快弥补自身的不足，加快成长的步伐。

（4）尽快融入团体。适应期的你仅仅依靠一位老师的指导显然不够，你需要让自己置身于一个团结、互助的工作团队中。

最后，要苦练教学基本功。作为一名老师，具备过硬的教学基本功将为终身的发展打下良好的基础。基本功包括知识更新能力，科学处理教材的能力，组织教学、从容应变的能力，清晰表达、缜密思维的能力，情感交流、合作互动的能力，以及教学反思、研究提升的能力。

成长期：磨砺与提高

　　教师职业成长期我们一般也称其为教师职业发展期，顾名思义，这一时期是教师完成角色转换、逐渐适应教师职业角色后的一个重要发展时期。一般来说，入职以后第4～7年的教师便处于职业成长期。处于这一时期的教师已经适应并能胜任工作，对教师职业有了更深层次的认识。

　　如果你处在教师职业的成长期，我们也通过一个案例来了解教师在这一时期的共同特征。

　　小张师范毕业后被分配到一所农村小学教语文，虽然他很快就适应了语文教师的工作，却没有切实体会到为人师表的快乐，随之而来的却是沮丧和失落。反复思索后，他选择了脱产进修地理。

　　毕业后，小张被分配到一所农村初级中学教地理，但此时地理学科已经退出了会考的舞台，学生的学习兴趣与学习劲头已经大不如前。他又一次感到自己的工作失去意义，尽管他的赛课获得了县一等奖。他开始产生惰性，和同事打牌、喝酒，无休止地麻痹自己。

　　然而，在这个时候，偶然的阅读让小张重新反思自己的职业道路，他决定读专升本。凭着扎实的基本功，他顺利考进了教育学院，这次，他终于选择了自己喜欢的中文专业。

　　毕业后，由于学习成绩突出，小张被推荐到县城第一中学教语文。开始的阶段，因为没有上过高中，他的功底使他无法应付大量的高考试题。于是，他利用业余时间，深入研读语文课文，在读书时也注意以教材为核心进行延展性阅读。经过不懈的努力，他的课堂开始生气勃勃，学校对他的重视也与日俱增，他教学的班级也由普通班到重点班，由重点班到实验班。而且在许多学生的心目中，小张是自己遇到过的最好的语文老师。

　　小张老师和大多数老师一样，在经历了短暂的职业适应期后，很快就进入了职业成长期。处于职业成长期的老师已基本适应了教育教学工作，班级的管理与教学质量也有了明显提高；他们能找到提高自己的方向，并积极地锤炼和提升自己；教育智慧化程度也有了全而提升。在这一时期，作为教师在做职业规划时，要注意以下几点。

　　（1）正确分析自己，寻找发展的突破口。作为一名职业成长期的教师，

在各个方面都有了一定的积累。此时就要在全面分析自己的基础上，寻找发展突破口，寻找适合自己的发展定位。在准确定位的基础上，利用"田忌赛马"的战略战术，充分发展自己的优势。

（2）坚持学习，厚积薄发。成长期的教师首先要学习专业知识，努力掌握所教学科教材的知识体系；其次要学习适用的相关知识，因为现今各门学科的知识都不是孤立的。此外，还要在正确分析自己的基础上确定学习的主要方向，如以课堂教学为发展方向，就应加大课堂教学理论的学习和名师教学行为的研究与学习。规划自己的学习要做到规律化、应用化，即固定学习时间与学习内容，将学习与实践紧密结合，学以致用。

（3）学会反思，提升自我。教师职业生涯是一个不断探索、实践和反思的过程。通过反思，总结实践经验，寻找缺点和差距，使自己的知识水平、教学经验等进一步提升。

（4）走进科研教育，在游泳中学会游泳。作为教师的你不但是实践者，也是研究者。参加教育科研是教师成长的必由之路。成为名师，不能只埋头苦干，更要学习掌握教育规律，提高教育理论水平，只有这样，你的工作才会事半功倍。处于职业成长期的你不同于专业的理论工作者，应该注重实际问题和实践应用。科研选题应该从自己熟悉的领域出发，以行动研究、案例研究为主，将理论落实到实践中，在实践中检验自己的理论，在实践中提升自己。

（5）构建和谐的师生关系。

徐州市的一位特级教师有一次在执教公开课时遇到一件事：一名女生在朗读课文时将一个外国人名读错了。这位老师立即给她纠正，并要求该生重读。谁知她又读错了，老师鼓励她重读，直到第八遍这位女同学才将读音读正确。老师立即为她竖起大拇指，表扬她七次失败都不气馁，并告诉她外国人的名字就是难读，自己也是读了好多遍才读对的。

这件事对这名学生的成长进步一定会产生巨大作用。所以，根据学生的特点，多了解学生，并时常在学习时的分组、提问、表扬中恰当地表现这种期望，都会使你在教育教学中产生巨大的亲和力，实现与学生心灵上的"零距离"。

成熟期：继续前进

成熟期是教师完全适应教育教学工作的时期。一般来说，入职以后

第 8 ～ 20 年的教师处于这一时期。部分处于这一时期的教师完全掌握了教学工作的主动权，形成自己独特的教学风格，成为学校的教学骨干。

如果你处在教师职业的成熟期，我们来看下面的案例了解成熟期教师的一些普遍特征。

张老师在教师岗位上已经工作了 8 年。8 年来，她一直在当地的一所重点小学任教。现在，她担任语文学科的教学，并且兼任教学副校长的行政职务。

在学生时代，张老师就被评为优秀毕业生。当她带着优秀毕业生的光环来到学校时，所有的人都对她另眼相看。所以，虽然她毕业的时候就已经是大专学历，在小学属于学历层次较高的老师，但仅仅用了 3 年时间，她又在工作之余拿下了汉语言文学专业的本科学历，成为学校乃至当地小学教师中的领头雁。

在担任班主任期间，由于工作出色，她被评为"优秀班主任"；在教学上，由于业务能力突出，她又被任命为教研组长，并带领全组老师夺得了"市级优秀教研组"的称号。

在工作中，她善于反思和总结，独立主持了几项课题研究，都搞得有声有色，并发表了多篇文章。在担任教研室主任工作时，她又乘着课程改革的东风，带领全校教师开发了当地第一套校本课程，并颇具匠心地开展了几次在全省范围内都产生了一定影响的教学开放活动，打造了学校的科研品牌。由于在业务能力上不断钻研，她被评为市级骨干教师，并应邀到各地讲学，参加学科教材的建设，反响很好。

在她事业蒸蒸日上的时候，她却毅然放下手中的一切，选择进入高等学府攻读教育硕士学位。一年后，她以一种崭新的姿态回到学校，在竞选中被推选为学校分管教学的副校长。

像张老师这样的教师在学校里属于最受欢迎的成熟期老师。在这个阶段，教师熟练掌握了教育教学所需要的各项技能，对教育教学工作有自己独特的认识和理解，形成自己的教学风格，具备了较强的教育教学科研能力。此外，还拥有良好的人际环境，作为教学骨干得到了各方面的认可。

成熟期的你处于个人职业发展的关键时期，如果能够利用已有的有利条件，就有可能向更高层次发展；如果不能抓住有利时机，也可能停滞不前，永远停留自傲于一名熟练的工匠阶段，甚至进入职业高原期，

出现职业倒退。所以，处在教师职业成熟期的你在制订行动方案时要围绕以下几个方面进行。

培养成就意识。心理学上的"人的智能减退法则"告诉我们，当一个人的智能不断运用、不断开发时，人的智能会得到提升；当一个人的智能长期处于睡眠状态时，会自动减弱。成就意识是激发教师智能的催化剂，一名老师，只要有了积极的教育态度，就会有突破常理的超越。有位特级教师，普通话不好，但后来他朗读课文却能催人泪下；有位年轻教师，学生时代字写得不好，但现在他的板书叫人赞叹。这些看似不可能的转变都是强烈的成就意识催化而成的。

加入专业组织。参加专业组织对成熟期老师的发展有很大影响。它可以使教师抛开学校狭小范围的限制，与其他同行进行有意义的对话。这些组织通常就是使教师处于专门领域最新教学方法最前沿的最佳平台。

加强对教育发展的前瞻性和预见性。有一位名人指出："眼光决定前景，心态决定命运。"

处于成熟期的你，是否有超前的眼光和开阔的心境是决定你日后发展成败的关键。

在进行实践科研的时候，你尤其要开阔自己的视野，多方面地学习和汲取信息，以使自己更快地迈进新的发展阶段。

不断积累。要有意识地利用有利的外部条件和资源，为自己创造最优的发展环境。如主动向领导争取承担额外的责任或任务，进一步证明白己的能力；参与教学科研项目的研究，得到专家的鼓励、引领；不断提升个人专业化水平，为自己的专业成长提供全方位的支持。

高原期：评估与调整

职业发展高原期是指教师成长过程中的一个相对静止的状态。多数老师在入职以后的 20 ~ 30 年，会处于"高原"状态，即教育教学水平停滞不前，甚至出现倒退的情况，渐渐丧失对教育工作的热情。

如果你处在教师职业高原期，我们先来看两个案例。

孙老师，42 岁，从教 22 年，是一位普通初级中学的教导主任。教数学，大专毕业的她，连续担任了 20 多年的班主任，而且所带班级连年被评为优秀，孙老师也多次受到嘉奖，还被评为市级优秀教师，为此孙主任感到十分自豪。虽然教学业绩十分突出，但是她的高级职称迟迟没有评上，因为评高级职称必须要有本科文凭。谈到今后的打算，她说"我一开始就不应该当老师，我不喜欢和书本打交道。可是我这个人做事又不愿意落后，当了老师就不能误人子弟。幸好和学生在一起时，我还是比较开心的，他们毕竟是孩子。现在我的高级职称终于拿到了，我终于可以歇歇了，最好就上上课，有时间多陪陪自己的孩子，让他顺利地考上重点高中。"

何老师，44岁，性格比较内向，从小生活在农村。大学毕业后回到家乡，在家乡的一所乡级中学教语文。由于工作认真负责，3年后，他被调到县城中学，很快就成为学校的教学骨干，并在全市有一定的知名度。市里的一所重点高中想调他去，他心想市里的工作、生活环境比较好，机会也多一些，而且孩子将来上学也比较好，于是欣然前往。

可是到了市里以后，情况并不像他想的那样乐观，由于初来乍到，与同事关系比较陌生，加上他来自农村，同事难免对他有非议，这使他的自尊心受到极大的伤害。虽然随着时间的推移，大家对他教学能力的评价有了很大改变，但他依然感觉失落。整天忙于工作，很少有空闲的时候，看看周围同龄人，大都在为房子、孩子忙碌着，他也就随了大流。在一次体检中，他被查出了高血压，他感叹道：

"我感觉现在的生活平淡无味，整天机械地忙碌着，没有时间停下来思考。学校的竞争也越来越激烈，我一天到晚都在学校，可是花了那么多时间，也没见到有什么效果，教育的意义已经索然，别说学生厌学，我都感到厌教了。但这就是现实，我每天都要面对。教师吃的是良心饭，对得起学生就对得起自己了。但是现在身体弄成这个样子，不值得，还是要善待自己。"

上面这两位老师就处在教师职业生涯发展周期中的特殊阶段——高原期。"高原现象"本是教学心理学中的一个概念，指的是人类在学习过程中的一种带规律性的现象，即在学习的一定阶段往往会出现进步的暂时停顿甚至下降的现象。

美国职业心理学家最早提出"职业高原"现象，认为"职业高原是指在个体职业生涯中的某个阶段，个体获得进一步晋升的可能性很小"。高原期的特殊状况往往会影响教师的职业发展。

作为教师的你，不妨认真回想一下，你是否有上述案例中那两位教师遭遇的困境，是否常常感到有不同程度的挫折或者倦怠，是否觉得自

己正徘徊在教师职业生涯的十字路口，不知道该何去何从。

从年龄上看，处于高原期的教师一般都在 *40* 岁左右。首先表现为体能的下降，感觉自己常常力不从心，失眠、多梦，如果身体被查出有疾患，就会在思想上也有负担。

其次，处在高原期的教师往往缺乏成就动机，因为处于这一时期的老师往往评上了高级职称，滋长了自满情绪，失去了专业发展的热情和动力，对未来没有太大的期许，因为缺乏目标而彷徨不前，就像案例中的孙老师那样，只想多照顾家庭。

处于教师职业高原期的教师通常由于家庭负担过重，而教学压力不减，会出现一定的职业倦怠感和挫折感；由于过分依赖过去的教学经验，容易出现经验主义倾向，因循守旧、墨守成规，制约了自己的发展。

还有一部分教师走入职业高原期是因为过分看重和依赖过去积累的教学经验，不愿意求新求变，习惯于按过去的经验办事，排斥新观念、新方法，这样就限制了自己向更高层次发展。

针对高原期教师的种种特征，如果你处于高原期，在为自己的未来做规划时要从以下几个方面着手。

首先，要进行全面的自我诊断和自我评估。你也许从来没有认真审视过自己，或者已经很久不曾认真想过自己未来的发展道路。那就不妨静下心来，无论是自我反思也好，或者是借助专门的工具，抑或请他人来评估，你都要重新利用在前面介绍过的方法认真审视自己，重新为自己确立一个明确的目标。不妨问自己以下三个问题：我想往哪一方面发展？我能往哪一方面发展？我可以往哪一方面发展？

其次，要进行系统、针对性的学习。如果你以往都是依赖于自己的经验"吃老本"，那么如果你想尽快走出高原期，那就必须进行学习。学习的途径有很多，比如参加更高学历的进修。著名特级教师王生从参加工作后便开始进修本科，然后又进修了硕士直至获得了博士学位，他就是高原期教师学习的典范。然而对大部分教师来说，由于种种原因，参加进修比较困难，那么你可以进行校本研究，在日常工作中发现问题，多利用周围的资源，比如向有经验的教师请教、出外参观学习等，这些都是很有效的学习方法。

一位老太太整天待在家里心情忧郁，对任何事情都不感兴趣。医生在她家里发现了一盆紫罗兰花。于是对她说花真漂亮，是送给邻居的最好礼物。老太太真的给邻居送了一束花，体会到了久违的无比喜悦的心情。

从此，种花、给人送花成了老太太生活中的一件乐事。

紫罗兰以神奇的力量唤醒了老太太的生活激情，改变了她的生活，让她的精神获得了新生。其实，对处于高原期的教师来说，缺乏工作热情，教学上没有创新，一定程度上也与所处的环境有关。因此，适当改变一下教师的教学环境或岗位，对唤醒他们的工作热情，重新激发工作状态大有裨益。

除了自我诊断、积极学习、改变教学环境或岗位，处于高原期的你还可以向组织寻求支持，比如，与学校的领导积极沟通，使他们了解你的困境和继续发展的愿望，寻求他们的帮助。你还可以向上级教研部门反映，争取更多的信息资源，还可以求助于自己的教研团队，让他们帮你出谋划策，尽快走出高原期。

其实，处于高原期并不可怕，是作为教师的你成长过程中的正常现象。进入高原期不必紧张，过分的紧张反而会适得其反，只要利用我们所推荐的方法，摆正心态，积极学习，你就一定能快速平稳地度过高原期！

处于这一时期的教师在制订行动方案时首先要进行正确的综合诊断和自我评估；其次要进行系统的学习，增强发展的后续力。除此之外，还要寻求组织的帮助。比如，同学校领导积极对话，与上级教研部门加强沟通，等等。只有这样，才能快速度过高原期。

超越期：自我超越

超越期是教师职业生涯进入收获期的重要阶段。并不是每个教师都能有幸进入这一阶段，一个普通教师经过二三十年的努力才有可能达到这一阶段。处于这一阶段的教师对教师职业和教育工作都有独到的理解，他们已把教育理想升华为教育信念，将教育当作一种事业、一种生活方式。

我们先来看一个案例。

刘大伟教师，1983 年毕业于哈尔滨师范大学，1990 年成为当时黑龙江省重点中学中最年轻的副校长。现为哈尔滨师范大学附中党委书记兼副校长，享受国务院特殊津贴专家。2000 年《中国教育报》以"一个优秀青年教师成长的启示"为题介绍了他的教学生涯。

刘大伟老师将自己在教学上的发展大体分为三个阶段。第一个阶段是头三年，他称之为"探索期"。在这个阶段里，刘大伟老师完成了由学生到教师的角色转换，而且有了他比较满意的起跑。那是在他工作不满三个月时参加的区"教学百花奖"比赛。当时他正处在"摸着石头过河"阶段，教学经验和教学技能无从谈起；有的只是年轻人"初生牛犊不怕虎"的勇气。幸运的是，当时组内的两位特级教师和两位高级教师，都是在政治教学领域颇有影响的教师。老教师手把手地教他备课，教学中的每一个环节都替他考虑到。比赛中，他战胜了所有的竞争对手，获得了一等奖。这次成功给了刘大伟老师信心，使他确信自己"能成为一个好老师"。

在探索期，刘大伟老师自身较为全面的素质帮助他迅速适应与过渡。他强调：全面的素质对一个有发展前途的青年教师来说是至关重要的。一个好老师应当"博"一点，"杂"一点。高素质决定了高起点，这样的老师完全可以缩短甚至跨越"影响质量期"，迅速走向成熟。同时，他指出：教师如果在参加工作的前三年不能很快进入角色，并初步树立自己的教学形象，那么在以后的日子里，充其量也只能成为一个"教书匠"，很难有大的作为。

第二阶段，刘大伟老师把它称为"成熟期"。其标志一是，开始注意对教学实践的理论总结；二是，已经形成自己的教学风格。在这个阶段里，刘大伟老师对国家颁布的"教学大纲"已心领神会，对高中教材也已了如指掌。在教学实践中，他越来越体会到简单的模仿和对课堂教学的一些皮毛的改革，已经在一定程度上束缚了自己的发展。于是，他开始有了对自身教学理性的分析。

认识上的提高，带来了教学实践的革命。备课，有了"三步曲"：第一步，"有它（教材）没我"；第二步，"有我有它"；第三步，"有我没它"。上课，有了"三境界"：第一境界是"形动"，即千方百计吸引学生，让学生喜欢上政治课；第二境界是"心动"，即用真情打动学生，刻意创设特定的课堂情感氛围；第三境界是"神动"，即把他的观点变成学生的思想，进而导之以行。

可以说，从"探索期"到"成熟期"是一次飞跃。在这一飞跃中，刘大伟老师认为实现这一飞跃的条件至少应当有三个。第一是在师德上，教师应当有强烈的进取意识，责任感和使命感应当是其教学乐章中两个最强劲的音符。第二是在教学上，必须有自己独到的教学风格，能实现教师的职业共性与教师本人特性的和谐统一。第三是对教育理论的运用。教师必须摆脱教育行为中的盲目性和随意性，对教育理论的运用从自发

升华到自觉。

刘大伟老师到了成熟阶段，仍在进一步规划自己。最近几年他已不再满足于上好一堂课或者是写好一篇论文，他的内心深处常常涌动着一种创造的冲动和开拓的渴望。《管理新论——无为管理学》这本新书给他极大的触动，联想到相当多的政治课空洞、枯燥，教育效果事倍功半，甚至事与愿违，正是与教育方式和目标过于直露有关。于是，刘大伟老师开始探索把"无为管理"引入课堂教学，开展了"无为教育"的实验。实施方法是：有意把政治课的某些教育目的隐藏起来，虽然教师看似无意地触动学生的心灵，促使其觉悟，但这种无形的教育比直白的说教更有力量。

刘大伟老师把优秀教师发展的第三个阶段称为"创造期"。他认为这个时期具有以下三个方面的特点：第一，对事业、对学生的挚爱，这是走向成功的动力；第二，对教育发展的前瞻性和预见性，这直接关系到一个教师的发展方向；第三，具有较强的科研能力，这标志着一个创造型教师的水平。

并不是每个教师都能像刘大伟老师这样，经过"成长期""成熟期"并最终进入"创造期"，即我们所说的超越期。一个教师理想的终极目标就是进入像刘大伟老师、李吉林老师那样的自我超越阶段。他们都具有稳定而持久的职业动力、显著的创新精神、个性化的教学风格，在社会上有一定的影响力和知名度。

处于超越期的教师就是我们常说的"'专家型'教师""特级教师""名师"。是不是处于这一阶段的教师就不用规划自己的未来了呢？显然不是，案例中的刘老师就仍然在规划自己的未来发展道路，不满足于现在取得的成就。

处于这一时期的你，在制订行动方案时有着与其他阶段不同的要领和要求。除了自我实现，还要善待学生，善于抓住机遇，乐于进行教育科学研究，乐于和其他同事分享自己的成功经验，还要乐于向其他同事学习，并在此基础上不断总结经验，当然，还不忘拥抱乐观的健康生活。

总之，生活是多姿多彩的，教学也是一种生活方式，处于超越期的你不仅要有执著的人生追求、过人的专业技能，而且必须有健康的心理、积极的生活态度。你有什么样的情怀，就有什么样的处世方式；有什么样的期许，就有什么样的行为；以什么样的态度对待生活，生活对你也会有什么样的回报。

第四章

在反思和评价中不断完善

反思，教师成长的必经之路

近年来，"反思"越来越被教师提及和重视。新课程的实施需要教师不断反思，教师的专业成长离不开反思。可以说，反思是教师自身发展的基础和前提，也是教师成长的新起点。

美国实用主义教育家杜威在其著作 *How We Think* 中指出：反思是人们"对于任何信念或假设性的知识，按其所依据所进行的主动的、持久的、周密的思考"。

美国心理学家波斯纳认为，没有反思的经验是狭隘的经验，至多只能是肤浅的知识。他提出教师成长公式：成长 = 经验 + 反思。可见反思的重要性。这里有必要指出的是，反思并非教师对教育教学工作进行一般意义的思考和回顾，而是根据反思对象的不同，采取相应的反思方法和策略，达到反思的目的。

作为教师，你需要在职业生涯进程中不断地对自己已具有的知识、能力、情感、态度等诸方面进行批判性反思。每次反思，都会有新的发现，针对发现及时调整、补充、完善，才能得到更高层次的发展。

下面先让我们一起来看看一位教师对学生表扬的反思。

新课程改革以来，每一次走进课堂，我都用多种方式对孩子的言行进行鼓励。然而，一个阶段后，我发现孩子们对于老师的表扬由最初的开心变得无动于衷了，对老师的"好""很好""不错"不再在乎了，孩子们的积极状态消失了，刚萌发的自信心稍纵即逝了……

我困惑了：难道是表扬出了错？

其实，当课堂上"好""棒"的简单而又笼统的表扬方式变成了一种"表扬公式"习惯地作用于孩子的大脑时，孩子们对于只停留在形式上、口头上的表扬就会显得不在乎，也就提不起精神。学生随之出现的反应将不再是满足，而是感到迷糊，久而久之，不仅不能产生积极的学习兴致，反而使学生的学习态度变成了浅尝辄止和随意应付！这就需要我们在课堂教学中，做一个美的发现者，善于在平凡中捕捉细微的不平凡之处，恰当地为孩子们"加油"。

当孩子的发言与众不同时，给予表扬。

"你能从不同的角度思考问题，可见你是个肯动脑筋思考的孩子！"

若是孩子的问题与教学实际有所偏颇或是错误时，试着以客观的评价话语鼓励他。

"虽然你说的话题不在我们讨论的话题内，但你能大胆地表达你的看法，可见你很有勇气！继续努力！相信你能行！"

这"加油"声中即提出了孩子存在的问题，又有对孩子的肯定、导向，赋予了老师真切的关爱。孩子如能长此以往地置身于这赞赏的氛围中，其积极的表现将会越来越多，消极的行为会随之减少。

相信当老师将孩子好的言行看在眼、记在心时，即使不用刻意去堆积华丽的辞藻，给予孩子的肯定也是最真诚的表扬。"你想得真好！是个聪明的孩子！老师喜欢你，送你一朵小红花！"这也是在课堂中高频率出现的表扬话语。想得好，就因为聪明，而想不出，就是自己不聪明！

殊不知，正是我们这不经意的表扬误导了孩子，以至于有的孩子有了自己的想法，担心讲不好，不敢讲，而不讲！美国一项近期的研究发现，那些过多地被夸奖智力聪明的孩子可能会回避新的挑战。据调查，确实有不少被我们认为聪明的学生不认为学业成绩的不理想是自己的不努力所致，遇到困难、挫折时就灰心丧气，更把失败怪罪于自己不够聪明。虽然凡事总有其两面性，不能一概而论，但也需慎思之：在课堂上不能随意地表扬孩子聪明（一部分属于天资），而要赞扬他们在学习中过程中所取得的成绩（自己努力的结果）。这样，赞扬行动和品性而非本人，使孩子们有个明确的导向，对其正确人生观、价值观的形成将有所帮助。

表扬的力量对孩子们具有神奇的激励作用。哪怕是老师的一个微笑、一句话语、一个眼神都能给孩子们的精神以极大的激励，唤起他们对生活的向往与期待！在学习的过程中孩子需要老师更多的关注和鼓励，而做老师的则要敏锐地感知孩子心中的那份期盼，恰当地为孩子们"加油"……

这是一位教师的教学反思，教学反思是一个认识过程。既可以是对过去的总结又可以是对今后的启示，可以是对一堂课反思，也可以是对教学中的一个片断、一种方法、一项活动的反思。教学反思是教师超越自己的思维能力的表现，是一种创造能力在教育实践中的体现，是个"想一做一想"的过程。

教学反思，以探究和解决教学问题为基点。教学反思不是机械地按照教材或课程标准按部就班地行事，而是在领会的基础上，重点解决教学中存在的问题，并在解决问题的过程中使教学过程更优化，取得更好的教学效益。

教学反思，以追求教学实践合理性为动力。你越能反思，在某种意

义上越是好教师。通过反思可以发现新问题，进一步激发责任心，把教学实践提升到新的高度。

教学反思，是全面发展教师的过程。教学反思要求学生"学会学习"与教师"学会教学"统一起来。当你在全面反思自己的教学行为时，会使自己变得更成熟起来。

教师对反思的误解一般有以下几种表现。

（1）反思就是冥思苦想。反思不是一般性的思辨性思考。它是对自己的思考。这种思考，有两个特点，第一是反身性的，思考回到自身；第二是反思引起教学行为的变化，而不是纯思辨。反思与行动相联系，或者说反思是为自己的行动反思，对自己的行动反思，在行动中反思。反思与行动密不可分。

（2）反思就是自己独自的思考。这也是错误的。我们强调自己在做自己专业发展的主人，强调对自己的教学实践进行反思，并不排斥教师之间的合作交流。相反，反思离不开教师之间的合作学习。

（3）反思就是对自己的教学实践进行研究，不必再学习理论了。虽然，反思性实践的理论强调从个人的经历中学习的重要性，但并不否定对教育文献的学习。反思是根本，教育文献为我们的反思提供新的视角，为反思服务，而不是代替我们的反思。反思往往带有我们独特的个性，理论可以帮助我们识别其中的一般与普遍的因素。正因为理论的这种品格，可以发展起我们看待事物的与己不同的多种观点，从而丰富我们的反思。

（4）反思只是对自己的教学实践进行反思。这种认识把教师的反思局限在教学领域。这样反思就很可能丧失批判性，停留于教学技术层面。反思实质是对教师全部生活方式的审视，而不是把反思的基本内容限制在教学技术和班级组织的技术问题上。从其表面看是对教师教学实践的反思，实质深入教育领域、教育的价值和教师生活的态度。

教师自觉进行教学反思是提高自身素质的需要，是培养学生学会学习的需要，是提高教育质量的需要，也是作为教师的你自我成长的必经之路。

有效进行自我评价

世事多变，世界每时每刻都在发生变化，远到社会经济水平的发展、科学技术的进步、政治形式的变化、国家政策法规的调整，近到学校的制度调整、领导人的更换，乃至个人家庭、健康、能力的变化，无不影

响到个人职业生涯的发展。

作为教师的你在自己的职业生涯进程中，要时时关注周遭环境的变化，停下脚步，认真评价自己，不断总结经验和教训，不断修正行动方案，甚至在必要时修正目标。

一般的，教师在职业生涯道路上中会遇到以下问题。

在职业规划中，由于对自我认识与外部环境缺乏足够分析，发展目标与行动策略设计缺乏现实性和可行性。

在执行职业规划时，会缺乏因外在的情境因素变化作出的审视、适当调整与修正，甚至缺乏毅力，致使执行不力。

在教学与管理中会遇到的问题：不能正确对待学生、不能有效进行课堂纪律管理、不能取得预期的课堂效果、没有掌握好所教学科知识、不能运用新理念进行教学、不能有效进行科学研究及产生职业倦怠等。

针对上述问题，你需要进行必要的自我评价。自我评价其实是一种通过认识自己、分析自我，达到自我提高促进自我素质提高的方式。教师自我评价对于促进教师素质提高的重要作用，至少表现在如下几个方面。

第一，有利于培养教师本身自我意识。素质教育的重要目标之一是要培养学生积极的自我意识。要培养具有积极自我意识的学生，则首先必须有具有积极的自我意识的教师。教师进行自我评价，则正是培养教师本身自我意识的最佳途径之一。教师的自我评价，将有利于教师在评价学生时，同样注重学生的自我评价，从而最终有利于学生积极的自我意识的形成。

第二，以培养学生的创新精神和实践能力为核心的素质教育已成为广大教育工作者的共识。要培养学生的创新精神首先要具有创新精神的教师，当然，教师创新精神的来源，离不开的教师培养和培训机制。可以说，没有自我评价能力的教师，是不会有创新精神的。因为，创新精神在很大程度上来源于对自身和现实的反思，尤其是来源于对自我的不断否定。因此，自我评价在培养教师的创新精神过程中，有着极其重要的作用。

第三，自我评价作为一种教师自己认识自己、自己教育自己，从而自己提高自己的过程，对自身观念的更新来说，不失为一条有益的途径。

第四，自我评价作为一种自我发展的动力机制，对教师的发展来说，是教师专业提高的根本动力。哈里斯和希尔曾指出："只有教师本人对自己的教学实践具有最广泛、最深刻的了解，并且通过内省和实际的教学经验，教师能够对自己的表现形式和行为作一个有效的评价。"

教师的自我评价可以说是贯穿教师专业成长过程始终的，正因如此，我们可以将教师的自我评价看成教师评价的核心。

在实施教师自我发展性评价时，为了做到评价的公正和一致性，避免因评价者是教师本人而出现评价的因人而异、因时而迁、因境而变的现象，要求我们在进行教师自我发展性评价过程中，要有相对统一的教师自我发展性评价指标。如表1所示指标仅供参考。

表1　教师自我发展性评价量表

评估指标		评价意见 A级	改进措施 B级
目标达成行为指标	知识、技能、情感目标分类清楚正确		
	目标可测、要求适度，对不同学生有不同要求		
	教学过程中能向学生适时正确展示教学目标		
学生参与行为指标	学生能适应教师讲课的速度		
	学生参与充分、主动、面广		
	学生参与时思路敏捷、叙述流畅、正确率较高		
	学生上课注意力集中，课堂秩序活而不乱		
	学生学习愉快、轻松、有序、和谐		
教师素质行为指标	教学内容正确，无科学性错误		
	课堂控制能力强，能及时正确处理偶发事件		
	语言生动简练，讲普通话，书写规范、美观		
	教学中直观教具和媒体应用合理、有效和熟练		
处理教学行为指标	精选教材，选材能根据学生的兴趣和学科特点		
	重点突出，难点突破		
	能有机、有效、有序进行德育渗透		
教学方法实施行为指标	符合学生、教师和学科的特点		
	因材施教，面向全体		
	符合学生的认知规律、循序渐进、逻辑性强		
	运用引导讨论和有效提问技能，启发学生主动学习、探索、创新和实践		
	传授知识简单明了、通俗易懂		
	开放性强，允许学生有异议		

续表

评估指标		评价意见	改进措施
		A级	B级
		A级	B级
教学效果达成行为指标	落实双基		
	培养能力		
	培养学习习惯，渗透学法指导		
	及时有效实施反馈矫正，目标达成度高		
总体自评			

在教学中，自我评价方法有两种：一种为教师自我直接发展性评价，另一种为教师自我间接发展性评价。

教师自我直接发展性评价是指教师课后根据教师自我发展性评价量表上的各项指标进行直接的自我评价。教师进行自我直接发展性评价，可以在每节课后，也可以一周或数周中选择某一节课后，根据教师自我发展性评价量表进行自我评价，找出一节课的成功与失误之处。分析成功和失误的原因，结合课后札记，采取可行性措施，避免在今后上课过程中重演过去的失误。教师自我间接发展性评价是教师在课堂上或课后，通过观察、访谈和问卷调查等手段，间接从学生、教师、家长和有关领导等的言行中了解自己的课堂教学行为的得与失，进而制订和实施改进措施，优化课堂教学行为的一种评价方法。教师自我间接发展性评价常见的有观察法、访谈法和问卷调查法等。

1. 观察法

观察法是评价者有目的、有计划地对学生课堂学习活动进行观察，搜集和记录学生课堂学习过程中某些课前设置需要记录的行为，课后教师通过分析学生的行为，间接评价教师课堂教学行为的一种评价的方法。在教学中，观察法的实施主要包括以下三个方面的工作。

第一，要做好观察的准备工作。这是有效观察，顺利实现观察目的的前提。其内容主要有确定观察的内容、观察对象、观察方式和制订观察记录表。如表2所示。

表2　观察记录表

观察内容	记录	备注
学生上课注意力是否集中		记录一组学生上课注意力分散的人次
学生对问题的回答是否积极		记录一组学生上课发言的人次
学生听课的表情		记录一组学生听课时出现困惑的人次

第二，在课堂上根据观察记录表上的内容，做好获得观察资料的工作。即在课堂教学过程中，教师可通过直接观察，记录学生可能出现的观察内容中的行为。在观察记录过程中，为了不影响教师正常授课，首先要注意根据所定的观察方式采用相应的观察策略。

第三，课后整理、分析和评价信息。即课后根据记录统计出各项内容占小组人数的比例，分析出现这种比例的原因，并制订相应的措施。

访谈法。访谈法是通过教师本人以个别和集体访谈等形式，有目的、有计划地与学生、其他教师、家长和有关领导进行访谈交流，搜集自己课堂教学行为上的得失，制订改进措施，优化课堂教学行为的一种评价方法。

在教学过程中，访谈法的实施主要包括以下三方面的工作。

第一，要做好访谈设计。主要包括确定访谈目的、内容和编制访谈问题。

第二，要注重访谈技巧的应用。首先，应做好访谈问题的组织编排工作，访谈问题一般先易后难，并要营造一种融洽和谐的访谈氛围；其次，应善于控制和驾驭访谈过程；最后，要做好访谈记录，记录时既要保证重点突出，又要尽量全面。

第三，根据访谈结果，做好课堂教学行为的自我分析和反思，并制订相应对策。

2. 问卷调查法

问卷调查法是以教师自我发展性评价中的指标为依据，结合教师课堂教学的实际需要，设计一张问卷，在师生和领导中进行口头或书面的调查，来间接了解自己课堂教学行为上的得失，有的放矢地制订改进措施，优化课堂教学行为。在实施问卷调查法时要注意问卷中题目设计，要避免主观情绪化的字句，避免不受欢迎或涉及隐私的问题，避免难以回答的问题，等等。

认识别人眼中的自己

在现实的学校教师评价活动中，为了能全面而客观地进行教师评价，一般都采用多途径、多主体来评价教师，这样就能清楚别人眼中的"你"是什么样子。领导、学生、家长和同事的评价能帮助你更好地认识自己。

第一，领导评价。一般是指教育行政领导、学校领导对教师的评价。它是教师评价中对教师促进作用最大的一种外部机制。因为，领导对教师的评价，通常和教师的职务晋升、奖金的分配等激励性手段联系在一起。领导评价能否对教师素质的提高起促进作用，同领导者本身的素质、评价水平、公正的程度具有极大的关系。

第二，学生评价。学生是教育教学活动的直接参与者，学生的发展是教师工作的重心和目标，他们对教师的教育教学活动及师生交往有着最直接的感受和判断。教师应该高度重视并及时听取他们对自己在教学、师生交往和其他方面的想法、意见和建议，并且根据学生的反映及时调整自己的教育教学策略，或者转变某些不恰当的教育教学行为。

第三，家长评价。家长有权利以对教师进行评价的方式对学生的发展予以关注。家庭是学生生活的重要场所，教师往往无法直接了解学生在家中的表现，家长评价从一个重要的侧面为教师提供了有关学生发展状况的信息。此外，学生对学校、对教师、对同学的看法常常会告诉父母，因此家长在对教师评价的过程中所反映出来的想法、意见和建议对教师的改进与提高有重要的参考价值。还有，家长对教师进行评价的过程也是家校协同的过程，有助于家长和教师形成合力，更好地促进学生的发展。

值得注意的是，一定要对学生和家长评价加强引导，要让学生和家长明确评价的内容和标准，要分清楚哪些内容适合学生评价，哪些内容适合家长评价，哪些内容可以作为教师改进的依据，哪些内容仅供参考。

第四，同事评价。由于在教育教学目标、方法、过程，以及教学对象、教学环境等方面的相似性，同事对于教师的工作有着更深刻的共鸣和更准确的理解。同事评价是重要的学习和交流机会，教师可以从同事的评价中获取大量有价值的信息和经验，对于改进教育教学和自身发展都是非常有益的。在发展性评价中，同事评价应避免直接与教师的各种利益或名誉挂钩，以影响对评价对象作出客观、合理、有价值的判断并提出

改进建议，从而削弱了同事评价对教师的促进功能。

和自评一样，上述评价方法都是多元评价体系的一部分，但这些方法都是为教师自评服务的。应当强调的是，即使对那些不能正确评价自己的教师，"他评"结果一般也不会作为对老师的评价结果使用，只作为教师自评结果的评估依据，只作为帮助教师正确评价自己的手段。

如果教师自评与领导所了解到的情况偏差特别大，就可以通过谈话，以平等协商的方式来帮助老师来提高认识，或是消除领导心目中的偏见，并达成一致意见。

下面的例子就是一个很好的说明。

一位教师在毕业班工作中表现突出，送走了毕业班后学校把五年级一个最差的班安排给了她。一学期下来领导对她的各项考评成绩都比她自评的成绩低。她感到委屈，气冲冲地找到校领导，通过沟通，领导意识到用统一的标准对她进行评价确实有失公允，而她本人也认识到自己的努力程度还有差距，尤其是班级纪律不好，使其他教师无法上课。尽管她要求把自评结果修改一下，但领导还是肯定了她原来的自评结果。从此，她的工作更加勤奋，经过两个学期的努力，这个班的学生终于以学年中等近好的成绩毕业。

在教学活动中积极反思

作为教师的你，要在教之前"三思而后教"，教之中"闻过即改"，教之后"扪心自问"，在教学过程中积极反思，将反思贯穿教学活动的始终。

你需要在教学前进行反思。你要对学生的需要和满足这些需要的目的和目标，以及达到这些目的和目标所需的动机、教学模式和教学策略等作出反思。在整个教学计划过程中，你可以问自己下列问题：需要教给学生哪些关键的概念、结论和事实？在这节课中对我来说重要的是什么？怎样深度和范围的材料对学生是合适的？哪些学生需要特别的关注？哪些活动有助于学生达到我的目标？如何组织材料和学生，以形成一种积极的学习氛围？哪些条件会影响课的效果？

你需要在教学中进行反思。在教学过程中，不可预料的情况不断发生，需要你随时作出反思。这时，你要根据学生的反馈信息，反思为什么会出现这样的问题，自己如何调整教学计划，采取怎样有效的策略与措施，从而顺着学生的思路组织教学，确保教学过程沿着有效的途径运行。这种反思能使教学高质、高效地进行。

需要在教学后进行反思。即有批判地在行动结束后进行反思，结合各方面的教学反馈信息，对自己前一节或几节课教学行为及效果的分析与思考，判断在教学中所确定的教学目标、选择的教学形式及在教学过程中的具体指导策略是否适宜。这种反思能使教学经验理论化。

教学后反思，你可以问自己下列问题：这节课是怎样进行的？是否如我所希望的发生了什么？怎样用教和学的理论来解释我的课？怎样评价学生是否达到了预定的目标？上课时改变了计划的哪些内容？为什么？是否另外的教学活动或方法会更成功？为什么？下次我会尝试哪一种？是否有些问题一直困扰着我，使我在这几天中一直苦思冥想？我怎样才能找到答案？

根据上述问题，你就可以判断自己是成功地完成了教学目标，还是需要重新计划或试一试新的策略。

下面让我们看一个案例。

作为老师，我已在讲台上学习、成长了三年有余，自认为已成熟了不少，可谓合格教师了。尤其是今年，学校给了我不少讲课的机会，在此期间又有许多经验颇丰的老师和领导不断给我指点，还是取得了一些成绩的。所以，我有些飘飘然了，再谈起讲课来好像很轻松似的，觉得讲一堂课不过是将教案烂熟于心，则大功告成。可后来的一节课，却让我不由得深深反思。

勒老师又来了！上学期他就来学校讲过一节公开课，当时我就被他精妙的课堂掌控技巧所折服。也许是"初生牛犊"的缘故，我真正佩服的老师并不多，可他——我服。

当时我就有一个想法：什么时候能让这位高人听我的课给我指点指点，那该多好！没想到事隔不到一年，这个愿望真的实现了，学校把这次讲公开课的机会给了我。

我怀着十分激动和紧张的心情接受了这次任务，不过心里还是有底

的：因为我要讲的那节课在此之前已经演练过多回，而且还在区里赛讲中取得过好成绩。想到这，我放心了许多，不过即便如此，我还是将教案重新熟悉了好多遍。

带着烂熟于心的教案，带着一颗渴望求教的心，带着满满的自信，我把这节"身经百战"的课展现在了全校老师面前，展现在了我敬仰的勒老师面前。

教学环节严谨，同学配合积极，教学高潮一浪高过一浪。不知不觉，哎呀，我忘记控制学生交流、回答的时间了，校长已经冲我举了两次手，可我教案中关键的两个环节还没有完成。怎么办？慌，乱……坏了，我竟然忘词了，我只能面红耳赤地望着大家，心中使劲想教案。幸好大家都耐心地等待我的继续，尴尬场面很快就过去了，最后还是较为顺利地结束了这节课。

评课时，勒老师给予我这节课很高的评价，可我自己清楚，这节课虽然严谨、完整，但就是缺少"自然"。教学的环环相扣给人的感觉就是"人工制造"。

我把心中的困惑告诉了勒老师，他用一句话就解开了我的困惑："走上课堂，你的眼里只有谁？是教案还是学生？"对啊，原来"学生心中绕"才是秘诀，而我却舍本逐末。教案应是道具而不是课堂的包袱。当然，在勒老师看来，教师上课也不是放任学生，跟着学生的思路走，那样的课堂更不"自然"而是"野生"了。

我追求的"自然"应该是这样的吧：打铃上课，老师和学生在课堂做好准备，然后就一起开始跑步，当学生跑得起劲时，老师就充当拉拉队员，为他们喝彩、加油；当学生跃出跑道时，老师又是向导给他们指点和引导……

在上述的案例中，这位年轻的老师站在学生和其他老师的角度对自己的课堂进行了深刻的反思，对自己的教学方法有了更清醒的认识。所以说，作为教师的你在反思时还要学会用不同主体的视角进行，才能避免自我认识的盲区，充分发现自己在教学过程中存在的不足。

第一，以学生的视角进行反思。你可以回顾你作为学生（包括现在接受培训时的学生角色）时的一些事件、感受、人物，就可以让你从"别人"的角色来反观自己。回顾作为学生的一些感受，可以影响你喜欢或避免某些教学行为。你还可以站在现在学生的角度进行反思。学生时时刻刻

用眼睛和心灵观察和思考着你。从学生的行为、思维状态、学习成绩及学生对教师的期待都会反映出你教学的状况。当你知道自己的教学对学生意味着什么时，你就能够更好地改进教学。从学生的眼里了解自己的教学，办法很多，如让学生建立学习档案、写学习日记、进行问卷调查、召开师生座谈会等。

第二，以同伴的视角来反思。教师的自我角色是有意识地自主构建，教师的教育观念是从长期的自我经历中孕育形成的，教师的教学决策是经过周密思考而精心设计的。因此，教师对自身的角色、观念、教学质疑、审视、判断和再设计是有一定困难的。约请同事观察自己的教学并与他们交流和对话，可以使你用新的眼光看待自己的教学实践。这是教师之间的共同学习、合作学习。你还可以对照榜样教师的行为反思自己的教学行为。这里的"榜样"是一种宽泛的理解，他可以是正面的，也可以是反向的。你喜欢和不喜欢的教师，都会成为你模仿和学习或讨厌的榜样。或者说，正是这些老师的教学影响你形成潜在的教学理念。回顾这些经历，你可以对自己的教学有更清醒的认识。

第三，站在"超自我"的视角进行反思。所谓的"超自我"就是有意识地抛弃习惯和成见，以一种全新或另类的眼光看自己的过去。这是教学反思最主要的研究视角，也可称为"教师自传的研究"。它可以使你对自己教学的观念、行为、设计理念进行深刻的审视。对自己教学实践的反思方式有很多，如教学日记、一段时间的教学回顾角色模仿演练、教学录像等。对自己的教学实践进行反思，尤其要抓住关键事件。关键事件有的是突发事件，有的是平常教学中的事件。抓住这些事件引起反思，往往会使你捕捉住自己发展的时机。

第四，以专家的视角来反思。与专家进行对话和交流，进而引发对自我的深度思考，十分重要。分析诸多优秀教师的成长历程，不难看出，他们都有一个跳出自我经验，提升专业层次的过程。这种提升，或者是学历进修，或者是研修式培训，或者是教育课题研究。所以，与专家进行交流和对话，阅读专家著作，是教师反思自我的又一视角。当然，由于受本校和本地区条件的限制，常用的引领方法还是阅读理论文献居多。通过阅读专家的理论著作，也可以使你对一些问题找到与自己不同的解释和见解，帮助你接受新信息、新观点，帮助你用新的方式研究自己。这是一种与专家不见面的"对话"，要争取一切机会，与专家进行对话和交流，进而反思自己。

将反思固定成为一种习惯

提高教学反思，首先要从自身做起，形成反思习惯。

在教学实践中自我反思。在每一堂课结束后，你要进行认真的自我反思，思考哪些教学设计取得了预期的效果，哪些精彩片断值得仔细咀嚼，哪些突发问题让你措手不及，哪些环节的掌握有待今后改进，等等。同时，认真进行反思记载，主要记录三点：一是总结成功的经验；二是查找失败的原因；三是记录学生情况。

在理论学习中自我反思。要认真地学习和研究先进的教育教学理论，并自觉地运用理论反思自己的教学实践、指导自己的教学活动。在学习中深刻反思、认真消化、并付诸实践。先进的理论可以使你的教学进入新的境界。没有深厚的理论素养和丰富的知识储存，是不能登堂入室、达到高屋建瓴的教学境界的。苏霍姆林斯基就这样要求的：读书，每天不间断地读书，不断补充其知识的大海。他认为，这样"衬托学校教科书的背景就宽了"，课堂教学效率的提高就更明显。

在相互借鉴中自我反思。教师之间，多开展相互听课、观摩活动，不但可以避免闭目塞听、孤芳自赏，而且能够使你高瞻远瞩。只要有可能，不要放过听课的机会，不要放过一些细节。除了要多争取观摩别人的课堂教学，还要研究特级教师、优秀教师的课堂实录，从课堂结构、教学方法、语言表达、板书设计、学生隋况、教学效果等各方面，客观、公正评价其得失。对所听的和观摩的每一堂课都要研究、思考、探讨，并用以反思自己的教学，进行扬弃、集优、储存，从而走向创新。

反思作为教师发展的一种策略，它遵循一定的程序，作为教师的你必须熟悉这一程序，方可提高反思的效果。反思过程一般可以分成四步。

第一步，反思中发现问题。这就是说，反思产生于"问题"，教师反思的起点便是自我实践中的"问题"。反观自己的教育教学并梳理出其中存在的问题，就特定的问题予以关注，并在可能的范围内搜集与此相关的资料，接下来便是分析问题。

第二步，自我分析问题。依据收集到的资料，以科学的理性态度和方法对教育教学的本质加以深刻的理解，并在此基础上建立起观念理性和相应技术理性的结构体系，这就要求你要以批判的眼光审视和考查自

己的观念、行为和习惯，对所发现的问题进行分析。

这一过程需要你有适当的谦恭、足够的勇气、公正的品质、豁达的胸怀、丰富的情愫，以及敏锐的判断力和丰富的想象力，十分有耐心、自知之明、亲切感和幽默感，等等。

第三步，对问题的解决建立假设。在自己的知识中搜寻与当前问题有关的信息，或通过阅读书籍、请教专家、集体研讨等方式，提出解决问题的各种假设，并在内心对假设的效果进行预测。这一过程是你将实践中反映出来的问题上升到理论层面加以剖析的过程，通过自身实践探寻到问题的根源，进而找到解决问题的理论依据和方法，在思想中形成新的观念，建立起新的假设。这是一个持续的修炼过程，因为任何新观念的内化一般都要经历接受、反应、评价、组织和个性化等五个由浅入深、由不稳定到稳定的过程。

第四步，通过实践进行验证。建立起新的假设之后，开始策划新的行动计划和方案，紧接着，开始实施行动计划，积极验证。当这种行动能够被观察分析时，你就开始了新一轮的反思循环。然而，这个循环不是简单的思维过程的重复，不是对反思所得思想认识的无尽讨论，因为任何反思都会在本质上产生观点的改变。通过积极地、不断地自我反思与实践，你的教育教学观念和行为会在这一否定之否定的过程中得以再生和变异，你的专业技能也会有本质性提高，这正是反思的价值所在。

下面就让我们从一位普通教师的成长经历中感受反思对个人成长的重要作用。

自 2002 年大学毕业，走上教师这一工作岗位，我就对自己的职业充满了责任感和自豪感。我渴望能在三尺讲台上尽情挥洒青春和汗水，也暗暗下决心，一定要通过自己辛勤的付出，像师傅等有经验的优秀教师一样，成为一个学者型的教师。

我知道初为人师的自己离目标很遥远，而走上课堂也明显地感觉放不开。这时，学校适时实施了"新星工程"，可以在教育教学各个方面向师傅讨教，同时，我又很幸运地成为学校的省级课题"运用反思性教学策略加速培养青年教师的研究"的研究对象。经过一年的按课题研究要求的自我反思，再加上师傅的精心指导和自己有意识的探索，感觉自己在课堂教学等方面取得了长足进步。虽然，目标还是十分的遥远，但我会以坚实的脚印一步步向它迈进。

在作为研究对象的一年中，我按照学校课题组的要求，坚持反思性备课每周一节，反思性评课每周两节，"说—上—评"的教研活动每三周一次，并且根据学校对新教师的要求每周听师傅的课两节，做好听课笔记。在做好常规工作的同时，认真完成课题组布置的录像课、教研课、小论文、学习体会等任务，并写出比较详细的自评报告。

回顾刚开始教学工作时，自己虽然也拥有一些方面的优势，比如，专业知识基础比较牢固，普通话和板书等教师的基本功掌握较好，平时也注重学习一些先进的教育教学理论，课堂上时间安排恰当，运用多媒体辅助教学熟练，等等。

但是，劣势同时也十分突出，主要是在课堂上激发学生学习动机方面做得很不够，学生参与活动很少，即使参与了面也不广，师生之间交流少，对课堂反馈的信息观察不够细，自然处理也不太恰当。这跟"以人为本"的教学思想是背道而驰的，也不利于培养学生的创新精神和实践能力，没有让学生在轻松愉悦、自我参与的氛围中自主地获得知识，而仅仅是在传授知识。

经师傅指出这一的弱点之后，我就决心要在以后的教学中逐步地加以克服。所以，在对教学过程的各个方面（如引入、教态、语言、结束语等）进行反思时，我最深挖的就是这个点，每堂课后都要想一想：今天的课活不活，学生是否参与进来，他们的积极性有没有被充分调动起来，对于学生一些课堂反馈信息我有没有恰当处理。经过一年反思之后，我感觉自己进步最大的就是这一点。同时，其他一些方面也取得一些成效，例如：克服了紧张心理，在课堂上可以较为放开，离开讲台走到学生中间；在教材的处理上更注重前后内容的联系和衔接，注重知识结构的展示和思维方法的培养；上课时的教态、语调、口头禅等现象得到很大的改善；等等。

在成为研究对象之后，我阅读、查找了一些关于反思性教学的书籍和资料，经过一年的实践，我深切地感到：经验＋反思＝成长。"反思性教学"对我在教学工作中的提高与成长具有重要作用。

实施了一年的反思性教学课题即将结题，作为研究对象，我已经尝到了进行这一研究的甜头。没有反思的经验是狭隘的经验，至多只能形成肤浅的知识。如果教师仅仅满足于获得经验而不对经验进行深入思考，那么他的发展将大受限制。我想即使在这个课题结束之后，我还是会不断反思、总结课堂教学的点滴体会，在微小的积累中一步步走向理想。

第五章

专业发展：教师职业生涯的核心价值取向

教育改革：呼唤教师职业的专业发展

知识经济对人的素质提出了新的、更高的要求，教育改革也必然地对教师提出了职业专业化的期待。下面我们着重从教育改革的宏观背景出发，探讨教师职业专业发展的时代命题。

一、教育改革：一个重大的时代命题

21世纪以来，伴随着科学技术的突破性进步和知识经济的迅速发展，政治的多极化、经济的全球化、信息的数字化已经成为不可逆转的发展趋势，各国之间的竞争也从来没有像现在这样激烈。这种国与国之间的竞争表现为经济的竞争、科学技术的竞争，或概括为综合国力的竞争，但归根结底是人才和教育的竞争。而人才竞争的焦点是人才的质量规格。从世界社会经济发展的总体趋势和基本要求来看，对人才需求主要有以下几个方面：一是对多样化人才的需求，二是对个性化人才的需求，三是对创造性卓越人才的需求，四是对国际性人才的需求。

社会经济发展对人才的需求，必然要求我们的教育在培养人才的模式上作出变革性调整。教育如何在人类社会的重大转型时期，加快改革和创新，提高培养人才的质量和水平，已经成为衡量一个国家整体发展能力的重要标志。一个国家的教育体系能否培养出适应未来国际竞争的、具有创新精神和实践能力的人才，正逐渐成为国家发展战略的核心问题之一。为应对21世纪的国际竞争和社会经济的发展变化，世界各国，特别是西方主要发达国家纷纷调整自己的国家战略，通过加快教育发展和课程变革的步伐以培养适应知识经济时代的人才。

法国国民教育部1990年提出在学校教育中要"以学生为中心"，追求"成功教育"。基于"学会学习"和"以学生为中心"的教育理念，在学校课程方面，提倡学生的主体性、新型的师生关系，强调学生兴趣、活动和经验的课程模式，讲求教育从注重个别学习和智力的静止型学习转变为共同作业和活跃身心的活动，讲求学科间的交叉和融合及知识的实际应用。

英国1988年颁布《教育改革法》，以立法的形式规定学校必须开设十门国家课程，必须达到国家规定的最低课程标准。《教育改革法》的颁布，试图用一种整体的观点设立"宽广、平衡、一致性"的课程。进

入 20 世纪 90 年代，英国中小学的课程变革主要是围绕国家课程进行的，即如何解决好国家课程目标和评价标准过高，内容过多、过深与教师、学生负担过重，国家课程与新的考试制度，国家课程与学校课程的自主性、灵活性，国家课程与学校的实际状况的矛盾而展开。国家课程的实施，教师集体的教学核心价值观——以整合方式组织教学、强调学生的经验性学习、重视教学过程的灵活性和学生的自主学习至关重要。在这种观念的指导下，教师在课程教学组织方面倾向于按自己的看法设计课程、组织教学。2000 年，英国又开始对基础教育课程作进一步改革，除全国统一课程，还有学校自主选择的课程，强调通过课程的实施来实现促进学生精神、道德、社会和文化发展的课程目标，全面提高学生终身学习需要的交流、数据的处理、信息技术、共同操作、改进学习、解决问题等六项基本技能。

德国 20 世纪 90 年代后，为迎接全球竞争，开展创新教育，强调理论与实践相结合，鼓励在更接近生活和解决问题的现实情景中开展教学活动。在传授文化知识的同时，加大对学生解决问题、独立思考、自学的能力，以及参与活动的积极性、应有的责任感等基本素质的培养力度。

荷兰自 1974 年，提出"面向学生"的口号，在教育中让学生有更多的机会参与自己的发展，让学生更多地参与教育目标和内容的选择。在课程目标上，强调社会与情感发展、认知发展、感知与动作技能发展、创造力的发展。在课程组织上，除分科课程外，还有综合课程和经验课程。经验课程的要求是：教学内容主要不是来自于学科本身，而是更多地从学生的生活情境中去获得。为未来生活做准备的课程旨在为学生提供不同的生活视野，使他们学会观察与思考周围世界以及生活中发生的事件，并能描述和解释这些事件。这种课程的目标还在于帮助学生获得知识、形成观点、表达思想，并能在日常生活中应用所学的知识。在课程中必须考虑的前提是，对社会的批判评价必须联系学生生活经验，必须考虑学科的新发展；在应用中，较多地运用主题型教学法。

瑞典受国际教改潮流的影响，强调追求教育民主化，提出既要培养学生的创造精神和责任感，能独立地与别人合作和解决问题，又要发展学生的社会交往、交流能力，全面改革课程，鼓励以学生为中心和以活动为中心的教育方法，培养学生的独立性和批判性，向每一个学生提供最适合其能力发展和未来生活的教育，为学生的终身学习打下基础。

美国于 20 世纪 70 年代中叶，在批判杜威的实用主义课程理论的基

础上掀起了一场全国规模的"恢复基础运动"。20世纪80年代，美国又掀起了一场全国范围的"高质量教育"运动，把强化学术性课程作为提高教育质量的核心内容。到了20世纪80年代中后期和90年代，美国制定并实施了《美国2061计划》，强调课程实施应坚持学生主体性原则，即摒弃让学生学习现成答案的做法，鼓励学生通过亲身实践进行探索，展开批判性思维，达成理解，加强交流。1993年的《2000年目标：美国教育法》提出了八项"国家教育目标"，强调科学探究、成功的科学学习和针对标准而进行学习的方法，培养学生在多元文化和全球化中对现实社会问题多维的或全息的理解、综合认知、探究和解决问题的能力，以及超常的逻辑选择和判断能力。

加拿大的中小学课程先后经历了20世纪50年代的强调灵活性与非正规化、20世纪60年代的注重基础化、20世纪70年代的追求核心化三个发展阶段。20世纪80年代，加拿大教育改革进入了为不断适应新形势而改革的阶段，在课程与教学方面，除加强共同基础课程之外，许多省都把重点放在培养学生批判性思考、社会适应和实用技术等方面的能力上。在课程目标上，兼顾社会需求与个人发展两个方面，既考虑基本知识技能的掌握，又考虑社会适应能力和创造性解决问题能力的培养；既顾及学生个人的目标、能力、兴趣和职业志向，又顾及社会劳动力市场的变化要求，给学生以更大的课程选择权。在课程设置上，既有统一的课程标准，又有学校自主设置的课程，达到了统一性与多样性、灵活性的较好结合。1993年，加拿大联邦政府向全国印发了被有的人称为"里程碑式"的《学习得好，生活得好》的教育报告。这份报告针对加拿大教育中存在的问题，着力倡导一种新的学习文化，在课程方面，将现代新技术引入中学课程；在教学中，强调学生批判性地接受、分析和解释信息；加强学校与社会的联系，探索合作教育的新型课程模式，给学生课程选择以"个人化"和"自由化"，满足学生个性发展的需要。

日本教育改革经历了从"教育现代化"向"教育人性化"转变，从重视科学向重视人转变，从分化向综合转变，从"传授型教育"向"主动建构型学习"转变的过程。1989年，日本颁布的第五次修订的教学大纲注重学生的思考力、判断力和表现力，并加强体验学习和问题解决学习，以使学生掌握适应社会变化以及终身学习的方法和能力。文部省在颁布的新课程方案中提出了新的基本目标：轻松宽裕的、有特色的个性教育，以培养学生自主学习、独立思考的"生存力"，通过大幅削减教育内容、削减

课时，给学生以时间和精神上的"轻松宽裕"，使其进行自主学习和综合学习。1991年3月文部省确定的学力标准中，学习欲和学习态度被列为第一项，思考力和技能分列二、三项，最后才是知识和理解。在课程教学过程中，要达到这四种新学力标准，必须将两者结合起来，并以前者为重。

从以上主要发达国家的教育发展和课程变革中我们可以看出，尽管各个国家文化背景、历史传统、教育制度、管理体制不同，教育发展的进程有异，课程改革的领域和内容也各有侧重，但其教育改革的一个共同的发展方向是：一方面，适应社会经济对创新型人才素质的要求，加大课程教学改革的力度；另一方面，在教育教学过程中重视发展学生的能力，提高学生的综合素质。

为顺应世界经济和教育发展的潮流，我国也从人才建设的战略高度积极推进教育改革，明确提出了培养数以亿计的高素质的劳动者，数以千万计的高素质的专门人才和一大批拔尖创新人才的战略任务。

综观世界各国教育发展的趋势和我国教育发展的现状，可以说，教育改革已成为世界教育发展的重要趋势，也是我国教育发展的一个重大的时代命题。

二、因应变革：教师必须走专业发展之路

教育改革的深化，势必对担负着学校教育重要责任的中小学教师提出新的、更高的要求，为了适应教育新形势的要求，教师必须实现自身的专业化，走主动专业发展之路。

1. 教育变革与创新要求教师专业发展

当前我们正处在一个变革与创新的时代。因应社会变革和教育创新发展，我国第三次全国教育工作会议明确提出了以培养学生的创新精神和实践能力为重点的素质教育目标。此后，全国基础教育工作会议又从目标、体制、课程、队伍、评价等方面对基础教育提出了变革与创新的要求。教育的变革与创新是我国教育系统的一个崭新的时代命题。教育变革与创新就其本质来说，是指有目的、有组织地寻求教育的改变或变化，是一个以发展为取向、以科学教育理念为指导、以人为核心、以变革为动力的持续改变和变化的实践过程。具体来说，就是以与时俱进的思想为指导，通过对传统的教育思想、教育观念、教育体制、课程内容、教学方式、评价标准等的积极反思和批判扬弃，依据教育的本质及其自身发展的客观规律，有目的、有组织地进行超前因应性变革，以求教育可持续发展的过程。作为寻求改变或变化的中小学教育变革与创新，必然要求有一支具有以创新能力为其核心素质的专业化发展的中小学教师队伍。这是因为：第一，教师是学校教育变革与创新成功与否的关键所在。教师处于学校教育教学的第一线，是学校教育教学工作的直接承担者，在学校的教育教学改革与创新过程中，具体肩负着学校教育教学改革的重任，发挥着教书育人的关键作用。只有具有改革意识、创新能力和较高专业素养的教师去实施和推动学校教育教学改革创新，学校教育教学改革创新的进程才能加快，教育教学改革创新的发展才能顺利，这是由教师在学校教育教学改革中所处的地位和所具有的作用决定的。第二，教师的创新素质决定教育教学改革创新的成效。在过去多年的教育教学工作中，教师因应知识本位的教学取向和工业经济社会教育教学标准化和计划经济时代教育教学要求统一化而形成的素质，明显地表现出被动适应性、操作程序性的封闭僵化特征。教育变革与创新作为一种主动超前因应和持续不断的变革，涉及教育教学观念、教育教学目标、课程教学内容、教育教学方式、教育技术手段、教育教学评价等诸多方面。因此，如若教师仅有态度和知识方面的基础素质而缺乏与时俱进的改革创新素质，就不可能实现新时代教育变革与创新的要求。第三，推进教育变革与创新，要求教师由知识传递型向改革创新型转变。教育变革与创新是一种超越式的创造活动，它既没有一成不变的范式，也没有现成的可以直接套用的模式，全靠教师在科学的教育教学理念指导下进行大胆的实践探索和主体建构。因此，推进教育变革与创新，需要教师不断增强教育变革与创新意识，提高改革创新能力，勇于改革创新实践，实现由知识传递型向改革创新型的转变。总而言之，教育要满足社会经济发展对人才的需求，必须进行教育教学变革与创新，而教育教学变革创新的不断推进，必然对教师素质提出新的、更高的要求，必然要求教师走专业发展之路。

2. 校本发展必须实现教师专业发展

校本发展是 20 世纪 70 年代以来兴起并逐渐流行的一种学校发展理念和发展策略，其意为以学校为本位，以学校为基础，以学校为主体，其实质就是通过把握学校组织的发展机制和规律，提高学校组织自身的质量和水平，增强学校适应外部环境变化的能力，促进学校组织的系统变革、稳步推进和持续发展。国际 21 世纪教育委员会向联合国教科文组织提交的报告《教育——财富蕴藏其中》中指出，"促进学校拥有真正的自主权"，"学校自主是开展地方一级行动的一个必不可少的因素，因为通过共同决策，可以打破一些老师与另外一些老师隔绝的现象。在一些国家里，'学校计划'这一要领清楚地表明共同决策有助于实现改善学校生活和提高教学质量的目标的愿望"。校本发展观念能在我国较快地得到重视和传播，正是对教育规律的呼唤，是对回归教育本质和教育原点的呼唤。

校本发展是相对于"外控"发展而言的。"外控"发展表现为政府部门对学校控制过多，社会对学校干预过多，学校不能自主发展、自主办学。校本发展则是一种重视学校自身力量和学校自身发展的教育观念。它主张在政府宏观指导和积极参与下，学校自主办学和自主发展，可以说，校本发展赋予学校及其成员更大的自主权。校本发展的主体是承担教书育人重要职责的教师，要真正使学校成为自行设计、自我约束、自主发展的自组织系统，必须充分发挥教师的主体作用，必须实现教师的专业发展。因此，在当前教育改革不断深入、课程改革全面推进的背景下，建设专业化的教师队伍，实现教师的专业发展，便成为新世纪我国中小学校本持续健康发展的必然选择。

3. 职业的专业性要求教师专业发展

教师作为一种专业性的职业，如何不断提升其自我专业发展的能力，这是教育变革与创新发展的新形势对教师素质提出的新要求。在过去的教育教学中，教师主要是扮演一种知识传递者的角色，其职责是根据国家的教学大纲，按照统一的目标，被动地接受并向学生传递规定的知识内容，自己没有什么自主权，此时，一个好教师的标准也就是不折不扣地传递书本上的知识，培养出符合统一标准的人才。在这种教育教学制度下，教师无须思想，更无须改革和创新。而现在，随着教育教学改革的不断深入，国家、地方和学校三级课程开发体系的建立和完善，以校为本的课程开发、校本教研科研以及教师角色的重新定位，都使得教师拥有了更大的改革与创新的空间，教育教学目标的多元化、内容的丰富化和教育教学方式的个性化将成为人们的选择和追求。教育教学改革重心转移必然要求教师角色的转型，因此，教师就必须拥有自己的教育教学思想、信念，必须从教育教学实践和学生实际出发提出自己独特的教育教学理念，构建新型的师生关系，创新教育教学模式，形成自己独特的教育教学风格。这就必然要求教师专业发展，以满足不断深化的教育教学改革的需要。

4. 提高教育教学绩效要求教师专业发展

当前，许多教师之所以存在教育教学低效现象，一个很重要的原因就

是教师专业发展不力。实际上，教师的专业素养是承担教书育人责任、发挥教师在教育教学改革中的关键作用的基础，是有效进行教育教学的重要条件。教师在教育教学过程中起着引领者、组织者、协调者、指导者和支持者的作用，教师的专业素养水平高低，在很大程度上决定了教育教学绩效的高低。随着素质教育的大力推行和实施，目前我国教育教学改革内容越来越丰富，改革力度也越来越大，客观上也要求教师必须实现专业发展。例如，教育教学理念的更新、校本课程的开发与设计、研究性学习的组织、学生学习的发展性评价等，所有这一切都需要教师熟练地掌握先进的教育教学理念和各项实务，并在此基础上进行卓有成效的教育教学。可以说，教师没有较高的专业发展水平，在教育教学改革不断深入的今天是难以适应自己所担负的工作的，更不可能取得教育教学的高绩效。

通过以上分析，我们认为，教师要在新的发展形势下更好地因应教育变革，推进校本发展，提升职业的专业性，提高教育教学绩效，必须自觉走专业发展之路。

专业发展：教师生涯规划的核心理念

教师要实现自己的专业发展，必须进行职业生涯规划与发展设计，而教师的职业生涯规划与发展设计又必须将专业发展作为其核心理念，并使之贯穿于整个职业生涯发展的全过程。

1. 教师职业的专业标准

我国虽然在20世纪30年代就对教师的职业地位和专业性等问题进行过讨论，但通过立法的方式来提高教师的地位和专业性却是在20世纪90年代。1993年，《中华人民共和国教师法》明确指出，"教师是履行教育教学职责的专业人员"，"国家实行教师资格制度"。这是我国第一次从法律角度确认了教师的专业地位和建立教师资格制度。1995年，国务院颁布《教师资格条例》。2000年，教育部颁布《教师资格条例实施办法》。2001年4月1日，在全国六个省（直辖市、自治区）的部分地区进行教师资格认定试点的基础上，国家首次开展全面实施教师资格认定工作，教师资格制度在全国开始全面实施。教师职业资格制度的全面实施，不仅是提高我国教师队伍整体素质的重要保障，更是提高教师地位、提升教师职业专业性的重大举措。从一般性职业到专业性职业需要经过一个长期的、系统的发展过程，教师职业与其他任何职业一样，其专业发展也是职业要面临的最终选择。

既然"教师"是一种专业性的社会职业，那么它的专业标准又是什么呢？我们认为，教师职业是需要专门的知识和技能，并经过系统的教育和训练的不同于一般职业的特殊职业。它有着自己特定的专业性职业标准，具体来说，主要有以下几点：一是，要有自己独特的职业条件和培养体制，要有相应的管理制度和措施；二是，从事教师专业工作必须接受系统的专业教育和训练，掌握专门的教育教学理论知识，具有较强的教育教学能力，达到规定的学历要求；三是，要有特定的职业道德和较高的专业素质，能承担重要的社会和个体责任；四是，在本职业范围内具有专业资格、专业职务等方面的专业自主权；五是，具有相应的保障体系，专业工作为社会所认可，具有较高的社会地位。

以上，我们对教师职业的专业标准进行了说明，主要是为了更好地理解和掌握教师专业发展的基本理念。教师专业发展是教师职业生涯规划与发展设计的核心理念，并贯穿于教师整个职业生涯规划与发展设计和职业生涯实践的全过程，因此，我们在进行教师职业生涯规划与发展设计时，必须始终围绕教师专业发展这条主线来展开。

值得一提的是，在我们探讨和研究教师发展的核心问题——教师专业发展，和以此作为主线进行教师职业生涯规划与发展设计时，还会涉及"教师专业化"这一概念。那么，什么是教师专业化？教师专业发展与教师专业化是一种什么关系？对此，我们有必要作一辨析。

教师专业化和教师专业发展从广义上来说，两者是相通的，都是指教师实现专业性的过程。但当我们将它们对照起来使用时，就有必要在概念上加以区分。教师专业化和教师专业发展的区别主要是在个体、群体与内在、外在两个维度上。教师专业化的基本含义是：①教师专业既包括学科专业性，也包括教育专业性，国家对教师任职既有规定的学历标准，也有必要的教育知识、教育能力和职业道德的要求；②国家有教师教育的专门机构、专门的教育内容和措施；③国家有对教师资格和教师教育机构的认定制度和管理制度；④教师专业化是一个发展的概念，既是一种状态，又是一个不断深化的过程。教师专业化主要是强调教师群体外在的专业性提升。而教师专业发展的基本内涵则是指为提高教育教学质量，改进教育教学方式等，教师在外部有计划、有组织的教育培养基础上，个体进行的主体发展设计、主动学习和自我修炼的专业提升

活动。也就是说，教师专业发展是教师在特定的教育教学情境中，为有效地开展教育教学活动而进行的自我组织和持续发展的过程。由此概念的界定我们可以看出，教师专业发展是教师个体内在的专业性提高。

在教师专业化程度的提升过程中，起初采用的是教师群体专业化策略，即提高教师工作的专业化水平。在这一过程中，一是通过定立严格的专业规范制度提升教师的专业性，二是通过谋求社会对教师工作专业地位的认可来获取教师的专业性。此后，教师专业化的重点由教师群体转向教师个体。教师个体的专业化也经历了一个重心转移的过程。先是强调教师个体的被动专业化，后来才转向强调教师个体的主动专业化，也就是教师专业发展。

2. 教师专业发展的内涵分析

首先，教师的专业发展从结构化的概念体系来看，它是由专业知识、专业能力和专业精神等有机构成的一个结构体系，这种专业性内在结构我们可用图 1 来表示。

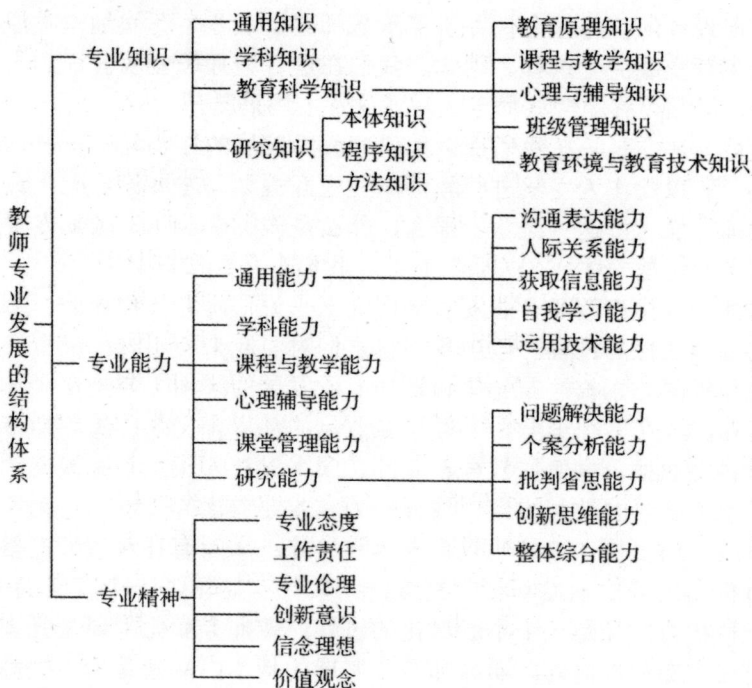

图 1 教师专业发展的结构体系

从图 *1* 中我们可以清楚地看到，教师的专业发展，不仅是传统意义上的知识的发展，更重要的是教师能力，特别是创新能力的发展，是以价值观为核心的专业精神的发展。具体来说，在知识的发展方面，教师的专业发展不仅是一般学科知识的发展，而且是包括一般学科知识在内的人文学科和自然学科的知识的综合协调发展。教师的这种新知识的发展，不仅是指他人经验或认识的结果，还是教师主体积极进行新知识探索的过程，是文本性知识、理解性知识、程序性知识、方法性知识的系统整合性的知识发展。在能力的发展方面，教师的专业发展不仅是一般学科教学技能的发展，还是以创新思维能力为核心的结构性研究能力的发展。教师的结构性研究能力具体包括发现问题、提出问题、分析问题、解决问题的能力，对个体案例进行具体分析研究的能力，对已有的结论、已有的知识、已有的原理进行批判、质疑和反思的能力，在对问题进行具体分析的基础上进行整体综合的能力，等等。

其次，从其状态来看，教师专业发展还可从静态和动态两个不同方面进行分析。从静态角度来看，教师专业发展是指教师在教育教学活动中形成教师的特定职业那一刻，换句话来说，就是教师职业真正成为一个专业，教师成为专业人员得到社会承认这一发展结果。从动态角度来看，教师专业发展主要指教师在严格的专业训练和自身不断主动学习的基础上，逐渐成为一名专业人员的发展过程。在这一发展过程中，不仅需要教师自身主动学习和努力，以提高自己的专业能力，而且也需要外部的推动和良好环境的创设，如任职标准和选聘机制、专业组织和专业规范、职前教育和在职培训。动态方面又可以分为两个角度：从职业群体的角度来看，教师专业发展就是指教师职业由准专业阶段向专业阶段不断发展，逐渐符合专业标准，成为专门性职业并获得相应的专业地位的动态过程；从教师个体的角度来看，教师专业发展是指教师个体专业持续发展、日臻完善的过程。多年来，人们的传统思维习惯往往把教师专业发展设定在教师职业形成的结果时段，现在我们理解教师专业发展就不能仅限于形成教师职业那一刻的结果状态，而应把它看作是一个纵向的、持续不断的运动过程，即教师专业发展的过程就是教师自身与其他成员和环境等多种因素互为关联、相互促进的互动过程，是教师持续专业性提升的动态过程。

再次，从教师专业发展的策略来看，它是知、行、思的交融和主体化的发展。教师专业发展还可以根据发展阶段和发展模式进行分析，例

如：在教师的发展阶段上有教师职前培养的准教师发展阶段、教师进入职业领域的角色适应发展阶段、教师胜任的专业发展阶段和自我超越的专业发展阶段；在教师专业发展的模式上有职前的学术知识模式、实务经验模式，有职后的在职进修模式、省思探究模式；等等。但教师的专业发展不论是在哪一个阶段，也不论是哪一种模式，都要遵循"知、行、思交融"和"主体化发展"的基本理念。

"知、行、思交融"中的"知"既包括已知，也包括新知；"行"是教师为获得实际的经验所采取的观察、试验等具体的教育行动；"思"是针对教育行动中所获得的实际经验进行反省、分析、综合、评价等理性认识活动；"交融"即指"知、行、思"三者环环紧扣、交互融合，是知、行、思想统一的过程。

"知、行、思交融"揭示了教师专业发展的整个动态过程，这个过程是以教师的已备为出发点，通过各种预备活动，获得经验，进行反思或建构，然后进入下一个专业发展过程的起点，继续循环前进。在整个动态发展的过程中，教师的自我协同及和他人的协同始终居于过程的核心，这一基本理念具体可以用图 2 来表示。

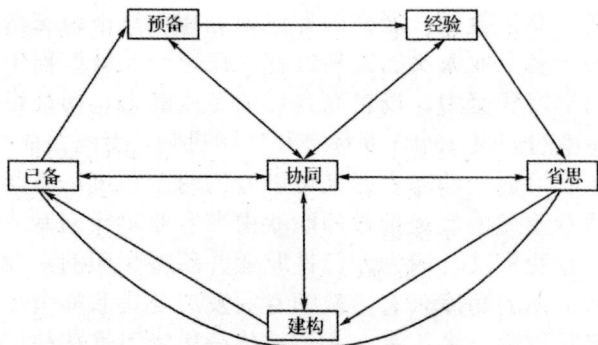

图 2　教师专业发展的动态过程

根据图 2 所描述的教师专业发展的基本环节，我们对其具体含义从以下几方面作进一步阐释。

已备：教师的专业发展活动必须以教师的专业经验、记忆，以及较有结构的编码的概念、原理知识、程序性知识，各种能力、技巧，态度、信念、价值观等为基础。教师的专业发展是以其已备状态为基础向更高阶段发展的。因此，教师规划和设计自己的专业发展，必须深刻地了解自己的已备的现实状态，只有如此，才能把握教师在发展过程中所显现的差异，也才能了解教师个体在专业发展取向及其不同发展阶段的需求，以便选择比较适合的活动方式与内容，促进自身专业的可持续发展。教师对已备状态特别要关注以下几个方面。①教师的角色形象。教师的角色形象是在过去的教育教学过程中逐步形成并影响此后的教育教学行为，了解教师的角色形象是为了让教师去接触正面的角色形象，对过去的角色形象进行反思、批判与修正。②教学观念。这是教师对教学的理解和看法，它涉及课程、教学、学习等方面。教学观念是在过去的学习和教学实践中形成的，教师一旦形成一定的教学观念，就会直接影响和作用于他的教学行为，当需要进行教学改革时，这种已形成的教学观念就会限制或阻碍教学的改革，也就会影响教师的专业发展。③学习取向。在继续教育的理念下，不仅学生是持续的学习者，教师也是持续的学习者，不同的教师有不同的学习取向，有的教师是属于"他控型"的，即学习的动力来源于外部，是一种被动的学习；有的教师是属于"自组织型"的，即根据自己的知识、价值观反思和评价自己的教学，以决定自己如何学习。

预备：即预先的准备，包括知识的准备和行动的准备两大类。在专业发展活动中，教师必须为自身提供预备的知识架构，研拟预备的行动架构。预备知识就是从书本或他人的经验中获得的现成的知识结构，并以此作为个人学习的出发点。预备知识一般都是指比较抽象的概念、原理或理念，是以某种符号来表征，并可以通过编码的方式来实现的知识结构。教师可以把在教学实践中所获得的直接经验迅速整合在预备的知识架构内，形成自己的知识系统，从而避免所获得的新经验变得零零碎碎。预备行动就是指教师在采取行动前必须预设行动计划，这不仅是为了保证教学活动得以顺利进行，更是此后反思改进教学的重要依据。

经验：教师的专业发展活动必须依赖自己的亲身经验，并以此经验为基础来促进自身的专业发展。如一些教育家提出的"经验学习"或"情境化学习"的理念，就是试图通过丰富教师的经验来助长教师的专业发展。在教师专业发展的活动中，如何增进教师的经验，就目前的研究和实践来看，主要有两种方式：一是结合实际的工作任务，获得情境化的经验；二是通过虚拟的方式，创造情境化的经验。这些情境化的经验可以帮助教师发展情境化的知识，增进情境化的理解，使教师的行动变得高度自动化和效率化。

省思：教师的经验本身没有意义，只有经过教师主观的建构才会具有意义。省思就是通过对经验的分析、整理、归纳，形成有意义的组合，从而提炼出通则、原理。省思可以根据其时间分为活动中省思和活动后省思两种，但不管是哪一种省思，它都是教师在得到经验后的批判反思活动，也使教师在经验中获得自己的专业发展。确立省思的态度、养成省思的习惯、培养省思的能力是教师提高省思功效的主要内容。根据劳伦斯·斯腾豪斯（Lawrence Stenhouse）"教师即研究者"的观点，教师的自我发展包含三个主要活动：作出专业判断、进行批判性省思、系统地自我分析。教师的省思包括的内容是丰富的，一些学者从不同的角度提出了各种具体的省思内容，但如果从教师专业发展的顺序来分，可以有如下层次：①省思自己的教学行为；②省思自己的价值观念；③省思自己的角色及与他人的关系；④省思自己的思考与学习方式。

建构：教师在自己平时省思的基础上，对知识、观念、技能等加以统整，形成教学理念，并形诸文字，这一活动过程就是建构。建构包括建构活动和建构结果两个部分。建构主义认为，教学的过程不是传统的教导和灌输活动，而是主体主动建构意义的过程，是在建构的过程中获得知识、发现规律的过程，如"发现式教学""探究式教学""个案研究"等，都主张教师要在经验、省思的基础上，进行积极的意义建构。教师的建构是主动的意义建构，因此教师要培养知识建构的方法与态度，确立多重建构观，进行持续的建构活动，加强教师间的共同建构。

协同：在教师的专业发展过程中，以上所述的预备、经验、省思、建构等活动都是在协同的过程中实现和完成的。在这些活动中，教师要与所有相关人员进行持续的互动和沟通，在这种协同关系中，教师是协助引导者的角色。协同强调的是多向的沟通与对话。多年来，在教育理论界一直有着目标模式与过程模式、内容与方法等方面的争论，这种偏执于一隅的争论，把本来统一的问题人为地对立起来，无助于人们对问题的正确认识和有效解决。如果在实践中教师具有协同观，能运用协同思想去认识和解决问题，教师就不会在教学中出现"钟摆现象"，或在两种极端中去进行艰难的抉择，就可以通过随机制宜的协调，达到问题的有效解决。在教师的专业发展中，需要协调的因素与关系非常多，如师生之间、教师之间、教师与教育管理者之间、教师与家长之间等等，都涉及沟通、互动、对话与协同。因此，能否系统而有效地协同，是教师专业发展的关键所在。

　　教师的专业发展除要遵循"知、行、思交融"的基本理念外，它还要体现出"主体化发展"的精神内核。教师专业发展活动的推动方式可以是由教育行政部门自上而下地推动，也可以由学校部分教师自下而上地推动，还可以由学校从中间向两头推动。就目前教师专业发展的推动方式来看，基本上都是由教育行政部门自上而下推动的，教师是教育行政部门发展的对象，这种来自于外部的"他控式"的教师专业发展，很难顾及每个教师的需要，教师也就难以做到主体化发展。"主体化发展"强调教师的专业发展应以学校为本位，以教师为本位，学校、教师本身应是自我组织的发展主体。学校、教师的主体化发展在欧美等国已成为基本的走势。随着校本发展和学校民主管理制度的建立，随着教师参与程度的提高，随着协同和合作的加强，以及教师终身学习的追求，欧美一些国家在开展教师专业发展活动时主要是以校为本，以教师为本，使教师发展主体化。此外，教师专业发展的活动也越来越出现由传统的大学传授脱离实际的专业知识而转移到中小学校进行，由学校的资深教师担任教师专业发展的培育任务，使教师、学校、大学学院之间保持密切的协同和合作关系。

　　"主体化发展"的基本内涵是：①学校本位。推动教师的专业发展活动，要以学校为主要场所，以学校的发展需要为依据，在学校实际的教育教学情境中进行。②教师本位。在教师的专业发展中，要尊重教师的需要与自主性，要关注教师的心声号隋绪发展，让教师自主设计专业发展的目标、内容、过程与方式。教师本位实际上是当代人本教育思潮的直接反映。首先，学校的教师是有自我意识、自我追求的个体的人，并且是在与他人互动的过程中发展着的人，因此，在教师的专业发展中必须尊重教师的需要，反映教师的意愿；其次，在教师的专业发展中，要赋予教师自我设计专业发展的权力，明确专业发展的责任，充分激发教师的潜能；再次，教师是有个别差异的，在推动教师专业发展时，要尊重教师学习与发展取向的差异。③环境资源。推动教师专业发展，要创设优化的学校内部环境与外部环境，提供相关的人力、物力、财力、时间、场地等资源。④多元化。教师专业发展活动的多元化，包括活动目标的多元化、活动内容的多元化、活动方式的多元化。⑤可持续性。推动教师地专业发展活动要作出系统地计划、有序的安排，做到渐进、持续、协调的发展。

　　教师本人必须把教育教学工作视为一种专业，把自己视为一个持续发展的专业人员，一个需要通过不断学习与探究来拓展职业内涵、提高专业水平，并逐渐达到专业成熟境界的专业人员。当然，教师专业发展不仅要求教师提高教育教学绩效，改进教育教学方式，把教育教学工作视为一种专业，把自己视为一个持续发展的专业人员，通过个体的自我不断学习与探究来拓展专业内涵、提高教育教学水平，也需要组织加强对教师进行有计划、有目的、有针对性的教育培训活动，并在组织化的培圳、学习和自我反思实践的基础上，逐步达到专业成熟的境界。概而言之，教师专业发展是教师整合社会、学校与自身发展需要，对自己未来专业发展进行的主体规划和设计的过程，是通过积极有效的行动策略，以实现教师的专业内涵不断丰富、专业性结构不断改善、专业能力和专业发展水平不断提升的生命成长与发展的过程。

　　我们认为，教师专业发展不仅是世界许多国家中小学教师队伍建设的重要发展趋势，是我国教育改革发展对教师队伍建设的时代要求，也是贯穿教师的职业生涯规划、设计整个生涯发展进程的核心理念。

生涯设计：教师专业发展的现实选择

　　教师为什么要进行职业生涯设计？它对教师的专业发展会有什么样的作用？目前不少教师对此还不是很清楚，甚至还存在误区。我们认为，教育改革的不断深入发展，呼唤着教师的专业发展，而要实现教师的持续专业发展，必须进行教师职业生涯的科学设计。这不仅是教师队伍专业化建设的客观要求，也是教师成长、成功的内在需求，更是教师体现自己生命的意义、实现生命的价值和主动持续专业发展的现实选择。

　　1.教师职业生涯设计的内涵

　　教师要做好自己的生涯设计，首先要对生涯设计的相关概念及其内涵有一个基本的了解。

　　什么是职业生涯？下面我们将国内外学者的不同观点分别列举出来进行比较分析，以帮助我们准确地理解其内涵。沙特尔（Shartle）认为，职业生涯是指一个人在工作生活中历经的职业或职位的总称；麦克弗兰德（McFarland）认为，职业生涯是指一个人依据心中的长期目标所形成的一系列工作选择，以及相关的教育和训练活动，是有计划的职业发展历程，是终生经历的所有职位的整个历程；霍德和班那兹（Hood & Banathy）认为，职业生涯包括个人对工作世界职业的选择与发展，对非职业或休闲活动的选择与追求，以及在社交活动中参与的满足感；霍尔（Hall）认为，职业生涯是指一个人终其一生，伴随工作与职业的有关经验与活动；麦克丹尼尔斯（Mc—Daniels）认为，职业生涯是指一个人终其一生所从事工作与休闲活动的整体生活形态；韦伯斯特（Webster）认为，职业生涯指个人一生职业、社会与人际关系的总称，即个人终生发展的历程。我国台湾地区也有很多学者对职业生涯进行了多年的研究，比较有代表性的观点主要有以下几种：饶达钦认为，职业生涯是指一个人生命历程中所经历的一系列的职业、工作和职位，也指生活中与诸工作角色有关的经验顺序；牛格正认为，职业生涯包括了个人一生中所涵盖的职位、职业与行业等；林幸台认为，职业生涯包括个人一生所从事的工作，以及其担任的职务、角色，同时也涉及其他非工作或职业的活动，即个人生活中衣、食、住、行、娱乐各方面的活动与经验；金树人认为，职业生涯指人一生所扮演的角色和职位。而在我国大陆，有关职业生涯理论的研究还处在学习借鉴国外理论成果，并在总结自己相关研究成果基础上进行自身理论体系的初建阶段，还没有形成系统的概念和理论体系。在这一探索研究过程中，比较有代表性的是程社明的观点，他认为，职业生涯是以心理开发、生理开发、智力开发、技能开发、伦理开发等人的潜能开发为基础，以工作内容的确定和变化、工作业绩的评价、工资待遇、职称职务的变动为标志，以满足需求为目标的工作经历和内心体验的经历。

通过对国内外学者各种观点的介绍，我们可以形成以下认识：从广义来说，职业生涯是指整体人生的发展，它不仅包括终生的事业，还包括个人整体生活形态的开展；从狭义来说，职业生涯是指与个人终生所从事的工作和职业有关的过程，也就是说，职业生涯是指以职业为核心，伴随着人一生的与职业有关的经验或活动过程。

什么是职业生涯设计？职业生涯设计有的也称职业生涯规划，是职业生涯发展理论的重要内容。职业生涯发展理论源起于美国 20 世纪初的职业辅导运动，经过近百年尤其是近三四十年的发展，已建立起一系列职业生涯发展理论模型，取得了大量的理论研究成果，为个人作出有关职业决策提供了重要的指导，为组织进行员工职业生涯规划和人力资源开发提供了理论支撑。早期经典职业生涯发展理论是一种基于分析科

学的理性发展范式，其基本的方法是通过找到和离析一个事物的所有部分来得到关于一个现象或有机体知识的总体或总和的认识，它关注于确认结构和过程。在职业生涯发展研究领域中，可以说霍兰德（Holland）的职业兴趣理论和舒伯（Super）的职业生涯发展理论等研究成果最具代表性，他们的职业生涯发展理论在此后人们关于职业生涯指导研究和实践方面都产生着持续的重要影响。除此之外，在职业生涯发展理论方面，帕森斯（Parsons）的人职匹配理论，以及有关职业生涯的社会认知理论等也都是著名的职业生涯发展理论。20 世纪末，萨维克斯（Savickas）等提出了建立统一的职业生涯发展理论方法的观点，并从复杂性、适应性和"自我组织"层面解释并揭示那些原本看来是无序的事物的根本性秩序。2005 年，美国的德博茹·布罗其（Deborah P.Bloch）在萨维克斯所概括的职业生涯发展主要理论、方法及对经典职业生涯发展的科学范式反思的基础上，提出了"将职业生涯作为一个复杂而具适应性的独立实体"的观点，并通过描述那些复杂而具适应性的独立实体的特点及非线性动态，将复杂而具适应性的独立实体的原理运用于职业生涯发展，建立非线性动态、职业生涯发展和精神性等概念间的联系，运用复杂性理论进行案例分析，讨论这个理论对研究与实践的意义等五个步骤，进而建立起一个新的复杂性、关联与职业生涯的理论。该理论认为，复杂而具适应性的独立实体具有生命性、开放性、系统性、动态性、非线性、精神性等基本特性，复杂而具适应性的独立实体可以被描述为有机体自我为生存而长期形成的适应性结构，伴随着与某些物质和能量自由交换的网状系统的联系以及创造新形态和适应可能发生的紧急情况的能力。在稳定状态和变化状态的边界，生命是不可预测的：初始状态中极小的差异和环境的极小变化都可能导致完全不同的结果。处于混乱和复杂边界的时刻则为实体提供了成长的巨大机遇。复杂而具适应性的独立实体的原理在运用于职业生涯发展时，要认识到职业路径是以难以解释的发展轨迹和显而易见但却并不真实的断点为特征的。这些特征具体包括以下因素：①自我分析，自我塑造；②开放式交流；③一定范围内的社交活动；④人的不完整性；⑤秩序与混乱间的阶段性过渡；⑥寻找最佳适配点；⑦非线性动态；⑧敏感依赖程度；⑨制约成长的因素；⑩在突发事件中扮演的角色；⑪精神性。在复杂而具适应性的独立实体、精神与职业生涯发展的联系方面，根据德博茹·布罗其与瑞其蒙德的研究，精神性与工作之间存在着七种联系，具体是：①改变，经常改变你自身及

周围的世界；②平衡，实现你生活中诸如工作、休闲、学习、家庭关系等各种活动，以及新旧之间的平衡；③精力，感觉任何时间你总有足够的精力来做你想做的事；④社会团体，作为一个团队或社区中的一员来工作；⑤感召，确信招募来工作的员工具有特殊的综合才干、兴趣和价值观；⑥和谐，以一种才干、兴趣和价值观念相协调的方式工作；⑦团结，确信工作的目的不仅仅是为了赚钱，而是以某种方式服务于他人。

国内关于职业生涯设计的研究有两类观点。一类观点认为，职业生涯设计是主动发展职业的一种主体性行为，主要是人们对职业发展的一种预期。例如：王伟、韩秋霞在《择业与职业生涯设计》一文中认为，职业生涯设计是指一个人对一生职业发展道路的设想和规划，包括选择何种职业，在哪个地区和单位从事这种职业，以及担任哪种职务等内容；王本贤在《浅谈大学生职业生涯设计》一文中认为，职业生涯设计是指一个人对一生职业发展道路的设想和规划，它包括如何在一个职业领域中得到发展，打算取得什么样的成就等问题。这两种职业生涯设计的观点主要是从职业的选择和职业发展目标的定位的角度来界定职业生涯设计概念的。

另一类观点认为职业生涯设计主要是认识自己、分析环境、确立目标与制订行动计划的有机统一的活动。例如：李胜兰在《试论成功的职业生涯规划与管理》一文中指出，职业生涯设计是指一个人有目的地对自己的技能、兴趣、知识、动机和其他特点进行认识的过程，也是获取职业信息进行职业选择的过程，它确认与职业相关的目标并建立达到具体目标的行动计划；李晓红在《职业生涯导向的人力资源管理》一文中指出，职业生涯设计是指个人与组织相结合，对决定个人职业生涯的主客观因素进行分析、总结和测定，确定其事业奋斗目标，选择实现这一事业目标的职业，编制相适应的工作、教育和培训计划，并对每一步的时间、顺序和方向做出合理安排；程社明在《职业生涯的开发与管理》一文中指出，职业生涯设计是指个人结合自身情况、眼前的机遇和制约因素，为自己确立职业方向、职业目标，选择职业道路，确定教育计划、发展计划，为实现职业生涯目标而确定行动时间和行动方案。

以上两个维度对职业生涯设计的理解，要么过于宏观，缺乏可操作性；要么虽有可操作性，但又过于拘泥于自身现实的主客观条件，忽视外部环境及其动态变化对职业生涯设计的影响。我们认为，关于职业生涯的设计应从组织和个人两个层面来理解。从组织层面来看，职业生涯

设计是指组织根据自身现状与发展的人才需求，以及员工的现有素质、发展潜力与发展期望等，制订组织人才资源开发计划、教育培训计划，设计落实相关计划的活动，旨在挖掘组织人力资源的潜力，同时引导、帮助员工获得优先发展；从个人层面来看，职业生涯设计是指个人根据自身的现实条件与发展潜力、外部机遇与制约因素，以及对机遇与制约因素发展变化的预测，确立自己的职业方向、职业目标，选择职业生涯发展道路，制订发展计划、学习计划及实现职业生涯目标的具体行动方案，包括行动的具体策略与进程等。我们这里所要讨论的职业生涯设计主要是在组织层面职业生涯设计基础上的个人的职业生涯设计，是作为自觉能动主体的个体主动发展的职业生涯设计。一方面，教师职业生涯设计是教师的职业生涯自我管理，教师角色与其他职业角色最大的区别就在于他是自己的主人，自我管理是教师职业生涯成功的关键；另一方面，教师职业生涯设计是教师主动地融入组织的整体规划中，使自己与组织生涯同步发展，争取得到必要的再教育、训练、轮岗等发展的机会，促使生涯目标得以实现。也就是说，设计是通过实施行动来实现的，这对教师职业生涯来说，也是必不可少的成长机制。

总而言之，教师职业生涯设计是指在开放的教育教学情境中，教师主体在内外双重机制的交互作用下，自我规划设计、主动谋求个人职业生涯和专业发展的动态活动过程。教师职业生涯设计不仅是教师职业成长的必然要求，也是教师专业发展的现实选择。

2.教师职业生涯发展的基本策略

我国中小学教师继续教育的实施与不断推进，有力地推动了我国中小学教师队伍的专业化建设和教师的职业生涯发展，促进了教师队伍整体素质的进一步提高。"八五"计划期间，为提高我国中小学教师队伍整体的专业素质和教育教学能力，开展了全国教师学历补偿和专题培训活动，这种以政府自上而下推动的、以教师学历合格培训为政策驱动的教师培训，就是一种外部推动的、所有教师都必须参加的群体专业发展的策略。教师个体被动专业发展，就是教师专业发展的重点由群体专业发展转向个体专业发展，开始关注个体的专业性提升。例如，我国在"九五"计划和"十五"计划期间的教师培训中，就注意到针对不同层次和类别的教师个体实际和需求，开展多层次、多类型和多样化的提升专业性的策略。但这种个体专业发展，教师仍然处于被动地位，其主体主动性还没有得到充分的发挥。教师个体内在的主动专业发展，就是教师在

形成专业角色意识、明确专业发展的目的和特征的基础上，自觉主动设计专业发展的行动计划和策略，在与学校组织发展的互动过程中持续提升自身的专业性。教师个体主动专业发展是教师成功的根本所在。教师的专业发展有一个阶段性、持续性的发展过程，教师在这一发展进程中，实际上就是通过积极有效的行动策略，以实现教师自己的专业性结构不断改善，专业能力和专业发展水平不断提升的生命成长与发展的过程。在实践中，很多教师都力求做到内外互动、主动专业发展，大都能根据各自的具体情况灵活有效地选择行动的策略。目前，教师专业发展的一般策略有以下三种。

（1）明确发展方向，确立发展愿景。学校发展的目标与教师职业与专业发展目标是两个目标体系，它们在发展目标取向上既具有共同之处，但也会各存差异。因此，个体要促进主动职业与专业发展，就要把学校发展的目标和教师自身职业与专业发展的目标进行具体的分析比较，把两者的目标在发展愿景下有机地加以协调，形成一个学校发展目标统领教师职业与专业发展的行动，教师职业与专业发展目标又有力地支撑着学校发展目标的整合系统。

（2）加大开放力度，增强内外互动。教师职业与专业发展是在一个开放的学校组织的情境中教师主体主动专业性提升的过程，因此，开放不仅是学校发展的特征，也是教师职业与专业发展的要求。所谓开放，就是要有充分的信息资源输入，有知识的生成创新和自由传输。教师职业与专业发展还是一个主体性的教师与内外因素的互动过程。所谓互动，就是教师要与学校组织的成员，以及学校外部的相关组织和人员彼此作用、相互促进，同时把学习作为教师自身工作和生活的重要方式，把学习作为教师职业与专业发展的基本途径，把学习作为学校发展的实质内容，使之互为推进，相互强化。

（3）创新学习方式，转变学习重心。学习是提高教师专业性的重要途径，也是教师职业与专业发展的有效策略。但学习不应是被动的纯文本知识获得的单一理论学习方式，而应积极变革传统的接受学习方式，转变学习重心，实现教师主动的多样化的研究性学习。具体来说，一是，由知识的获取、编码和提取转向发现、生成和建构新的知识；二是，由个体学习转向个体学习与组织性学习并重；三是，由非生命性文本知识的学习转向非生命性与生命性知识汇流、交融的理论与实践结合的学习。

教师培训是支撑教师职业生涯发展和专业发展的便捷而有效的途径。我国20世纪80年代以来，根据终身教育和建设学习型社会的时代要求，大力开展了中小学教师的继续教育和培训工作。通过这些年的探索和实践，在我国已形成有效支撑教师职业生涯发展和专业发展的培训范式，根据有关学者的概括，主要有以下六种。

（1）知识范式。在教师专业发展过程中，必须具备一定的知识，因此，在教师教育培训中非常重视文化知识的传授，认为教师的专业化就是知识化。"八五"计划期间的教师培训中基本上是知识范式的专业发展。

（2）能力范式。"九五"计划期间，人们逐渐认识到教师不仅要有一般的知识，而且更要有综合的能力，要有把知识理论创造性运用于教育教学的实际，提高教育教学的实际能力，如教学设计能力、教学组织能力、教学评价能力等。培训开始由知识范式向能力范式转变。

（3）情感范式。一个教师仅仅拥有知识和能力，并不足以成为好教师，当教师的知识能力水平达到一定程度时，影响教师教学水平和教育质量的则是情感性因素。因而，教师对学生的关心、爱心情况，即教师能否注意和关心学生的情感发展，教师自身是否具备情感人格方面的条件往往会影响其职业生涯发展。

（4）反思范式。这种范式主张教师的成长应该培植起"反思"的意识，不断反思自己的教育教学理念与行为，不断自我调整、自我建构，从而获得持续不断的专业成长。

（5）批判范式。这种范式强调教师不仅要关心书本知识，还要关心学科之外的社会政治、经济和文化的合理性。教师应当对课程之外、学校制度之外的整个社会保持一种关心、兴趣和审视的眼光，应当主动地介入社会生活，并保持一种独立立场，因此主张培养教师的独立思考能力。

（6）建构范式。这种范式认为知识是不固定的，是不断扩展的，是在学习者和培训者之间互动共同建构的。因此，强调教师是成长过程中的人，需要不断地建构自己的知识体系，把知识变成完全个人化的而不是外在于自己的东西。

第六章

职业角色心理：教师职业
生涯发展的实践

教师职业角色的形成

角色起源于戏剧表演，指演员在舞台上依据剧本要求扮演某一特定人物。

人们很早便发现了社会与戏剧舞台之间的内在联系，即舞台上演出的戏剧正是人类社会的缩影。我们可以从戏剧、电影的角色里见到我们生活中的原型，甚至是自己的影子。1935 年，美国社会心理学家、符号互动论的创始人乔治·H. 米德（George H.Mead）最早把"角色"这个概念引入社会心理学，称为"社会角色"，这样，"角色"的概念又回归到了现实社会的每一个人身上。在舞台表演上，角色的行为模式是由剧本原作者所规定，在实际生活中则由社会习俗及文化规范所制约。可以说，社会就是一个扩大了的舞台，每个人需要依照某些规则来表演好自己的人生。

一、规范与个性并存，圣人与凡人的化身：教师职业角色心理

经过社会分工，每个角色都有相应的能力要求，承担着相应的责任，服务于相应的人群，每个角色渐渐形成其典型的行为要求，来规范这个群体人员的行为。教师从事同一个职业，拥有同一个名字——老师（林崇德，2007），符合该角色行为要求的人，才无愧于这个称谓。

与其他角色相比，教师角色具有以下几个方面的特征。

1. 教师角色具有自主性与个体创造性

教师的教学经验、能力、兴趣、教学风格都能通过影响教师对学生、对教材、对自己能力的判断，从而影响教师的教学决策。教师可以自主地运用多媒体教学、组织游戏活动、设计比赛等多种方式丰富自己的课堂，还会通过个性化的语言、肢体动作，将情绪、情感传递给学生。教学工作体现了丰富的个体创造性。

为了让学生掌握圆的概念，浙江省温州市仰义第二小学的应老师出示西瓜、奥运五环，向学生提问是什么形状，学生回答："圆的。"应老师反问道："其实这样说是不对的，你们知道西瓜和奥运五环有什么区别吗？"学生回答："西瓜是物体、立体的，奥运五环是平面的。球不是圆形。"这时屏幕显示西瓜被切开，出现西瓜截面。应老师做了说明："球

是圆球体，不是圆形，要是把球破开，它的横截面就是圆形。"应老师问："如果给你一根线去摆一个圆和摆一个三角形有什么不同呢？"学生回答："摆三角形的线要拉直，而圆形要弯弯地摆。"继而应老师带领学生从感受曲线来进入圆的学习。

湖北省应城市孝昌县实验小学的罗老师在上"圆的认识"这堂课的时候也向学生提出了问题："同学们回忆一下，我们见到的各种各样的车轮都是什么形状的？"在学生回答后，罗老师运用多媒体显示自行车、摩托车的模型，然后再问："如果将圆形的车轮换成椭圆形的，会出现什么情况呢？"随着多媒体的演示，学生们很快得出结论：椭圆形的车轮，在行驶过程中无法保持稳定。接着再运用多媒体将车轮依次换成长方形、正方形，把长方形、正方形、椭圆形等与圆形进行比较，在对比的情境中，学生对圆的特征有了深刻的认识。

2. 教师角色具有完美的人格化特征

教师对学生具有多大的影响力？教师的品格意志、道德面貌、情感态度、学识能力和言行举止能够同时对一个群体的学生产生潜移默化的影响。可以说，每个学生身上都带着教师劳动的痕迹。人们对教育的关注，首先汇集到教师身上。我们的所见所闻中不乏社会对教师角色的各种要求：教师应该带给学生父母般的关爱、学者般的指导、朋友般的慰藉；教师应该谦卑又自信、宽容且严谨、处事公正并善解人意；教师应该不求名利，处处以身作则。教师角色无疑有太多完美的人格要求。

3. 教师角色具有弥散性和模糊性

正如日本学者佐藤学在《课程与教师》里所述："医生的工作是通过治愈一种疾病而告终结，律师的工作是随着一个案件的结案而终结，教师的工作并不是通过一个单元的教学就宣告结束。教师的工作无论在时间、空间上都具有连续且不断地扩张的性质，具有'无边界性'的特征。"如此没有明确的界限，使许多教师不知道他在什么时候才算完成工作。

4. 教师角色具有多样性和发展性

没有一位教师会认为"除了教书，我什么都不用做"。教师肩上所承载的各种期待会随着教师的发展而发生变化。初任教师的适应与调整得到了最多的关注。相比之下，成长为专家型的教师则需要把研究者的角色作为自己未来发展的目标。教师角色的多样性和发展性已经渐渐被证实为教师心理压力的来源。

在你看来，教师究竟具有什么样的角色意义呢？

我们可以先来做一个小游戏：请你就近取一张纸，有一块空白的地方即可。先把问题写上：我是谁？下面请你用20个词语或短句来回答这个问题。最先涌出的想法，必有它存在的深刻理由，如实记载即可。不必考虑顺序，排名不分先后。对于难以概括的角色，可以用几个字来描述你的状态。

这或许会占用你5～10分钟的时间。你的回答便构成了你心目中认可的教师角色的一部分。请你数一数其中有多少个表达与班级、学生有关，或许不止一个。"角色"并不是一个单一的概念，与"教师"这一社会角色相连结的期待是由"教师—学生""教师—学生家长"或者"教师—学校"这样一些关系所构成的。

二、兴衰荣辱，无畏前行：教师角色的变化

教师可以说是人类最古老的职业了。但由于时代不同、国家不同，他们的社会地位和荣辱兴衰也不同。在原始社会，教育是在日常生活和劳动实践中进行的。这个时候，父母长辈就是孩子的教师。父母长辈教育孩子制造和使用工具进行生产，传授劳动经验以及社会生活的传统行为习惯。

1. 角色的独立

脑力劳动者从体力劳动者中逐渐分离出来，政治、宗教、教育逐渐从生产劳动中分离出来，于是产生了政权、教会、学校。教师成为真正意义上的一种专门职业正是在专门的教育机构——学校产生以后。政治领袖、官吏、僧侣、艺术家和学者，就是古代的知识分子。他们中的很多人担任或兼任古代学校的教育工作，也就是古代教师。

中国古代统治者对教育极端重视和高度垄断，当时还没有丰富的教学内容和科学知识。古代学校的主要职能是通过传授政治和宗教思想，传播统治阶级思想及一定的文化基础知识，它们只有阶级性而没有生产性，只有等级性而没有群众性。虽然已经有了教师这个职业，但它们的主体是剥削阶级的一部分，还没有成为专门的职业，专业性还很差。

2. 教师角色规范的沿革

从古代教师的称谓中，已经可知教师在学识、道德上对世人的引导作用。教师的角色规范往往离不开对其学识和品德的要求，其中较为著名、对后世影响较大的有孔子的论述："默而识之，学而不厌，诲人不倦，何有于我哉？"体现了一种有关"学""诲"的师德。"其身正，不令而行；

其身不正，虽令不从。不能正其身，如正人何?"体现了一种"以身作则""言传身教"的师德。

孔子之后的百家争鸣时期，荀子、孟子等对教师职业角色体系进一步发展。荀子在强调教师要以身作则的同时，又提出教师需具备的四个条件——"尊严而惮""耆艾而信""诵说而不陵不犯""知微而论"，实际就是在德行信仰、能力、知识等方面对教师提出了更高的要求。孟子认为，对于教师工作应当持严肃认真的态度。教师工作不是任何人都能胜任的。他说："人之患在好为人师。"他认为教师应该具有志向高远、以身作则、坚持原则、实事求是等可贵品质。

汉代的董仲舒把"三纲五常"作为教师职业角色的核心要求，又说"善为师者，既美其道，有慎其行"，指的是教师的道德品质、知识才干、言谈举止等。

唐代韩愈将师德列于对教师要求的首位，"弟子不必不如师，师不必贤于弟子，闻道有先后，术业有专攻，如是而已"。

宋、元、明、清又对教师的职业角色作了进一步的发展，如朱熹提出把"博学""审问""慎思""明辨""笃行"作为教师的角色规范。

20世纪，当斯宾塞说"什么知识最有价值，一致的答案是科学"时，他可能没有想到，这实际上为近现代学校和教师价值奠定了赖以存在的基础：教育就是传播科学（或文化）知识，通过教育促使个人摆脱无知与迷信以形成受理性原则支配的社会；教师拥有知识优势，职责就是"塑造"或"培养"理性而有科学知识的公民。

既然舞台角色是社会的缩影，我们必然可以从许多文学及影视作品中，窥见到文化的变迁，窥见教师的缩影，窥见教师角色转变的历程。

国内较早的青春校园偶像剧，大概是 1997 年的《真空爱情记录》。但凡看过该剧的人，都不会忘记里面那位深得学生爱戴的"船长"——淳于老师。"船长"正是时代对教师角色转变的要求——站在学生的立场，为学生着想，师生之间可以如朋友，谈理想、谈学习、谈情感。在学生心中，"船长"是一种精神崇拜的偶像，是有梦想、有责任、有担当、有胆识，能让学生相信未来的代名词。只有那些能像船长一样带着水手们的梦想前进，在充满竞争的时代坚强无畏、勇往直前、取得胜利的人，才有资格得到学生饱满深隋的拥戴。

当新世纪到来，人们越来越重视"自我"的同时，教师的权威地位渐渐受到了冲击，教师时常面对"转变"二字——转变教育观念、转变教育方式、转变教学行为。由知识的传授者转向学习的参与者、促进者、指导者；由单一型教师转向综合型教师；由传统教学方式转向现代教学方式；由面向全体学生转为面向全体与面向个体相结合；等等。当作为教师的你再被问及"我是谁"时，你是否也困惑了？

三、我是谁：教师的角色困惑

一次偶然的机会，与一位中学语文老师交流，他说看到教育部和国家语委发布的《2006年中国语言生活状况报告》中列出的171个汉语新词语的时候就懵了，因为他知道大意的不超过10个。一种为人师表的骄傲之感顿时遭受到打击，可是冷静想一想便也释然。社会发展了，词汇也会随着丰富起来，语言的丰富多彩反映了社会生活的丰富多彩。在丰富多彩的社会生活面前，我们不可能理解所有词汇的含义，正如我们无法理解社会的全部一样。孩子们却是许多"时髦"文化的缔造者和传播者，在他们面前，我们唯一能做的便是保持谦逊与宽容。

过去人们常说，校园是一方净土，学生是最单纯的，没有什么事情比在空白的纸上作画更容易。而今，常挂在学生嘴边的是辍学成首富的比尔·盖茨、咬字不清的流行歌手、COSPLAY、青春小说等。挂在老师嘴边的如果依然是学习成绩、高考和念叨不完的"不许"，这无疑就在教师与学生间增添了一道深深的鸿沟。

1. 困惑一：老师一定要无所不知吗

中国青少年研究中心副主任孙云晓说："互联网给了中国孩子翅膀。"许多孩子借助这些"翅膀"，去挑战那些有关他们应该怎样学习和学习什么以及应该如何尊重权威的公认看法。"现在的学生会反问'为什么？'如果你不能给出满意的回答，他们就不认可你说的话。"北京一所私立学校的年轻教师赵老师说，"在我们那个年代，老师的话就是对的。"

这往往令教师招架不住。在北京一所大学的培训教师说："我学的是书本上的，这些孩子却从整个世界汲取知识。"赵老师表示，这样的孩子更难教。她说："上课时很难让他们集中注意力，因为他们已经知道很多了。当老师的不得不拓宽自己的眼界。"

如果赵老师都觉得难以跟上学生，那些年龄稍大的教师就更不用说了。"很多40岁以上的教师对学生的新知识和自己无法掌控局面感到不自在。"天津第一中学的年轻教师严教师如是说。

我们现在进入了一个知识爆炸的年代，学生具有更多获取知识的途

径。受互联网上大量信息的刺激和鼓励，学生把互联网作为学习的手段，他们当中很多人身未动，思想却已周游四海。他们勇于打破几百年来的传统，开始在课堂上向老师发问，提出与老师不同的见解。

教师一定要有问必答，无所不知吗？教师是否还能自信地承担"传道授业解惑"的角色？

在我们的传统观念中，学生学习什么知识是由教师来决定的。"要给学生一碗水，教师自己要有一桶水"，教师先懂了，再传授给学生。在教学过程中，教师要有足够的知识和能力的储备。信息时代，将学生和教师一起推到了海量知识的面前，或许学生在某一方面懂得比教师更多。人们开始反思教师角色是否可以被电脑取代。

结论是毋庸置疑的。教师之所以是教师，不在于知识的多寡，而在于其获取知识、加工知识的效率优势。教师对学生的指导，并非建立在有问必答、直接给出既定答案之上。自古就有"授人以鱼，不如授人以渔"的说法。教师大可不必固执地追求传统的师道尊严，而应蹲下来与学生一同学习，养成新时期教师必须具备的教学气度。教师不但是知识的传授者，还有责任和义务成为一名新知识的学习者。

教师与学生共同学习，首先就要懂得学生的兴趣所在，将力气用在刀刃上，学会借用学生感兴趣的人、物、话题当作教学的引子吸引他们的注意，把他们对其他事物的兴趣引导到学习上来。

与孩子们行走在同一路上，才能见其所见，思其所想，才能更好地指引他们。在学习道路上，我们扮演的就是知识引路人的角色，引导孩子在知识的海洋取其精华、去其糟粕、融会贯通，最后实现知识的创新。

2. 困惑二：备课主要是想办法让课堂形式多样、丰富活泼吗

年轻的小戴老师自从暑假参加了一次教学的培训，就特别喜欢使用多媒体授课，注意在课堂上运用启发式教学，调动学生的积极性。这一周，戴老师教《认识乘法》这一节，在上课一开始，他出示了一个像动画片一样的精彩画面——"动物园的一角"。让学生观察画面并提问："你发现了什么？"学生经过观察后争相回答。

生1：我发现这儿真好玩！有小动物，有房子、大树、白云、河流、小桥。

生2：我发现小河里还有鱼儿在游呢！

生3：我发现小鸡的头还在一动一动的，它们在啄米还是在吃虫子呢？

生4：我发现小桥上有两只小白兔，它们是要到桥这边来还是要过桥去呢？

......

十多分钟过去了，学生不断有新的发现，戴老师在肯定中不断提问："你还发现了什么？"于是，学生又不断有新的发现。虽然这样学习课堂气氛热烈，可是课程的性质却似乎改变了。听课的教师不禁要问：这样的情境创设，是在上数学课还是在上看图说话课？

其实，在出示情景动画后，教师只要提问：图上有几种动物（两种，即鸡和兔）？它们各是几只在一起的（兔是每两只在一起，鸡是每 3 只一堆）？接着引导学生 2 只 2 只地数小兔，3 只 3 只地数小鸡，然后让学生想办法求小兔和小鸡各有多少只。这样，学生就能在问题情境中有效地捕捉教学信息，初步感知"几个几"的生活现象，为接下来学习乘法做好必要的准备。

每堂课前，我们都要思考一个问题——"这堂课，孩子们要学的是什么？"我们如何将知识以愉快的、易于学生吸收的方式导入学生的思维轨道？过于活泼生动的课堂形式只能暂时引起学生的注意，热闹过后如何引发学生的思考？学生是否能运用所学的知识？这是教师在设计教学活动时首先要思考的问题。

在一次教育教学经验交流中，某中学的老师说：

我从事英语教学工作已有一段时间了，我知道"兴趣是最好的老师""书本是死的，人是活的"，所以，我在教授内容时采用多样化活动教学，把音乐、简单的舞蹈动作、游戏、画画、比赛等融入课堂中，效果很好。

有时候，我会让学生根据学过的单词，自己编一个小故事，比如主题为"森林里的故事"。例如，"以前，在大森林里面，有一只调皮的monkey……"，鼓励他们利用学过的表示动物的单词，自己编故事。对七年级的同学来说，他们爱表演，所以让孩子们自己编动作，他们更是喜欢，甚至有些孩子编的动作比我编得还要好。

对于游戏，孩子们也是乐此不疲的，我在平常的英语教学中，常让孩子们做"猜一猜""传话筒""模仿秀"等游戏。

教师在教学中，传授给学生的知识、技能不能仅是静止的事实，还必须是有规律性的知识、可迁移到生活中的"有生产力"的知识。教师要给学生以丰富的背景知识，打开学生的眼界；要给学生以带有规律性的知识，引导学生深入钻研；要给学生介绍现代科学技术的新进展、新成果，激励学生有效地学习，并创造新的知识。教师是知识的传授者，是学习方法的传授者，是学生动手能力、应用能力的培养者，是引导学生创造新知识的角色。

3.困惑三：我该唱红脸还是该唱白脸

李老师在一次教改交流中说：课堂上每当个别学生开小差时，我就产生不安的感觉。有的时候停下课来教育，有的时候对那些"不成钢者"给予不留情的批评，甚至惩罚。面对批评，不同的学生由于心理的承受能力不同，因而接受教育的反应也有差异。记得有一次我批评一个学生在课堂上与其他人交头接耳。当第二次上课时，这个学生默写得了零分。事后我找这个学生谈话，他竟说以后再也不想听我的课了。他说我那天不该批评他，因为他上次上课讲的正是我讲课的内容，说我不讲理，他不喜欢不讲理的人……

话音未落，贾老师便深有同感，也说起他遇到的事：一个学生因为上课不认真所以成绩不理想。敬业的老师为了帮助他，连续几个中午放学时把他留下来辅导J5分钟，以提高他的成绩。但是数天后的一篇周记中，这个同学写道要与抓他"留堂"的老师"势不两立"，事态为什么发展到这么严重的地步呢？作为班主任的贾老师感到学生的文章是有一定的原因的。通过了解得知，原来这几天的午休辅导后，该生回到家中，因为他的家人都在等他吃午饭而受到了批评，他学习上增加了压力，回家又增加了精神负担，他认为老师有意在为难他，给他苦上加苦。

教师与其他职业人员的一个重要区别是，家长把教育的重担委任给教师，他们经常扮演家长代理人的角色。学生对待教师的态度很像他们对待自己父母的态度，迫切希望教师能像其父母那样对待他们。特别是年龄小的学生，常常把教师当作自己父母的化身。一般来说，我国大多数中小学教师都能自觉愉快地扮演家长代理人的角色。他们对学生充满了热情、希望和关怀，又不放弃严格要求。教师在扮演家长代理人的角色时还有优于学生父母的一面。许多学生发现，在家里用哀求、发脾气、要挟、威胁等方法对待父母最有效，但用来对待亲切而又严格的教师是行不通的。这就是因为教师既扮演了父母温暖与关怀的角色，又扮演了一般父母所不具备的严格要求的角色。

作为家长代理人，教师有时也有难言的苦衷：教之过严，与学生产

生距离，得不到学生的信任；待学生如朋友，遭到家长的质疑，得不到家长的信任。一面是年少轻狂的少年儿童，一面是爱子心切的学生家长。教师困惑了：孩子们，我该唱红脸还是该唱白脸？

我们看到孩子挨了父母的斥责，过后还是爸妈前爸妈后，其中一个很重要的原因就是孩子知道父母是爱他的。这是因为孩子理解父母，也知道自己的过错（即理解了自己）。同样，在师生交往中，教师必须以一颗包容的心帮助孩子认识自己，同时以严格的要求，帮助孩子纠正错误、不断进步，做到温情与严苛两手抓。

格格是一个既乖巧又敏感的孩子，平时常得到老师的表扬，可她一点都不稀罕老师的表扬。她看到有些调皮的学生被教师批评，特别羡慕。她说："老师批评一个同学，说明老师觉得那些同学能做得更好，他们和老师的关系更像朋友。"她时常"盼望"老师也能来批评她，希望老师对她说："我认为你能做得更好！"那样自己一定会更有动力，做得更好！

"让每一个孩子抬起头"并不意味着教育的手段只能是和风细雨式的。表扬与批评都是很好的教育手段，只要教师善于捕捉学生细微的心理变化。

或许你可以尝试在学生取得成功时，给予批评——"要不是你的狂妄，要不是你的自以为是，要不是选择了这么没挑战性的任务，你可以做得更好！"而在犯错误的学生面前，困难的不是批评，不是指责，更不是数落他的一系列错误，而是找出他错误的对立——长处。（魏书生，2005）在学生犯错误的时候，你可以惩罚他为班集体做一件好事或为同学们唱一首歌等。只有让学生感受到老师时时处处都在关心他们，他们才可能视老师为朋友，他们对老师的批评教育才不会心存敌意，才会真正体会到老师的用心。同时，家长也才能感受到教师对其子女的关爱，实现双方良好的配合，促进家校合作。

4.困惑四：我的工作有前途吗

一位教师40岁生日时，在自己的博客上写下这样的一段话：

俗话说：三十而立，四十不惑。可是对于过去的40年，尤其是担任教师的近20年，自己感觉不是很满意，而对于未来，更加忐忑不安。教书快20年了，自己感觉还是摸索出了一点经验，对于教书育人，面对一批又一批的学生，自己感觉还是问心无愧的。但是，学校里，领导是组织，工作安排、业绩评价、职称待遇、发展前途全都捏在他们手中，

带什么样的班、与哪几个科任教师搭配，全由领导说了算。就在我过40岁生日的夜晚，面对电脑屏幕，我突然怀疑：自己是不是还能培养出更多的优秀学生，是不是还能转化更多的差生？今天的工作和十年前有差别吗？那么展望后十年，我仍心有余悸，心中充满无奈。我是不是还能继续为这份工作全心付出，一如往昔？

你眼中的自己仅仅是一名"教书匠"吗？孔子曾要求教师是"学而不厌"和"诲人不倦"的人。满足于现有知识，缺乏求知精神、创新精神的教师，无法成功地扮演好知识传授者的角色。真正出色的教师热爱教育工作，精通本专业的基础知识，不断更新教育观念，善于运用心理学和教育学的原理，探究学生身心发展的特点，用敏锐的眼光去发现教育、教学活动中的问题，不断自觉拓宽知识领域，不断自我挑战，是不断给予自己成长机会并付出努力的学习者、研究者。

苏霍姆林斯基说："教师教育劳动的独特之处是为未来而工作。"一切工作为了学生的未来，为了自己的未来。教育是一项"育人"兼"育己"的事业。没有其他角色比教师更有资格对教育过程进行研究。教师通过反思、相互观察学习、切磋教育科研方法并注重运用所掌握的方法来解决自己在教育实践中所遇到的问题，来提高教学水平，实现专业技能的提高，做一个自我实现的人。这是何等有意义、有前途的事业！

除以上的叙述外，教师还有许多其他的角色，例如：教师还是行为规范的示范者——通过自己的一举一动，成为学生的表率；是班集体的领导者——通过选拔学生干部，引导集体气氛和集体舆论，开展多种多样的学习活动和教育活动（包括社会活动和劳动），形成优秀的班集体；是学生的心理辅导者——在日常教学过程中，指导学生健康地生活和学习，克服种种"学校病"，如厌学、考试焦虑、人际关系敏感等，以增强学生的自信心和自尊心。教师自身还必须是一个心理健康的人。任何心理障碍、心理缺陷，如偏执、强迫倾向等都可能引发对学生心灵上的施暴，影响师生关系的和谐发展，严重的还将给学生的身心发展造成难以估量、难以弥补的伤害。

教师要承担的角色众多，他们却不像舞台表演中的生、旦、净、末、丑那样泾渭分明，他们是一个复合体，融合于教师的道德、学识和行为之中。社会变迁与学生发展的需要向教师提出了越来越多的期待和越来越高的要求。整合心理学及教育学的许多研究成果，我们大致可以将教师肩负的角色归纳如图3所示。

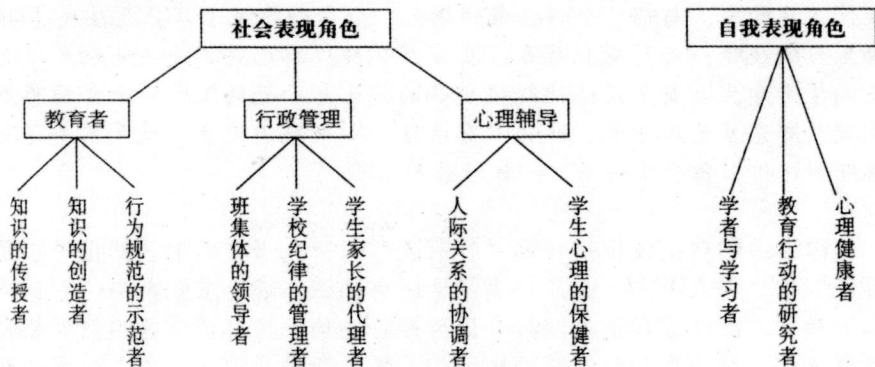

图 3　教师肩负的角色

现在再请你回顾先前写下的 20 个"我是谁"的答案，将它们占用你的工作时间，给你带来的满足、骄傲、继续工作的热情，还有烦躁、压抑、焦虑等情绪，与其他教师一起交流。从事相同的工作，你们是否承担着完全相同的角色？

教师的职业角色心理

小的时候，我们都很爱表演——扮英雄、扮巫婆，还爱扮老师。每当这个时候，小朋友们总是争着扮演老师这个角色，一会儿给学生上数学课，一会儿给学生上语文课，一会儿给学生上音乐课。当然，小演员们也忘不了模仿老师严肃的样子，批评那些"上课"不认真听讲、思想开小差的小伙伴。在孩子们眼里，当一名老师实在是太神气、太伟大了！

真正进入这个太阳底下最光辉的职业，成为名副其实的人民教师，它真的是你想象的样子吗？你是否慢慢对这个职业有了真实的体会和全新的认识？

一、五味杂陈，冷暖自知：教师的角色体验

人们在选择新的职业时，或多或少对新职业带着向往和憧憬，具有美好的心理期待。教师在从事教育工作一段时间后，会或多或少对这个角色，对自己的价值产生怀疑。面对变化的环境、成长的学生、发展的自己，教师需要及时作出调整.以适应角色要求。

广州大学教育学院的蔡笑岳认为，判断教师对职业角色的心理适应，可以从三个层面进行自我审视。

（1）角色形象适应。这是对教师外部形象上的要求，包括社会对教师的期待与学生对教师的期待。一个教师要成功地适应职业活动，首先要适应社会对教师的普遍看法，甚至是某些刻板的印象，在外部形象上适应教师角色，否则就会受到非议。

（2）角色职责适应。教师的社会职业角色就是教育者，这是教师必须明确的。同时教师还担任与教育活动有关的其他角色，这些角色相互联系，并且相互重叠，有些角色相互补充，而有些角色又相互矛盾。因此，教师必须恰当考虑，正确处理好自身的多种教育角色，从全局和整体上适应教书育人的职业责任。

面对繁杂的教学工作，当代著名教育改革家魏书生主张"选择积极的角色进入生活"。首先，舍劣取优，即尽量不扮演拙劣的社会角色；其次，他主张众优兼备，从"向善、成美"的愿望出发，兼扮各种好角色，如面对吵骂打架的学生，可以兼扮严父、慈母、兄长、亲属、良师、保健医生、心理诊疗医生等多种角色；再次，他主张一个人要能灵活自如地进行角色转换，作为教育者要善于进行"换位思维"，即善于站在不同的角色位置上进行思考。在他成功的教学管理背后，透视出他积极自重的角色观，能根据教育的不同需要扮演好主角和配角、正角和"丑角"，能在环境变化时及时做好转换角色的身心调整，避免不必要的烦恼。

（3）角色的自我人格适应。这是对教师人格的要求。教师在获得相应的角色经验、角色技能的同时，从职业形象与职责上进行角色适应之后，还应从自身的人格方面进行塑造与锻炼，培养起适应教师职业教育活动特点的"教育气质"。

当今社会，教育领域正在发生广泛而深刻的变化，教育体制的改革、教育机制的创新、教育岗位的竞争、新知识和新技术的应用等方兴未艾。教师角色的转换，从不适应到适应，从内心彷徨到专业发展，既是一个艰难的历程，也是一种心灵的洗礼。有的教师能有效地调整自己的目标，趋向这个角色的要求，走向幸福的"蜕变"过程。

但教师也是普通人，他们也存在个体的差异，也有各种需求，有普通人的情绪和思想。当教师克服不了心中的重重矛盾，反反复复地质疑这份工作，逃避自己的教学任务时，这便是亮起了"不适应"的红灯，我们也将此称为"角色冲突"。

　　教师角色的扮演是一个动态变化的过程，贯穿于整个职业角色生涯中。当教师对角色要求有清晰的认知并认同角色期望时，就能在角色行为过程中发挥个人的能力以达到角色要求，并在这个过程中体验到满意与成就感，这是适应良好的最佳表现。反之，教师就可能遭遇到了角色挫折。

　　1. 角色混淆

　　教师的角色期待，一方面来自正式的组织规定，如法律、校规等对教师角色的约束；另一方面来自非正式的规范，如教师间的合作、竞争、模仿及认同的过程。角色混淆是指教师无法获得明确、清晰的角色期望，或因角色期望无法达成一致而产生混乱。在这种情况下，教师不知道别人预期什么，不知道自己要如何扮演这个角色。

　　教师角色混淆的主要原因，一方面是角色期待不明，这主要由教师角色的弥散性和模糊性所致；另一方面是部分教师的角色知觉能力不足。教师在职前阶段对这个角色还没有形成清晰的认识，在角色实践过程中也没有及时地寻求帮助，当这种迷糊不清的角色期待持续困扰时，就会干扰教师角色作用的发挥，对教师的角色体验产生消极的影响。

　　2. 角色超载

　　角色超载通俗地说就是知道别人预期什么，但无力实现其全部预期。教师产生角色超载体验的主观原因是角色预期不合理或角色承担者能力有限。客观原因是许多教师既要从事常规教学又要担任行政工作。琐碎的事务分散了教师的精力，使教师感到责任重大却又难以胜任。

　　3. 角色冲突

　　角色冲突是指个体不能满足多种角色要求，因期待而造成的内心或情感的矛盾与冲突。教师是角色冲突的高发人群，一方面它是由教师承担多重角色造成的，比如，教师在学校里面对学生时要充当教师的角色，在家庭生活中又要充当父母、丈夫（妻子）或子女的角色，在平等的人际交往过程中还要充当朋友的角色；另一方面，在"教师"这一职业角色范围内，因为教师所从事的教育活动是一种不稳定的社会活动，随着教育活动在时间、空间上的变化，教师与学生、教育内容及各种教育环境之间构成不同的关系，教师需要表现出不同的行为，从而扮演不同的角色，比如，家长希望教师对学生"严加管教"，学生又希望教师给予"春风般的温暖"。

　　角色冲突通常有两种形式：角色间冲突、角色内冲突。角色间冲突有两种表现：一是个体承担的几个角色同时对个体提出履行角色行为的

要求；一是两个角色同时对个体提出相反的角色行为要求，使他难以胜任并在时间、精力上出现紧张感，亦称"角色紧张"。角色内冲突也有两种表现：一是不同群体对同一角色有相互矛盾的期待或要求；一是个体对规定的角色行为有不同甚至相反的理解。

适当的冲突有助于教师适应角色的要求，促进教师学习。但是，冲突可能影响教师的身心健康和工作积极性，影响教师职业的稳定。教师可以采取一些科学的方法解决角色冲突。在面对众多角色压力时，教师可以通过衡量各个角色的价值筛选出自己认为最有价值的角色，形成坚定的角色立场，以最有效的方式做好本职工作。教师还可以通过改变角色结构，将几种角色整合成一个新的角色，或果断地放弃某些角色，将个人的某些角色转移给其他人，减轻角色责任的压力。一些心理调适方法，如学会合理的宣泄、参加社会活动转移注意力等，也有助于角色心理的适应与角色冲突的化解与消除。

二、志不强者智不达：教师的角色信念

作为意识的核心部分，信念是指一个人在长期的实践活动中，对各种观点、原则、理论、事业经过鉴别和选择而逐渐形成并发展起来的，在内心深处形成个人的判断标准和行为动机，坚信某种观点的正确性，并支配自己行动的个性倾向。

信念是认识、情感和意志的有机统一，是一种综合性、稳定性和持久性很强的心理品质。一个人只有具备了坚定的信念，才能使自己的个性具有主动性和积极性，自觉维护这种思想和事业；缺乏信念的人，个性往往模糊不清，行动左右摇摆，动摇不定，容易出现思想、行动的偏差。

教师根据自己的教学实践知识及积累的生活经验，不断调整完善对教师角色的评价、判断，并形成教师职业特有的责任感、自尊心和荣誉感，便形成角色的信念系统。

1. 教师的职业价值观

《中国大百科全书》对"价值观"的定义是：主体对客观事物按其对自身及社会的意义或重要性进行评价和选择的标准，对个人的思想和行为具有一定的导向或调节作用，使之指向一定的目标或带有一定的倾向性。价值观是一种基本信念，它带有判断的色彩，代表了一个人对于什么是好、什么是对，以及什么会令人喜爱的意见。人不同于动物，动物只能被动地适应环境，人不仅能认识世界是什么、怎么样和为什么，而且还知道应该做什么、怎么做，发现事物对自己的意义，设计自己，

确定并实现奋斗目标，这些都是由每个人的价值观支配的。

价值观的类型

1. 理性价值观。它是以知识和真理为中心的价值观。具有理性价值的人把追求真理看得高于一切。

2. 美的价值观。它是以外形协调和匀称为中心的价值观，具有美的价值观的人把美和协调看得比什么都重要。

3. 政治性价值观。它是以权力地位为中心的价值观，这一类型的人认为权力和地位最有价值。

4. 社会性价值观。它是以群体和他人为中心的价值观，认为为群体、他人服务才是最有价值的。

5. 经济性价值观。它是以有效和实惠为中心的价值观。认为世界上的一切，有效的和实惠的就是最有价值的。

6. 宗教性价值观。它是以信仰为中心的价值观。认为信仰是人生最有价值的。

职业是一个人安身立命、实现自我价值的途径。每个人谋得职业的年龄阶段不同，所受的教育、所处的环境及人生境遇也是各不相同的，因此，在职业取向上的目标和要求也是各不相同的。在选择职业时，我们往往要在一些得失中作出选择，而左右我们选择的，往往就是我们的职业价值观。例如，是要工作舒适、轻松还是要高标准的工资待遇？是要成就一番事业还是要安享太平？

同为人师，站立于三尺讲台之上，其职业价值观也未必一样。教师的职业价值观直接影响到从教者在其教育、教学实践中投入心力的方向及其程度。在教师的职业生涯中，虽然没有太多的掌声和鲜花相伴，但教师的内心是充实和满足的，因为教师在平凡的工作岗位上找到了自己的人生坐标，不断地实现自己的职业价值。爱因斯坦说："一个人的价值，应当看他贡献什么，而不是他取得什么。"这句话，恰如其分地道出了教师职业价值的衡量标准。为了祖国的明天，为了培养社会主义现代化建设所需要的一代又一代的建设者与接班人，他们默默耕耘，无私奉献。

加拿大阿尔伯塔大学医学与牙科学院把教师应当奉行的职业价值观挂在墙上，具体如下。

学问（Scholarship）：我们发现、解释和传播促进和复兴健康的新知识。

尊重、同情和关怀（Respect，Compassion and Caring）：我们应用这些理想来指导我们教导自己的学生、关怀自己的患者，与我们的同事一道工作。

正直（Integrity）：我们履行自己对患者、学生和同事的责任，保持最高的道德标准。

卓越（Excellence）：我们遵循最高的国际标准从事自己的教学和研究工作，以及给予患者关怀。

合作（Partnership）：我们在教育、研究和健康保健方面与合作伙伴一道为了更大的社会利益而工作。

管理（Stewardship）：我们明智地使用自己的资源。

但是，当今的时代是一个价值观念深刻变革的时代。在这个时代，人们的价值观念趋于多元化，而价值观念多元化又直接影响了人们社会行为的多样性和社会选择的不确定性。作为教育者，教师的价值取向又直接影响人生观、世界观和价值观正处于形成时期的学生。

总之，教师应该是社会主流价值观的引导者，教师的一言一行都在影响学生的成长。作为引导者，首先自己要学会如何为人、如何为师。随着社会日新月异的发展，外界的诱惑越来越多，作为教师，应该以平静的心态抵御诱惑，努力追求、实现自己的理想，并且积极提高自己的学术创新能力，用正确的价值观、人生观和健全的人格来引领学生，做社会主流价值观的引导者。

2. 教师的职业理想

说起理想，很多人的脑海里就会浮现出这样一幅儿时的画面，在洋溢着欢声笑语的教室里，老师笑眯眯地问："你长大后的理想是什么啊？"答案林林总总，有老师、医生、科学家……

那么，我们就来具体了解一下职业理想吧！

职业理想是人们对未来职业类别的选择以及工作上达到某种成就的向往和追求，它是社会理想在职业选择和实践中的具体体现，树立职业理想是成就事业的前提。教师的职业生涯是一个持续发展的过程。教师的职业理想是其献身于教育工作的根本动力，教师要做好教育工作，首先要有持久的教育动机和工作积极性。

但是如今，有的人实现了自己的理想，成为一名教师，却发觉理想和现实有很大的差距。在教育过程中，教师要面对各种各样的压力，有来自社会的、学生的，还有来自教育内部的。这些压力有的时候使教师

成了"风箱里的老鼠，两头受气"。一些刚刚走上教学岗位的青年教师，对未来怀着美好的憧憬，对教师这个职业自然多了些理想主义色彩，可在现实中却不免会碰到不听话的或是成绩差的学生，信心会大受打击；还有些青年教师不懂得如何处理师生、同事之间的关系，到处碰壁，有的人会因此消沉郁闷，对教师这个职业产生了怀疑，动摇了决心。而对一些中老年教师而言，他们认为自己工作了那么多年，没有功劳也有苦劳，期望值较高，一旦不能如己所愿，难免会有失落感，对工作丧失热情。

下面的一则小故事讲的就是一位教师对理想和现实的困惑。

日前，记者接到安徽省某县一位高三语文教师的来信。信中，这位教师陈述了他的教育理想与现实教学方式之间的差距，以及他的苦恼和思考。他信中陈述的情况具有一定的代表性，反映出了目前教育、教学中存在的一些问题。

"上课讲试卷，下课排名位，外出开考会"——作为一名高三语文教师，这就是我目前的工作状态。如果要我说实话，我对这种状态是不满意甚至厌倦的，因为它与我的教学理想实在相差太远。

20年前，我大学毕业走上了讲台，成为一名语文教师。

我所向往的语文教学，应该是完全开放式的，师生应该是完全互动的，课堂气氛应该是生动活泼的，教学形式和方法应该是灵活多变的，师生情感应该是轻松愉快的。

然而，现实的教学，要你必须时刻以考试为中心，以考分为统帅，以提高升学率为己任，教学形式单调刻板。特别是到高三，那完全是纯粹的"试卷教学"：你每天都要捧着试卷认认真真讲考题，学生规规矩矩对答案；有时明明知道那些商品化的试卷乱七八糟、错误百出，你还必须耐着性子自圆其说，牵强附会；你必须经常拿出你的考试法宝，在学生面前炫耀你的出卷、改卷、析卷之能事；你每天必须天不亮就起来，看学生"早读"，晚上陪着学生"自习"到深夜。凡此种种，日复一日，年复一年。

也许有人会问：难道你就不能做一个新时代的俄底修斯，杀出重围跳出"魔圈"，回归到你所向往的理想境地？想，我有时做梦都想！但总是事与愿违，处处碰壁。不在其位，是无法了解目前如我一样的教师的艰难处境的。

因此，教师唯有树立坚定的职业信念与理想，才能致力于教育工作。

树立教师理想可以通过下面的几个途径。

第一，克服自身的消极心理因素。每个教师的内心都会在一定情境下、一定程度上充满矛盾，如情绪与理智的冲突、教育责任感与不安清贫生活的矛盾、渴望进修提高与社会对教师的要求日渐提高之间的冲突等。这些都会引发教师内心的焦虑，导致教师缺乏自信心和从教的自豪感。教师消除这些不良的心理因素十分必要。

第二，树立终身学习观念，完善知识结构和智能结构。教师作为人才的培养者，应适应新形势对人才的要求，必须具备高尚的思想道德情操、宽广深厚的业务知识和终身学习的自觉性，并且掌握必要的现代教育技术手段；要遵循教育规律，积极参与科研，同时树立正确的教育观、质量观和人才观，增强实施素质教育的自觉性；要树立终身学习的理念。

第三，树立正确的价值观念，端正自己的价值取向。要具备为社会进步、为人类发展献身的高尚情操，教师就应把握住一点，即将个人的幸福与社会进步、人类幸福联系在一起。具体来说，主要要求教师在教育活动中体现以下几种职业精神：教书育人、尽职尽责，学而不厌、诲人不倦，勤奋钻研、科学施教，严谨治学、一丝不苟，乐教勤业、甘为人梯。

第四，要有坚强的意志。确立可行性目标，并坚持不懈地努力，是实现教师职业理想的保证。在教师职业实践中，指导整个实践过程的总目标是崇高的教师职业理想，它作为一面旗帜，为教师指明了前进的方向和奋斗目标，并成为教师职业的重要精神支柱，推动和激励教师朝向更高的目标奋进！

教育大计，教师为本。教育是永恒的事业，教师是阳光下最美好的职业，全体教师的努力和追求，激发的内在成就动机，会在校园里燃起理想的希望之火，并使我们的民族燃起理想的希望之火，这将化为熊熊大火照亮全世界。

教师的职业承诺

上海教师节推出首篇"教师誓词"，万名教师用誓言承诺使命

"优先发展让人民满意的教育首先从提高教师的责任感、使命感开始"，记者日前从上海市庆祝教师节主题活动的筹备现场获悉，上海市

科教党委、市教委已决定在今年教师节推出教育系统的首篇教师誓词，万名教师在教师节用誓言向全市人民做出郑重承诺。

誓词为：我宣誓，忠诚人民教育事业，依法履行教师职责；为人师表，敬业爱生；严谨治学，修身立德；启智求真，恪守有教无类；因材施教，注重创新发展；为科教兴国，上下求索；为民族复兴，广育英才！

这篇誓词将作为今后上海新教师宣誓上岗的规范誓词，还将成为上海师德建设和教师队伍建设的重要准则。

为了更好地将誓词的内涵和要义表现出来，教师节活动还将通过一组组教师的宣誓仪式来突显教师职业特有的神圣、崇高。届时，已经执起教鞭的全国首批盲人大学生之一的任铮浩将与特教新教师代表用手语表达无声的誓言，即将踏上郊区农村教师岗位的新教师及其他新教师代表也将走上舞台，和现场的万名教师进行集体宣誓。

上述誓词中提到了要成为一名合格的人民教师必须要遵守的一些准则，也许很多教师认为上面的教师誓词就是所谓的教师职业承诺，可这仅仅是职业承诺的一部分，接下来我们就来说说到底什么是教师职业承诺。

一、教师的职业承诺心理

（一）当梦想照进现实："职业承诺"的概念

"承诺"在我们的生活中常常是指答应了某人必须要做到什么，当然与"答应"比起来，"承诺"要正式和庄重得多。"承诺"从生活进入学术领域是始于美国社会学家贝克尔（Becker，1960），他认为"承诺"是促使人类持续职业行为的心理机制。早期的研究者基本上都把"承诺"解释为一种忠诚的表现，并用来测量员工留任的意愿。

而职业承诺指的是一个人与其所从事的职业之间的一种心理联系（纽带）。这个概念是组织行为学及管理心理学中的一个重要概念，用于研究员工对其所从事的职业的一种认同和投入的态度。因此，通俗地讲，"职业承诺"就是我们在进入某一行业后对自己从事的这个职业所许下的诺言。

大量的研究发现，个体的职业承诺水平能稳定地预测员工的工作投入、离职和缺勤等行为。

教师作为一个几千年的古老行业的从业者，也有自己的职业承诺。美国心理学家谢顿（1985）认为，教师职业承诺是指教师对教师这一职业的认同程度，对教师的主要工作（即教学工作）是否感到内在的满足及对教学工作的投入程度。通俗地理解，教师的职业承诺包括教师职业认同、教师工作满意度及教师教学投入等。

1. 教师职业认同

所谓"职业认同"，是指一个人对所从事的职业在内心里认为它有价值、有意义，并能够从中找到乐趣。职业认同，既指一种过程，也指一种状态。"过程"是说教师从自己的经历中逐渐发展、确认自己的教师角色的过程。"状态"是说教师对自己所从事的教师职业的认同程度。北京师范大学发展心理研究所原所长申继亮教授认为："教师职业是一个特殊的职业，它不仅关乎教师自身的未来发展，对学生未来的影响更是长远且不可逆的，所以尤其需要建构坚实的职业认同。"

王雷的故事

南京师范大学附属中学语文老师王雷这样比喻教师的"职业认同"：三个建筑工人造房子，有人问他们在做什么。第一个人回答，我在造房子；第二个人回答，我在挣钱；第三个人回答，我在建造最美丽的建筑物。与之类似，教师也一样，有人只看到了工作本身，觉得自己就是在做教师；有人把教师看作一种谋生手段，就是为了挣钱；还有人把教师看作人类灵魂的工程师。第三种才是从内心里对工作认同，看到了工作过程中的意义和价值。

"能不能发现工作的意义和价值，对工作热情、创造性、积极性的发挥都很重要，否则教师就可能成为贩卖知识的工具。"王雷说。

王雷连续几年教高三毕业班，他认为高中是中学生成长的关键阶段，应该注重与学生的情感交流，并鼓励学生接触一些课业之外的思想和知识。但他却陷入了尴尬：高三的学生有时觉得他讲远了，他们更关注解题要领及能够立竿见影的应试策略。情感交流在客观上耽误了学习时间，家长也会提意见。

但王雷却一直在坚持——教师不仅要为学生的眼前着想，也要为学生的长远着想。这是王雷对待自己职业的态度。

从王雷的故事中我们可以看到，职业认同正在成为教师能否实现自我成长的内在动力。教师对自身角色的认同，在内心里认为它是有价值、有意义的，并能够从中找到乐趣，这自然而然地就会促使其努力成长，进而推动整个教师事业的发展，形成双赢的局面。

教育专家博客文章引发教师职业认同感讨论

一篇300多字的博客短文，引来全国教师的抱怨，这是孙云晓没有想到的。

"教师工作干了近20年，我好后悔，当年填志愿不该填服从调配，说不定我就不会当老师了！"

"早就厌烦当这没尊严的老师了，没好的待遇就是不想不出力。"

"我是一名中学老师，才毕业一年，已经心力交瘁、麻木了。那些孩子，把心交给他们，也只是换来伤心。"

"我最痛苦的就是选择了教师这个鸡肋行业。我在省重点中学，从早晨五点半工作到晚上十点，一个月只放一天假……"

以上几位老师之所以抱怨，很大一部分是因为其职业认同感普遍较低，教师对他们来说是职业而不是事业，就像鸡肋一样，食之无味，弃之可惜，只是不得已而为之的谋生手段，是一种负担。因此，如果一名教师不能形成高水平的职业认同，他就难以具备热爱教育事业之心，也难以在教师工作中产生主动性、积极性和创造性，自然不会从职业生涯中获得快乐和满足。

但是，如今的教师职业认同感普遍比较低又是一个事实。调查揭示，不切实际的学生观、不恰当的专业观及一些教师遭受的职业挫败感，正影响着教师形成健康的职业认同感。对在职教师来说，一方面要积极配合学校的指导帮助进行教师职业生涯规划，明确自身的职业发展目标、发展方向及实现发展目标的途径；另一方面要强调"自主发展"，提高自身的自主发展能力和自我效能感。

2. 教师工作满意度

教师工作满意度是指教师对其工作及工作经历评估的一种态度的反映。教师的工作满意度在学校管理中同样具有重要的意义，它不仅影响教师的工作积极性，而且可以作为学校管理效能的一个重要指标，同时也为学校的管理决策提供重要的依据。

（1）工作满意度影响教师的工作表现

一般来讲，满意度高，教师的工作态度积极、工作效率高、缺勤率低；满意度低，教师的工作态度不积极、效率低、缺勤率高。满意度高，教师的离职倾向低；满意度低，教师的离职倾向高，离职的动机大，一旦对教师工作基本满意了，他们也就没有离职的动机了。

但是，有些研究者认为，满意度和其后果之间的关系并不是那么简单。

有时候似乎不满意比满意具有更大的动力，如同人们总是对痛苦的刺激比对愉快的刺激的反应更迅速和强烈一样，如果全面满意了也就不会有不同的行为了，这反而会使得管理者难以评估产生工作满意感的真正原因是什么。

（2）工作满意度为学校管理决策提供依据

了解了教师的工作满意度，一方面可以明确学校管理中存在的问题究竟是什么，如教师最满意和最不满意的方面是什么；另一方面，能够确定学校管理中哪些方面最需要改进，哪些问题需要解决，什么因素才能起到激励作用等。

因此，学校要转变评价方式，从以奖惩为目的的评价方式转变为以促进教师发展为目的的发展性评价。通过评价调动教师工作的积极性，促进教师发展。奖惩性评价注重甄别和选拔功能，硬性地将极少数"优秀"和"不合格"的教师鉴别出来，无法调动大多数教师的积极参与。而发展性评价以促进教师发展为目的，承认和关注教师个体之间的差异，教师成为评价的主体，反映专业发展的过程，使教师真正实现专业成长。

3.教师教学投入

投入是一种精神或态度。教师承诺水平的高低，最直接地反映在教师对教育的投入程度上，相应的表现为对教学的投入、对学生主体地位的关注。教师做好本职工作，按时上课，并不是一种投入，这里所讲的投入对教师的教学而言，主要体现在三个方面：教学的认知投入、情感投入和行动投入。

教"泉城"第二课时有感

我愈来愈感觉到老师上课就像演员表演一样，演得愈投入，就会演得愈精彩；演得愈精彩，观众愈看得津津有味，乐此不疲。同样，老师投入了，学生才能投入，教学中的精彩也就随之产生。

今天，教学"泉城"的第一、二自然段，我全身心地投入教学中。一方面，我用心去感悟文本，与作者进行心灵的对话；另一方面，我把我的感悟传达给学生，让学生也全身心地投入与文本的对话中来。尤其在朗读指导方面，我的范读激情四射，达到一种忘我的境地，向学生传达出老师已被文章深深陶醉的信息。第一自然段我重点指导了第二句话："这些泉有的白浪翻滚，好像银花盛开；有的晶莹剔透，好像明珠散落；有的声音洪大，听起来如虎啸狮吼；有的声音低细，听起来如秋雨潇潇。"这既是一连串的比喻句，又是一个排比句，生动、形象地写出了济南泉

水的美和多。

……

看着他们那一张张红扑扑的小脸，那一只只争先恐后举起的小手，那一双双发光的小眼睛，还有那一直动的小嘴，我感觉，此时的我、学生、文本、作者已经完全融为一体了。

这让我想到了李吉林老师的情境教学法。情境教学法的核心就是创设特定的情境，激发学生的情感。我想，只有老师完全投入教学的准备和教学中去，才能深刻地理解文本，才能把学生也带到特定的教学情境中去。师生都进入了情境，教学效果不好也难呀。

（1）教学的认知投入

教学是学生在教师指导下的学习活动，认知是教学活动的基本任务。教学中的认知投入主要包括教学策略、学习策略的投入。

教学认知投入高的教师，能了解学生的认知发展规律及学生在学习过程中使用不同的学习策略所带来的学习效果的差异；能不断吸收新的教育理念，成为教材的主人，通过对比教学策略的成效来判断"如何教"，能在施教过程中具有清晰的思路，并能密切关注学生的反应以调整教学进度。

（2）教学的情感投入

对教育工作的满意度、积极程度、情绪调节的水平，以及对学生的关心爱护、尊重信任都是教师情感投入的一部分。榜样的力量是无穷的，教师表现出来的教学的态度很容易被学生模仿。在教学生活中，教师可能都注意到一种现象：有的学生因为喜欢或崇拜某个学科的教师而对这门学科充满兴趣，而有的学生则因为讨厌某个学科的教师而不喜欢那门学科，尽管他们曾经对这门学科很感兴趣，学生更喜欢平易近人、和蔼可亲的教师。如果教师能注意到学生的情感需求，关心爱护他们，这对学生的学习来说是一种非常大的动力。

要想成为受学生欢迎的教师，我们在教学中一定要有情感的投入，成为他们的良师益友。我认为特别要做好以下几个方面。

第一，营造"如沐春风"的课堂环境。当你衣着得体、面带微笑、精神饱满地登上讲台时，学生就会被吸引，缩小师生之间的距离，情感上认可你，师生关系就会融洽。

第二，加强师生之间的沟通与了解。我们一定要改变以往仅在课堂上进行交流的方法，多参加学生的活动，和他们一起交流，利用课余时

间与他们交谈，与他们同行。了解他们在想什么、在关心什么、需要什么。这样，才能真正地走近学生，学生也才能把你当成可信赖的朋友。

第三，建立平等的师生关系。我们要建立和谐的师生关系，就要越过师生间那条不可逾越的鸿沟。在教学过程中，教师还要和学生进行平等的交流，学会倾听，听听他们对问题的见解和看法。

第四，不要吝啬你的表扬。每个学生都渴望被教师认可。在课堂上，我们对学生精彩的发言、有创意的设想等，千万不要漠然视。我们要从言语和行动上给予学生最真诚的认可和肯定。学生在教师真诚的鼓励下，不仅树立了信心，心中也会充满对教师的爱。

只要我们在课堂上注重情感的投入，加强师生之间的交流和沟通，就会建立和谐的师生关系，进而使学生喜欢上课。

（3）教学的行动投入

教师的教学投入不仅是一种态度，反映教师对学校教学工作的认同、投入和忠诚程度——愿意付出额外的时间在教学工作上，负起责任，敢于担当，以从事教学为荣，乐于教学，还表现为一种行动，在教学过程中，尽心竭力，关怀学生，帮助学生提高学习成效，以达成教学目标。

教师的工作并不因为一堂课或一次考试的结束而完结，真正对教育事业有深厚感情、有责任感、乐于教学的教师会从培育对象的学习效果及个人工作的顺利与否中反思自身对教育的知、情、行，把无限的热情投入无限的教育事业中去。

（二）职业承诺的结构

说起职业承诺的结构，也许教师觉得就像分子结构一样复杂，其实不然，这只是统计学上的一个术语，是为了更好地衡量职业承诺。

目前，被广泛认可的承诺结构主要是由艾伦和梅耶（Allen N.J.，Meyer J.P，1990）提出的三维结构模式，他们从经济学、心理学和社会学角度出发，全面考量了承诺的结构因素，并提出了继续承诺、感情承诺和规范承诺这样三维的结构观。

继续承诺类似于工具性承诺，指个体对离开某个职业的代价的认知，是员工为了不失去多年投入所换来的待遇而不得不继续留在该组织内的一种承诺。教师继续承诺指教师因担心离开教师职业而损失福利和保障，或因缺少就业机会而留职。

情感承诺也就是前人所提出的情感依附，指员工对组织的感情依赖、认同和投入，员工对组织所表现出来的忠诚和努力工作及愿意留住职业资格的强烈愿望，主要是由于对组织有深厚的感情，而非物质利益。教

师情感承诺指教师认同学校目标与价值观，对教师角色感情深厚，愿意为学校的生存与发展作出贡献，甚至不计较报酬。

规范承诺主要指员工受到社会一般行为规范的约束，对组织产生的责任感、义务感，从而感到自己必须为组织继续服务的一种承诺。教师规范承诺指教师对学校的态度和行为表现均以社会规范、职业道德为准则，对学校有责任感，对工作、对学校尽自己应尽的责任和义务。

二、信守一句承诺，点燃一生激情：教师职业承诺的提高

俗话说，"干一行，爱一行""三百六十行，行行出状元"。首先热爱这个职业才能真正理解这个职业需要我们做什么，知道了该做什么才能将这个职业干好、干出色。可是，在我们身边还有许多天天走上讲台却对教师这个职业怎么也"爱"不起来的教师，他们不明白自己的责任和追求的方向。那么，是什么因素影响了他们的职业承诺呢？

在研究中我们发现，影响教师职业承诺的因素主要有职业理想和对目前工作的满意度。具体分析下来，教师对自身社会地位的满意度、对当前收入和预期收入的满意度、对自己学生的满意度、对自己所在学校的满意度、对自己同事的满意度等，这些都是对职业承诺的形成有影响力的因素。

可见，要提高教师职业承诺的水平，除良好学校环境的创设外，还可以从改变我们自己的观念开始。

1. 树立良好的学生观

无论从事哪一门学科的教学，无论班主任还是校长，你的工作对象都是学生。

"我要通过自己的努力改变一个人的生活"是大多数教师的梦想，但现实烦琐的工作、参差不齐的学生素质，似乎总在挑战我们的梦想，"我做到了怀特小姐一样的耐心，可是我的学生没有一个能成为史蒂夫！"愿望是前进的动力，但是，如果把自己的责任定位过高、对学生的期望过高就容易导致挫败感。比如，有些教师每接手一个班级，总希望新学生在自己的教育下成绩有大幅度提升，成功进入令人满意的高一级学校，品行方面有显著转变等……教师认为只有达成这些目标，才会觉得非常有成就感。然而，冷静想想，在现实生活中，学生成长的环境是由学校、家庭、社会共同组成的，学生的成绩和表现也是由其先天基础、后天习惯、教师的教学等共同作用的结果，正是学生成长的一些不确定性使教师在所从事的工作中有许多无奈之处。

有这样一个故事。

两个小男孩去摘苹果，他们只能够得着下面的小苹果。第一个小男孩摘了许许多多的小苹果，第二个男孩则一个都没摘，因为他觉得下面的苹果太小，没意思。第二年，他们能摘到比较大的苹果了，第一个男孩仍然摘了许多，第二个男孩想"等我长高后摘大苹果"。第三年，第一个男孩摘了更多的大苹果，而第二个男孩说"上面还有更大的苹果呢！"……

教师职业的道德性特征往往使得他们习惯把目标定得过高，设定底线的目的就是要把目标降下来，以现实的目标代替理想的目标。学着降低目标，只要稍稍努力就能达到，这时才会真正开心，因为在达到目标的同时也是轻松愉快的。这样，教师才会有更多的动力、更多的热情去为教育事业奋斗。与其定下太高的目标让自己一无所获，不如降低自己的目标不断地进步。像故事中的第一个小男孩一样，尽管那些苹果并不个个那么大那么甜，却年年都有苹果收获，并且期待第二年还能来摘苹果。

2. 进行合适的教师生涯设计

很多教师对自己的职业生涯规划一点概念都没有，认为教师生涯就是上班、上课，然后等退休。有的教师会说，我一辈子教的科目就是语文了，年级也就是从初一到初三再从初一到初三，教完一届学生自己的教案都能倒背如流了，还规划什么。加拿大著名学者迈克尔·富兰（Michael Fullan）在描述教师职业的几个鲜明特点时曾经指出，如果教育目标漫无边界，缺乏对细节和技术的考虑，实际上会使绝大多数教师情绪低落。教育教学工作虽然繁重和复杂，但只要我们按照职业生涯设计的规划，为自己设定每一个细致的目标，一步步走好，我们就会不断地接近成功。

"相信自己，你将赢得胜利，创造奇迹；相信自己，梦想在你手中，这是你的天地；相信自己，你将超越极限，超越自己……"这首能让人久久沉浸其中的鼓舞人心的歌曲，拉开了2005年3月7日下午青年教师校本培训的开场序幕。

培训会上，戚宝华校长动之以情，晓之以理，从教师职业生涯规划方面，给我们全体青年教师上了一堂极为精彩的培训课。

培训会上，戚校长从教师职业生涯规划方面谈起，与大家共同分享

了3句至理名言，并列举了很多成功人士诸如吴士宏女士的成功事迹，对我们青年教师职业生涯规划的步骤、程序等方面提出了具体的要求和期盼。尽管培训时间很短暂，但是到场的每一位青年教师都获益匪浅。在高中课程改革的浪潮下，新课程改革为我们每一位青年教师都提供了一个自我发展的契机。为此，作为青年教师，在职业生涯规划方面更要有清醒认识，明确自己的奋斗目标，抓住随之而来的机会，相信自己，不断追求自我完善和发展，做到立足现在，把握未来，这样在未来的人生之路上，我们才不会后悔和叹息。

年轻无极限，相信自己，努力拼搏，立足现在，把握未来。成功由我们共同创造！

3.增强教师的归属感

为什么我们总会在离开家一段时间后特别想家呢？亚伯拉罕·马斯洛（Abraham Maslow）的需要层次理论所给的答案就是我们有爱和归属的需要，这个需要位于第三个层次，这是一个对职业认同感建构很有影响力的因素。在职业中，这种归属感和安全感让人发出自我认同，从而产生更多的自信心和对自我的信赖感，这非常有助于自身潜能的发挥和职业的发展，教师这一职业是神圣高尚的，但是，从事教师职业的人是平凡的，他们也期许能得到家人、领导、同事，以及他人、社会的认同。只有这两方面的认同真正合二为一，教师才能更好地施展自己的才能。

当然，把这种认同的压力完全归咎于教师本身的努力是相当不公平的，全社会都应该对教师有正确的理解和适当的支持。记得有一位老教师曾说："教师不是圣人、神人，其所做的每一件事并不都是高尚的，教师也需要工作之余的休闲和娱乐，教师也要吃饭、睡觉和逛街……人们总是站在很远的地方看待教师，却没有真正走近教师；人们总是对教师有许多的要求，却总是忽视教师应得的回报。"

现实情境下，教师的社会地位、职业认同与理想的程度还有很长一段距离，这需要社会每个人的关注和行动，需要包括教育管理部门在内的社会各界关注并支持教师群体的职业发展，有针对性地帮助教师去除目前缠在其身上的种种束缚，使教师能够从教学之外的烦琐工作中解脱出来，有更多的时间和精力从事教研、教学，以充沛的精力和饱满的热情促进学生的健康成长。

第七章

教学专长发展：教师职业生涯发展的核心

专长与教师专业发展

一个老太极拳师，可以把七八个小伙子推得东倒西歪，一个大师级的象棋高手，可以同时和数十个人对弈，这是魔术还是绝技？在"专长"这样一个普通的词语后面，隐藏了多少天才的奥秘和成长的艰辛。这一节将主要介绍专长与教师专业发展的关系。

一、行行出状元：什么是专长

1. 专长的定义

在宋朝的时候，有个叫叶元清的人被点为状元，叶元清骑着高头大马，得意洋洋地在街上走着。来到一个路口时，只见一个樵夫不避不让，照旧往前走，衙役们高喊让道，樵夫才停在路口说："新科状元有什么了不起！如果我小时候能够上学，现在也是一个状元！"叶元清闻言大怒，喝道："山村匹夫，如此不自量力，还是老老实实砍你的柴去吧！"樵夫不以为然地说："天下学问多的是，就说砍柴吧，我想怎么砍就怎么砍，你能吗？"状元不信。樵夫拿过一块方木，在上面画了一条线，举起斧头往下一劈，正巧沿线劈开了木头。这时，又走过来一个卖油翁，嚷着说："这有什么了不起，如果我是樵夫，我也能做得到！"叶元清一听，就说："好！我买你一斤九两油，但得用手倒。"卖油翁哈哈大笑，拿出一个小瓶，又在瓶口放了一个铜板，拿起油桶便倒。只见油如同一根线一样落入钱眼中，状元拿起葫芦口上的铜钱一看，不沾一丝儿油痕，称一称，一点不差。状元看了两人的表演，叹了口气说："真是三百六十行，行行出状元啊！"

什么是专长？我们看了上面的小故事，大致可以从字面上知道这个词的意思，专长一定是某一领域的人从长期实践中摸索总结出来的本领，这就是所谓的"专"；专长作为一种解决实际问题的本领，一定有它的过人之处，令门外汉望尘莫及，这就是所谓的"长"。这种"本领"在心理学上的解释就是专长。它是人类各领域的专家所拥有的不同于普通人的思考和解决问题的能力，以及所表现出来的优秀的专业行为。专长既是一种有效解决问题的能力，也是一种领域的能力，还是一种能表现出来的优秀的专业行为。

2. 专长是职业发展的核心

在学习太极拳的武师之间，流传着"十年不出门"的说法，意思是未满十年之前，太极拳还不算入门，出门去挑战就是丢人现眼。无独有偶，西蒙和蔡斯（Simon & Chase）在 1973 年提出著名的十年定律，即"任何一个专业活动领域的新手要成为专家至少需要十年的刻苦训练和实践，哪怕是拥有过人的天赋"。这个定律已经在音乐、数学、网球、游泳、长跑等项目的研究中得到广泛的支持。

我们在第一章中已经了解到，教师既是一个职业，也是一门专业，教师的职业发展是教师在整个专业生涯中，通过终生专业训练，习得教育专业知识技能，实施专业自主，表现专业道德，并逐步提高自身素质。而在教师的自我提升过程中，核心是教师又快又好地完成教学任务的本领，即"教学专长"的不断发展。那么，成为一个专家型的教师需要多少年？十年，二十年，抑或三十年？在这数十年的光阴中，又要经历多少坎坷呢？

厦门大学的易中天教授，在"百家讲坛"中，凭借其出众的口才和独特的个人魅力倾倒了无数学子，除他上过的无数节课以外，他还重视日常的阅读和积累。他常常对自己的研究生说，做学问一方面要有"灵气"，另一方面还要有"呆气"。"板凳要坐十年冷，文章不写一句空。"他写硕士论文时，要对《文心雕龙》滚瓜烂熟，就买来毛笔宣纸，一丝不苟地将《文心雕龙》抄录一遍。二三十年之后，易中天还能大段大段地背诵《文心雕龙》。而"百家讲坛"中另一位著名的讲师阎崇年，每天凌晨 4 点起床开始工作和读书，晚上 11 点休息，几十年如一日，才有了日后的口若悬河与灵敏机变。

3. 教学领域的教师专长

很显然，教师作为一种职业，应该拥有这个领域特殊的专长，即教学专长。具体来讲，根据教师的职业特性，基本可以从"教什么""怎么教""教到何种程度"引申出教学专长的四个核心内容：教材知识专长、教授专长、课堂管理专长和诊断专长。

教材知识专长是指教师掌握的所教学科的内容知识。教材知识专长不仅指特定学科的内容知识及其组织，还有优化教学所需的知识结构。

我们过去常说，教师要给学生"一杯水"，自己应该有"一桶水"，或者"是一条常流不止的小溪"。这些说法在某种意义上是对的，但是，如今更容易出现这样的情形，即优秀学生在作文比赛、奥数竞赛、英语演讲等方面比教师做得更好。也就是说，教师的某些学科知识也有不如学生之处，因此，引申出第二类专长——教授专长。

教授专长是指教师为了达到教学目标，有关于教学策略与教学方法的"外显知识"和"内隐知识"。"外显知识"可以通过观察或录像来分析，如板书、讲演、使用多媒体、安排练习等活动，往往与学科内容知识结合在一起，构成教学法；"内隐知识"是指潜移默化的教学技能，如了解学生、知晓考试规律等，往往在教师缺乏学科内容知识的情形下发挥作用，突出表现为计划、临控、控制、评价和应变等能力。

教授专长的有效发挥，与课堂管理专长密切关联。课堂管理专长，不仅要维持教学与学习任务的顺利进行，还要预防或消除课堂不良行为，从而创造良好的课堂氛围。有效的课堂管理方法，涉及各类强化与惩罚手段、团队互动技巧、个体行为激励、群体规范制定与实施等。运用上述两类专长的关键，在于了解教学对象（即学生）的行为规律、认知特点、个性特征，以及与同伴、教师、家庭的互动效应等，这就是诊断专长。

诊断专长具体表现为，教师能迅速准确地了解全部学生和个别学生的学习信息，判断其是否已经达到预期目标，据此调整预定的教学活动或步骤。通常，需要收集的信息包括学习需求与学习目标、学生现有能力与学业水平、他们的强项与不足等。通过诊断专长所获得的信息，是教师教学活动的起点或终点，更是评估学习目标和教学目标是否达成的"标尺"。

二、驾驭才能：专长发展的心理学研究

1.专长的研究

1909年的一天，多张象棋桌围成了一个圈，一个男子在圈内慢慢踱步。他的双眼不断扫描周围的棋局，每隔两三秒钟就会下一步棋。而在圈外，数十位象棋迷不停地搔头、苦想对策。这个人是谁？为什么他能以一人之力抗衡数十人的智慧？他就是国际象棋界的传奇人物、古巴象棋大师卡帕布兰卡（José Raúlapablanca）。他连续经过10个环节下了168盘棋后才输了第一盘，最终总成绩是703胜、19平和12负。在1924年负于理查德·利提（RichardRefi）以前，他连续保持8年不败。

他为什么眨眼间就能作出最正确的决定？面临巨大的压力，他能提前计算几步？卡帕布兰卡轻描淡写地说："我只提前看一步，但总是最正确的一步。"

专长的研究是从国际象棋开始的。国际象棋被歌德描述为智慧的试金石，更重要的是，棋艺是可以度量、可以分解、可以接受试验研究的，并且十分直观。对心理学家来说，国际象棋是一个非常理想的实验项目，有着"认知科学的果蝇"的美誉。

因此，大量的研究集中在象棋大师如何能作出敏锐的决策，以及如何能够记住大量的棋局。心理学的研究发现，大师级的棋手能准确复现20个以上的棋位，而新手只能准确复现4～5个棋位。专家型棋手以实战中的棋局来把握棋盘上的各个棋位，而新手仅孤立地回忆个别棋位。这些研究奠定了日后专长研究的基础。

2. 专长研究领域的扩展

在20世纪60年代，西蒙和蔡斯就试图通过研究专家的记忆局限性来更好地洞察专家的记忆能力。他们请各个级别的棋手重建曾被人动过的棋局。不过这盘棋局不是大师对弈后的残局，而是一盘乱摆的棋局。他们发现，在重建这盘随机棋局时，棋手间的差距并不明显。这些实验验证了早期的研究结果，有力地证明了能力的非通用性，不同的领域需要不同的"专长"。

随着研究的发展，专长研究相继在多个领域内展开。罗伯特·米尔斯·加涅（Robert Mills Gagne）把自动化看成是专家的"手脚"。在简单任务上，专家的专门技能趋向自动化，从而具有更多的心理资源来执行其他任务。例如，在打字活动中，专家级打字员的速度快，是因为他们手指移动的速度更快（存在更多的重叠动作），也因此有了更多精力，可以用来加工一些出现频次少的虚构词。相反，新手只有少量的心理资源来关注这些虚构词。

三、十年磨一剑：从新手到熟手，从熟手到专家

1. 什么是专家

在国际象棋中，我们可以从棋手的获胜概率和实力等级来划分什么是专家，大家都认同这种客观的标准。而在其他领域，特别是社会科学实践领域，评估谁才是真正的专家就比较困难了。社会上也不乏一些披

着专家外衣的泛泛之辈，曾经有研究表明，所谓的专业炒股者并不比业余者赚的钱多；知名品酒家对酒类的鉴别能力也并不比馋酒的老农强。而少年作家韩寒，以一种辛辣而叛逆的口吻描述那些所谓的"专家"：①答非所问；②没有一个问题能在20句话内解决；③不论什么东西最后都要引到自己研究的领域中去；④偏胖，说话的时候手一定要挥舞；⑤喜欢打断别人的话，不喜欢别人打断他的话……

在心理学的研究中，"专家"和"专长"被紧紧联系在了一起，专家必须具备一般人所无法比拟的、在某个领域内的专长。而在完成这个领域内的任务时，专家会表现出远远超越一般人的特殊优势。

奇·格拉泽和法尔（Chi Glaser & Farr，1980）列举了7个"专家工作的关键特征"，具体如下。

专家主要在其所从事的领域内表现出色；

专家能够在其所从事的领域内知觉大量有意义的模型；

专家的反应敏捷，能更快地操作该领域的技能，更快、更好地解决问题；

专家表现出非凡的短时记忆和长时记忆能力；

在专业领域内洞察和表征问题时，专家处在比新手更高的（更具原则性的）水平上，而新手的问题表征往往停留在表面水平上；

专家把更多的时间用于分析问题的质的方面；

专家具有高度的自控能力。

2. "新手—专家型"的研究范式和"新手—熟手—专家型"的研究范式

在专长心理学研究中，基本上是采用了一种"新手—专家型"的研究范式，这是一种纵向的比较研究。通过把新手和专家进行分组，对某个专长特征进行测量，再加以比较。这种研究的意义在于：第一，可以揭示新手与专家之间的区别，来确定某个专业领域所需要的专长；第二，对被试者进行深入研究，可以探明这种专长获得进步和传递的过程，第三，可以在了解专家的专长之后，对新手进行指导，推动他们专业发展的进程。

不过，这其中有两个问题：第一，一个人成为专家的经验，对于另一个人是否有帮助？这个问题似乎已经有了答案，我们再以国际象棋为例，近年来，象棋天才似乎不断涌现，但这都归功于计算机教学程序的强大功能。1958年，15岁的菲舍尔获得了"象棋大师"的称号，当时这一消息震惊了全世界。而目前的纪录保持者乌克兰的谢尔盖·卡尔亚

金（SergeyKarjakin）获得大师称号时，仅有 *12* 岁零 *7* 个月，连"十年定律"都受到了冲击。

第二，目前在社会科学实践领域，我们一般以一个人的职业资格水平还有从业时间来划分新手和专家，这似乎有些不合常理。我们都发现有一些专业领域的人员，随着实践经验的增长，专长的确有所提高，但他们有些人直到退休，也很难被称为"专家"。而"专家"这个美誉，属于那些出类拔萃者。因此，在国内最近的研究中就采用了"新手—熟手—专家型"的研究范式。许多关于教师专长发展的研究也证实了，在专长发展的过程中有一个熟练阶段。在由新手向专家的转化过程中，有一个重要的阶段，即熟手阶段，熟手是能按常规熟练地处理专业问题但创新水平不高的人员。熟手肯定是昨天的新手，但不一定是明天的专家。实际上，许多教师的教学专长发展往往停滞在这一阶段，习惯于熟手的角色，直至退休也未成为专家，这可能是当前教师专业化水平不高的一个重要原因。后面三节将具体从"新手""熟手""专家"三个阶段来讨论教师的教学专长发展。

新手型教师的特点与成长支持

"嘴上没毛，办事不牢。"有人说，年轻意味着经验少，难以承担重任；还有人说，年轻意味着活力四射，蕴藏着无限的可能性。一名新手型教师抱着教书育人的神圣使命感，在众人的目光中踏上讲台，他会说什么话？他的心情如何？他的表现是否尽如人意？我们该给予鼓励，抑或指正，抑或支持？这一节将围绕新手型教师的特点给予他们成长支持的建议。

一、星星火烧万年柴：职业发展的起点——新手型教师

（一）什么是新手型教师

所谓的新手型教师，一般指的是参加教学工作 *5* 年以内的新教师。他们在这个阶段的主要目标就是尽快地适应教学环境，与自己的学生建立起师生关系，与周围的教师建立起同事关系，同时在接踵而来的复杂教学问题上由手忙脚乱变为应付自如——这就是心理学上所说的"胜任能力"。

除了一般性的概念，新手型教师可能还有以下特点：①年纪轻，大多数新手型教师都是大学刚刚毕业，年龄在 $22 \sim 28$ 岁；②单身，虽然处于婚配年龄，但相当一部分新手型教师还是单身，事业上缺乏家庭和伴侣的支持，③经济状况拮据，刚参加工作，工资相对较低，而且在工作后有结婚生子、买房等迫切需求，因此相当多的新手型教师有着沉重的经济压力。

（二）新手型教师的适应问题

小林是一名刚刚走上工作岗位的女教师，高高的个子，眉目清秀，很要强，但她自认为不是一个很有耐心的人。毕业时，她在很多职业中选了做一名中学教师。

"既然决定了，我就要做好！"她对自己这样说。

在中学开学第一个月，她拿出了自己所有的热情，但是，小林带的是一个后进班，班里调皮捣蛋的学生特别多。每次她都饱含激情地走向教室，但是都是带着悲愤和挫败感走出教室，有几次还在教师办公室里偷偷地哭了起来。而她的同学小徐，同样分配在这所学校。她们在大学的时候就是竞争对手，表面上和气，私底下谁也不让谁。小徐带的是一个优秀班，学生很听话，小林在心里一直为自己叫屈，光凭能力她不会比小徐差，为什么她带的是后进班，而小徐带的是优秀班。一想到班上那些调皮的孩子，她就头痛，整夜失眠，心情格外烦躁、易怒。特别是在第一个月过后，她满怀期待地拿到工资条，却发现比期望中少了好大一截……

终于，在课堂上教训一个学生时，学生顶嘴，她一怒之下打了他一巴掌，还没等学生家长怒气冲冲地跑到学校来告状，她就去了校长室扔下一封辞职信，无论大家怎么劝都劝不住。

虽然绝大多数教师都能安然度过新手这个关键时期，但是仍然有相当一部分教师在这个阶段困扰不已，其中最关键的原因是，新手型教师承担的任务并不比熟手或者专家型教师承担的任务轻，但是他们经验尚浅，专长能力较差，因此难免手忙脚乱。在上面的案例中，年轻教师遇到了从理想到现实的巨大差距，并且也碰到了不少挫折，这想必是大多数年轻教师都会面对的问题。这些问题可能有三种典型的表现。

1. 狂热投入型
新手型教师刚开始工作时往往有极强的成功信念，狂热地投入工作，

但理想与现实之间存在巨大反差，使他们开始怀疑自己的能力，强烈的挫折感使他们感到痛苦、懊恼、不能自拔，最初的那份职业热情、兴趣、工作干劲渐渐地退去，情绪开始变得恶劣，逐渐产生厌烦、低落、沮丧、抱怨、疲沓等不良情绪反应。

2. 不安现状型

有的新手型教师参加工作没多久就觉得工作本身缺乏刺激，感觉自己的教育无法给学生的生活带来更大的变化，而且工资报酬也未能如意，自我价值无法实现。因此，在工作一段时间后，就开始对工作敷衍塞责，并考虑更换其他工作。

3. 精疲力竭型

有的新教师一周要上一二十节课，备课要翻阅大量资料，上课要面对许多不同的学生，还有每年必须完成的科研任务……繁重的工作压得他们透不过气来。由于经验不足和缺乏工作能力，他们经受高度的精神疲劳和紧张，变得性急易怒、容忍度低，很快就缺乏工作热情与活力，不愿接触和接纳学生，对同事常常多疑猜想。

(三)"除了年轻，我一无所有"

新手型的教师相对于熟手型和专家型的教师，虽然在教学专长的许多方面存在不足，但是也有其自身的优势——年轻、更有朝气活力、更容易和学生沟通。

一些研究显示，这些刚刚毕业的年轻教师具有的明显优势。

（1）对即将从事的教师职业充满兴奋和憧憬，更有激情，同时对能否胜任表现出一定的担心和紧张。调查问卷结果显示，在92名被调查者中，有67人认为自己在刚参加工作时对工作充满热情，朝气蓬勃，占73%。

（2）比起一些文凭学历较低的老教师，他们在师范院校上学期间学习过教育学和心理学方面的理论知识，参加过教学实习，初步形成一些教育教学理念，具备一定的教育理论知识和实践技能。

（3）由于信息时代的来临，他们对跨学科知识的了解和掌握程度较深，辐射面也较广。与老教师相比，他们能够更熟练地掌握计算机网络和多媒体教学技术。另外，在一些新鲜时尚、科技资讯方面，他们与学生有更多的共同语言。

（4）他们是刚从学生身份转过来的，普遍对未来的师生关系抱有良好期待，大多数新教师表示会尊重学生，把学生当朋友，和学生打成一片。

问卷调查结果显示，有近 70% 的新手型教师将学生的认可和欢迎作为自己工作最主要的动力来源。

二、青年有志，没待成家先练笔：新手型教师的特点

（一）教学策略

作为一名教师，最重要的任务就是把课上好，成功地完成教学任务，解决好教学的实际问题。完成这种任务的方法被称为"教学策略"，它表现为如何备课、如何在限定时间内完成授课、如何维持课堂秩序、课后如何反思评价等。

1. 课前计划

教育研究者从心理学的研究中发现，新手型教师对课前教学策略非常重视。新手型教师刚参加工作，对教学的不熟悉和经验不足使他们在课前必须花较多的时间来备课，考虑如何上好每一节课。但是，新手型教师的课程计划在复杂性和内部关联性上都显得不足。因为缺乏一般教学法方面的经验，他们要花更多的时间来维持课堂秩序、进入教学内容、保持课堂纪律和抓住学生的注意力。如果没有事先准备，新手型教师很难现场即时想出一些例子和解释。由于新手型教师的课程计划不能很好地预见学生可能产生的误解，他们也很难将学生的问题和课程目标联系起来。

2. 课堂控制

新手型教师虽然在课前就做出了非常详细的计划，但往往对课堂上的复杂情况估计不足，有可能因为一些突发问题，比如课堂纪律问题而打乱原有的计划，或者是过于死板地执行已经订下的课堂计划，而忽视了针对课堂即时状况的调整。由于失去了互动性，新手型教师往往抓不住学生的注意力。

另外，在呈现课堂内容的时候，专家型教师更富有艺术性，而新手型教师则显得笨拙而直接，缺乏悬念，难以吸引学生。

3. 课后评价

在课后评价时，新手型教师较多地关注课堂中发生的细节。他们多谈及自己是否解释清楚，如板书情况、对学生问题的反应能力和学生在课堂中的参与状况等。

（二）工作动机

由于新手型教师更加注重周围人对自己的评价，并且经济压力也较大，所以新手型教师的工作动机在成就目标上是以成绩目标为主，更关

心的是能否向他人证明自己的能力，解决生存问题是其关注的焦点。

（三）人格特征

教师的人格特征会对其自身和教育教学活动的效果产生重要影响。我们经常会说某教师上课风趣幽默，激情四射，整个课堂气氛活泼、融洽；而有些教师则严肃认真、讲究条理，使学生在安静有序的环境中汲取知识。教师教学的不同风格从某种程度上来说是教师人格的缩影。

除教师的个体差异以外，新手型教师具有的一般人格特征是：热情、外向、朝气蓬勃。他们从高等院校来到中小学，环境的变化给他们带来了情绪上的兴奋和激情。展示自我与希望得到认可的心理往往表现在他们的工作热情上。

三、一年之计在于春：新手型教师的成长支持

（一）新手型教师的发展

新手型教师一般存在三种发展可能。一种可能是新手型教师度过了艰难的求生期，真正适应了新环境，掌握了专业知识技能，实现了从学生到教师的重大角色转换，并形成开放态度和创新意识，积极融入学校集体，投身于教育教学改革之中，并乐于接受别人的意见，养成探索教育教学的习惯，经常进行教学反思，不断地丰富知识，发展能力，在教育教学中体会到为人师之乐，实现了人生的自我价值，踏上不断自我创新的专业成长与发展道路，很快成长起来。第二种可能是新手型教师经过几年的摸索，获得了求生的技能，进入稳定和停滞发展状态。他们很快得到满足，专业发展的热情下降，专业成长动机缺乏，专业知识能力难以得到继续提升，仅仅是关注自己的教学，无视教育发展与学生的需求，在新挑战面前畏缩不前，得过且过，抱着"做一天和尚撞一天钟"的心态，缺乏进取心，碌碌无为，敷衍塞责，进入了教师成长与发展的高原期。第三种则可能是新手型教师很难适应学校新环境，长期游离于新环境之外，不能运用专业知识与能力实现从学生到教师角色的重大转换。在现实的冲击之下，感到巨大的失望，情绪衰竭，长期极度疲劳，对工作、对学生表现得消极冷漠，成就感降低，产生较强的自卑感，不免产生职业倦怠，他们很可能会离开教师岗位，寻求其他的发展机会，从而造成教师的流失。

从新手型教师的专业成长与发展来看，第一种发展可能是新手型教

师最理想的发展状态，第二、三种情况则是我们应该极力避免的。

（二）新手型教师的自我心理调节

1.知行并重，提高素质

新手型教师预防和减轻工作挫折的关键在于提高自己的专业素质。为此，新手型教师要做到"勤学习、多实践，善反思"。勤学习的重点是吸收现代教育思想及优秀教师的宝贵经验，既要了解任教学科领域的前沿性乃至前瞻性的知识，增强自身的知识底蕴，又要广泛涉猎教育信息，密切关注教育发展动向，从而不断完善知识结构，使教学工作得心应手，取得良好效果。

勤学习的主要方式有：①自觉阅读教育教学理论书籍及专业报刊，摄取丰富的信息，提高理论素养；②虚心向身边的名师请教，拜他们为师，汲取其宝贵的教学经验；③积极参加教研活动和业务培训，积累经验，取人之长，补己之短。

多实践的着力点在于打开思路，多角度、跨时空地获取教学方法并付诸行动。书本的理论、他人的经验，只有通过自己的教学实践，才能为自己所用，成为自己的知识。因此，新手型教师要自觉地将现代教育理论及他人的经验运用到教学活动中去，缩小理论与实践之间的差距，同时要多请其他教师听自己的课，敢于承担公开课、实验课、汇报课、调研课、评优课等教学任务，乐于让别人对自己的教学行为评头论足，从中获得成功的经验，汲取失败的教训。

善反思要求新手型教师对自己的教学实践活动作出理性与客观的分析和评价。因此，新手型教师要不断搜集学生和同事对自己教学活动的反馈意见，及时反思教学活动，质疑或评价教学的实际效果。反思可采用建立"文件夹"的形式，为改进教学提供新鲜的、动态的和真实可靠的材料、依据及保证。"文件夹"的内容包括教师在各个教学环节的信息，主要有：①教材分析（包括教材编排特点及地位、重难点确定的依据及突破方法）；②学情分析（包括学生旧知识的掌握情况、新知识的学习可能遇到的困难）；③教学设想（包括教法选择、程序安排、媒体运用，练习布置等）；④教学简录（简要记载师生在课堂上的表现、活动等）；⑤教学效果分析（以作业批改、知识检测等形式检查教学目标的达成程度）；⑥改进意见。此外，新手型教师还可以采取写教后感、教学札记等形式进行反思。

2. 调整心态，适度宣泄

在教学中遇到挫折时，平和的心态至关重要，它能有效缓解或消除心理压力。平和的心态是指要有一颗平常心、一种达观心、一股自信心。"一颗平常心"要求面对挫折不避不让、不烦不恼、不急不躁，从容自若地承受。"一种达观心"指要懂得社会与人生变化的辩证关系，明白万事如意只是一种美好的愿望，现实中任何事情都不可能完全按自己的主观意愿发展，从而能静下心来寻找问题的症结。"一股自信心"要求重塑自信，坚信"失败乃成功之母"，勇敢面对挫折。只有这样才能不被挫折击垮，迈出成功的第一步，进而鼓起勇气正视挫折。新手型教师还可以主动和亲朋好友谈心，将精神上的重荷和郁积于胸的愤懑宣泄出来，在他人的劝慰、开导中解开心结；也可有意识地将注意力移开，变换工作、生活环境，如利用业余时间与朋友相聚、外出旅游、参加文娱活动等，在轻松愉快的氛围中求得心情愉悦。

（三）新手型教师的外部支持

新手型教师不同于其他专业发展阶段的教师，是重要和关键的入门阶段。要建设优秀的师资队伍，必须给予新手型教师这个教师队伍中的特殊群体以特别的关注与培养。社会有必要而且必须为新手型教师的成长与发展提供支持与帮助，减轻他们在过渡阶段可能遭遇到的挫折与孤独感，减少教师流失，稳定教师队伍。例如，美国的"新手型教师入门指导计划"，就是针对新手型教师初期阶段常见的问题而制订的。它的内容小分广泛，如学区情况介绍、课堂管理、学校情况介绍、组织纪律、教学教育方法、教学计划、学生评估、资料来源、课程、与家长合作等。更重要的是，学校为新手型教师提供系统并有具体计划的学习机会，以帮助他们实现从职前到职后、从理论到实践的转化，以培养他们对教育实践进行反思的能力，形成正确的教育理念，成为自觉的教育实践者。

从学校环境来说，营造良好的学校环境氛围，实施多种形式的培养模式，制订具体翔实的培养计划，对于新手型教师的专业成长与发展具有非常重要的现实意义。

1. 营造良好的学校环境氛围

环境包括学校的整体物质环境和整体人际环境。营造良好的环境氛围应为教师提供良好的教育教学环境、充足的教育教学资源，但更为重要的是营造良好的人际环境，包括新手型教师与老教师、与学生形成良好的人际关系。

2.实施灵活多样的培养模式

灵活多样的培养模式可以激起新手型教师实现专业成长与发展的强烈动机，可以调动实现其成长与发展的积极性，是顺利实现其成长与发展的重心所在。培养模式可以灵活多样，具体则包括以下模式。

（1）导师制。为新手型教师指派一名经验丰富的教师作为导师，指导其专业成长与发展，这是最普遍、最经济有效的方式。新手型教师缺乏教学法知识和广博的文化知识，这些知识可以通过"师傅带徒弟"的导师制加以传递和获得。通过导师制，新手型教师可以获得大量做教师所必需的、广博的文化知识和丰富实用的教学法知识。

（2）集中培训式。集中对新手型教师进行职前培训，这是我国目前常用的培训模式。

（3）观摩教学式。让新手型教师进入其他教师的课堂进行教学观摩。通过观摩、听课、交流、反思、研讨等活动，促进新手型教师的成长与发展。

熟手型教师的特点与心理辅导

经历了新手阶段的捉襟见肘和慌张惶惑，熟手型教师更像是一艘调整好航向和船桅的帆船，终于可以劈波斩浪地行驶了。前方路途遥远，等待他们的是顺风顺水的加速度，还是暴风雨和暗礁，又或是在浓雾中迷失自己呢？本节将介绍熟手型教师的特点以及对他们的心理支持和辅导。

一、不经历风雨，怎能见彩虹：职业发展关键——熟手型教师

1.熟手型教师概述

在众多对教师专业发展的描述中，一般都有一个"熟练者"的中间阶段，他们比新手对专业领域更加熟悉，又比不上专家的炉火纯青，一般来说，我们可以把熟手型教师分为两种。

第一种是"任务"熟手型教师。一个新手型教师经历5年左右的职业型教师实践，已经具有教学的基本胜任能力，能有序安排自己的教学活动，对自己的教学能力有了自我肯定的态度，并逐步朝着专家型教师发展。由于事业慢慢走上正轨，经济状况有所缓和，家庭也已经安顿下来，

从心理上渐渐步入了稳定发展期。这种熟手型教师发展良好。

第二种是"问题"熟手型教师。在担任教师5年之后，这些教师的职业自我满足感开始下降，有了教师职业单调、重复、封闭、繁杂，责任大、负荷重、报酬低的感受。因此，这一阶段是教师情绪困扰最多、最容易出现心理问题和心理障碍的时期。绝大多数的教师通过自助和他助能解决这些问题，但也有少数教师由于问题不能得到解决，而发展成为问题教师，在教学过程中出现情绪多变、行为失控的现象，严重的最后直接进入职业衰退期，其教学水平甚至还不如新手。

因此，并不是所有的熟手型教师都会成为专家型教师，甚至直至退休，有些教师还一直滞留在熟手阶段。

2. "高原期"与职业倦怠

杨琳是一个35岁的女教师，毕业于师范大学，在城市长大，性格活泼，授课认真，对学生要求也很高。她刚做老师时，看着活泼可爱的学生，觉得每一朵小花都各不相同，闪着独特的灵光，于是产生了做一辈子园丁的崇高理想。她排节目、上特色、钻业务、求艺术，春去秋来，还颇有成就，当上学科带头人，获得了园丁奖。

十年过去了，杨琳自己的孩子也上了小学，家务和教学的双重操劳使她容颜衰老了。她每天在同样的时刻，走着同样的路，去同一个地方，捧着同一本教案，讲着同样一些话，驾轻就熟，但是感到索然无味。学校又不允许她在外兼职，于是，她渐渐学会了泡酒吧，还经常拖同事一起去，喝得半醉之后，就开始吐苦水，看着她垂着一头散发，无力地拿着酒杯的样子，同事都觉得她变了。

她经常对自己说："我还要过几十年这种生活，才到退休吗？"

突然有一天，杨琳精神焕发，装扮一新，邀大家一起吃晚饭，并在酒席中间宣布她辞职了。她在酒吧认识了一个经理，这个经理非常欣赏她，因此请她去一家外企做部门主管，工作有挑战性，薪水又高。杨琳没有考虑太久就决定了，同事觉得又意外又佩服她的勇气，纷纷举杯祝贺她。

一年时间过去了，有一位同事再碰见她时，意外地得知她又在另一所学校干起了老本行，她无奈地说"外面的世界很精彩，但毕竟竞争激烈，年岁一大，拼搏也有心无力了；做教师嘛，一来熟悉，二来薪水现在也还可以。单调就单调吧，还能奢求什么呢？"说完这些话，她叹了口气就走了。

"职业高原"这个概念是美国职业心理学家弗伦斯（Ference）于J977年提出的。他认为："职业高原是指在职业生涯中的某个阶段，个人获得进一步晋升的可能性很小。在这个阶段，个体的职业生涯进入一个相当长时期无法提升的状态"。

职业高原并非每个人都会经历，而且对某些人来说，遇到职业高原有时候也并非坏事。因为，处于职业高原的人们也许更能冷静思考自己现在的处境与未来的发展方向，并进行调整、拓展，从而为以后的发展奠定更好的基础。但对大部分人来说，职业高原意味着更多的负面影响：它可能会冲击生活、工作和心理的各个方面。例如，处于职业高原期时，人们常常会对自己未来的发展感到迷茫，对工作前景也缺乏信心，怀疑自我价值，在工作中也相应地表现为缺乏激情，厌烦本职工作。工作的压力又通常会导致心理的压抑怨愤和对生活的不满情绪，从而又导致对工作的抱怨和消极应对，这样形成一个恶性循环，对个人的职业生涯发展会产生严重的影响。

教师作为一个专业工作者，其职业发展是一个阶段性特征小分复杂的过程，在这个过程中也存在着高原期。一般而言，教师经过职前准备走上岗位后，在大约从教10年左右时，开始进入职业发展的高原期。这种高原现象持续的时间短则一两年，长则十几几年。主要表现为：在教学中力不从心，对自己职业的责任和义务缺乏清晰的认识，教学态度也发生明显的变化，热情日渐耗尽，缺乏积极性、主动性，得过且过，在教学水平、业务技能及科研等方面难以提高，出现了相对停滞的阶段，好像很难再上一个台阶。相关调查表明，56.6％的教师承认在自己的职业生涯中存在着职业高原期。

"职业倦怠"则是处于职业高原期的人身上出现的"病症"。由于工作性质的原因，情感投入大，工作负荷大，所以教师是职业倦怠的高危人群，而熟手型教师又是教师人群中最容易产生职业倦怠的。研究表明，我国中小学教师中，表现出明显的职业倦怠症状的约为16％，状况不容忽视。教师职业倦怠的表现是多种多样的，有生理上的倦怠乏力，也有心理上的焦虑抑郁，更有在教学中产生的种种职业行为问题。比如：逐渐对学生失去爱心和耐心，并开始疏远学生；备课不认真甚至不备课，教学活动缺乏创造性；过多运用权力关系（主要是奖、惩的方式）来影响学生，而不是以动之以情、晓之以理的心理引导方式帮助学生；对教学完全失去热情，甚至开始厌恶、恐惧教育工作，试图离开教育岗位，

另觅职业。

关于职业高原和职业倦怠的具体内容，可参阅第二章和第八章。

二、只有舍弃自我，才能看见真实：熟手型教师的特点

熟手型教师处于新手型教师和专家型教师的中间阶段，从教学专长上来说，属于"比上不足比下有余"的情况。

（一）教学策略

熟手型教师的课堂教学策略（管理、方法、动机、指导）水平较高，基本的教学操作程序已熟练掌握，对课堂教学的调节能力和控制水平比新手型教师高，能胜任常规水平的教学，但对全过程的监控能力、教学机智不如专家型教师，因而，熟手型教师的教学创新水平不高。

1. 课前计划

相对于新手型教师，熟手型教师经过几年的教学实践，对课堂的相关内容比较熟悉。因而，他们对于课前的计划与准备已经形成一种定型，这种定型虽然使教师的课前准备熟练化，时间缩短，但也使得教师的课前计划刻板化，只按一定的方式进行，表现出对课前计划的重视不足。

2. 课堂控制

熟手型教师的课堂教学控制水平更高。新手型教师虽然在课前制订了完整的教学计划、教案，但其课堂教学往往只是照搬教案，目的在于完成教学任务，因而不会根据课堂隋境的变化来相应地修正他们的计划。而熟手型教师的课堂教学则显得流畅、熟练，如他们能根据课堂情境和学生的反应及时调整教学计划，注意与学生间的交流与沟通，维持学生的注意力等。熟手型教师的这种流畅、熟练与他们的经验水平和不断实践是分不开的。教学常规工作程序的逐渐熟练，甚至达到一种自动化的水平，保证了他们的教学顺利有效地进行。

3. 课后评价

新手型教师关注周围人对他的评价，而熟手型教师更注重课堂的教学是否有效。他们的课后评价主要是以课堂教学是否成功作为标准，但是相对于专家型教师来说，对如何提高教学考虑得并不多。由此可见，熟手型教师还不善于课后反思。

（二）工作动机

熟手型教师的成就目标已从新手型教师的以成绩目标为主转变为以

任务目标（关注教学的本身价值，关注学生的理解和兴趣）为主，对教学问题的理解比新手型教师更深入；但与专家型教师强烈而稳定的内部动机相比，熟手型教师的内部动机还不强，教师的角色信念还可能动摇，从教学工作中获得的乐趣与满足感也不如专家型教师。新手型教师虽然以成绩目标为主要工作动机，但由于外部动机强烈，反而在教学行为上比熟手型教师表现得情绪更为热烈。

由于来自工作和生活的压力不断增加，熟手型教师的职业倦怠感增强，教学工作中的积极性降低，对教育的态度也摇摆不定，有分化的趋势。这是熟手型教师教学动机的显著特点。

（三）人格特征

熟手型教师具有随和、关心他人、乐群、宽容的人格特点，与新手型教师相比，熟手型教师性情较随和，适应教学环境更好，更关心和理解学生，对学生的管理更为民主，但在情绪稳定性和自我调节能力上不如专家型教师。

（四）心理健康

在教学上，熟手型教师的情感投入程度不如专家型教师，教师职业的责任感、荣誉感、义务感和成就感也不如专家型教师。由于事业上处于"高不成低不就"的情况，因此熟手型教师比专家型教师更少感受到学校领导、同事和相关物质条件的支持，比新手型教师和专家型教师更容易产生苦恼、烦闷、抑郁、无助、疲倦、焦虑等消极情绪。因而，熟手型教师可能是心理问题较多的一个教师群体。

三、要想攀高峰，总能找到路：熟手型教师的心理辅导

1. 熟手型教师的发展

熟手型教师可能会有三种发展方向。

第一种情况，熟手型教师在稳定发展期内，逐渐积累必要的知识和经验，顺利成长为专家型教师。稳定阶段的熟手型教师是教师从新手到专家的专长发展最关键的时期，也是成长最艰难的时期。其核心问题在于教学专长能否在熟练的水平上得到新的提高。基本教学程序的熟练，常规水平的具备，为熟手型教师成长为专家型教师奠定了重要的基础。

第二种情况，一些熟手型教师解决了新手型教师时期无力胜任教学

任务的问题，解决了经济问题，家庭、事业各方面都步入了稳定期，却在长期单调乏味、周而复始、没有创新、没有激情的生活中丢失了年轻时的理想；或是在获得一定的社会认同之后产生自满，贪图简便，过早地将自己的教学模式固定下来，不求上进，忽视了对教学过程的进一步探讨和创新，不重视更新知识，不学习新的教学手段，在年龄增大的同时和学生的共同语言越来越少，最终无法成功超越自己，直到退休还滞留在熟手型教师这一阶段，无法顺利成长为专家型教师。

第三种情况，一些熟手型教师因为各种客观或者主观原因而陷入了职业倦怠，对自己未来的发展感到迷茫，对工作前景缺乏信心，怀疑自我价值，在工作中相应表现为缺乏激情，厌烦本职工作，甚至在教学过程中出现情绪多变、行为失控的现象，最后不得不离开教师岗位，另谋职位。熟手型教师因为职业倦怠离职的情况虽然不如新手型教师那么多，但相当一部分则因为年龄问题，觉得无力再去一个新的领域中开拓，而勉强留在学校内部，其根本问题还是没有得到解决。

2. 熟手型教师的自我心理调节

（1）正确认识"高原现象"，寻找产生"高原"的原因。要认识到"高原现象"是一种规律性的现象或是自己的一些消极因素造成的，遇到职业高原有时候也并非坏事，只要找出原因，积极面对，进行调整和拓展，相信通过自己的努力，最终可以克服"高原现象"，并有可能为以后的发展奠定更好的基础。

（2）面对社会和环境所带来的沉重压力，教师要进行有效的自我调控，缓解和消除不良情绪，保持积极向上的心态，形成积极应对的良好心理素质。首先，教师要认识到压力的客观性，对已经出现或将要出现的压力有一定的思想准备，采取理性的应对态度，调整对心理压力的自我感受；其次，学会进行心理放松自我训练，一个人的心情反应包含"情绪"与"躯体"两部分，如果能够改变躯体的反应，情绪也会随之改变。教师通过学习，可以有意识地控制自身的心理、生理活动，形成对压力的良好心理状态。

（3）充分利用外部资源。教师职业能力的突破性发展，既需要在校内与同事的相互合作，也需要在更广阔的领域内与同行进行多方面的交流。只有这样，教师才能不断提高他们的理论修养，不断学习到各种前沿的教育理论和教育科学知识，从而摆脱停滞状态，获得新的发展。这些外部资源包括：有经验的老教师和教研组的帮助、教师发展学校的学习、

校本进修、高校培训、外出参观与学习、网络交流等。

（4）增强科研意识，提高自我反省的能力。处于"高原"期的教师往往具有思维定式，经验主义倾向，自满并排斥新观念。通过教育科研，教师不仅可以总结和提炼在平时的教育工作中积累的丰富经验，还可以把这些局部经验提炼、升华为理论认识。同时，教师的专业成长还要求教师培养"反思"的意识和心态，训练"反思"的技能和技巧，养成"反思"的习惯和兴趣。教师要通过反思，改善自己的教学行为，不断明晰和提升自己的教学风格和教学水平，不断对自己的教育教学思想进行概念化的梳理。

3. 熟手型教师的外部支持

对于熟手型教师的"高原期"和"职业倦怠"，也需要从学校外部环境找原因。

（1）一些教育行政部门对教师专业成长缺乏规划，或有规划却未能很好地落实。在评优、晋职等政策制定上存在论资排辈、讲究人际关系等倾向，未能很好地发挥对教师专业成长的激励作用，不利于优秀教师的脱颖而出。有的学校缺乏全面的育人观，只注重学生的培养，而忽视对教师的培养。在这样的情况下，教师的专业成长处于一种"纯自我"的状态，目标不明、动力不足、孤独无助。学校教风不纯，容易使教师产生懈怠；学风不浓、校风不正，则容易使教师产生疲怠感和厌弃心理。

（2）社会对教师角色的传统认识限制了教师的发展取向，增加了教师的心理压力。在传统的认识中，教师是"人梯""蜡烛"，意味着牺牲和奉献；教师是"传道、授业、解惑"的知识权威和道德化身。社会和家庭对教师的期望值很高，却没有把教师看成不断发展的个体。因此，未能形成促进教师不断发展的舆论导向。应试的竞争压力不仅要学生承受，教师也要承受。由于以学生成绩的好坏为标准来评价教师水平的优劣，教师不得不把精力集中在训练学生、提高学生成绩上。于是，教师不自觉地把自己"定格"为押题、命题、解题、讲题的机器。应试强调速度和效率，教师疲于应付，无法感受到教书育人、和学生共同成长的欢乐，无暇沉淀自己的教学思想，无力关注自身的知识更新和方法创新。

因此，学校和教育行政部门需要努力构建教师专业成长的激励机制，为教师可持续发展提供支持性环境。教育行政部门要通过政策、制度的制定，使教师培养选拔系统化、科学化。学校要真正确立"师本观念"，营造崇尚名师的氛围，依靠教师、发展教师。学校领导不仅要有求才之

心、用才之道，更要有养才之识、励才之策，把教师的发展纳入学校发展的蓝图，通过竞赛、展览、研讨、奖励等方式，为教师专业成长提供物质保证和精神动力。学校领导和青年教师的导师要能够敏锐地意识到教师出现的"高原现象"，从而在思想认识、心理状态、技术手段、知识信息等不同的层面给予有针对性的指导，利用提供进修条件、外出参观、邀请专家授课等方式，帮助教师增强信心、减轻压力、开阔视野、拓展思路，鼓励著书立说，促使教师的实践经验得到理论的升华。

一位教师写给同行的话（节选）

过去人们形容老师的词语是"臭老九、孩子王、穷书匠"；现在人们形容老师的词语是"蜡烛、泥土、春蚕、园丁、人梯……"长期以来，人们对老师的比喻，在我们思想感情的领域里形成一个误区，这个误区深深影响了老师的形象，扭曲了老师的灵魂。

老师的故事总是伴着泪水与辛酸。《烛光里的微笑》《凤凰琴》《民办教师》……一部部电影里的主人公，不是病死，就是累倒。仿佛老师就一定得驼着背、弯着腰、面色蜡黄、目光呆滞。即使老师难得一笑，也是在烛光里的微笑。我含着泪水看着电影里学生把课堂变成灵堂的一幕，事后我心绪难平："再也不能这样过，再也不能这样活。"老师要有新的形象，要有新的故事，老师要冲出这个病态的误区。

不同性格、不同职业、不同信仰的人，应该有不同的潇洒：军人的潇洒是弯弓跃马，冲锋陷阵；伟人的潇洒是指点江山，激扬文字；哲人的潇洒是思辨深刻、脱俗傲世。那么，我们老师应该有怎样的潇洒呢？

根据自己职业特定的条件，我想老师应是一盏长明灯，燃烧自己但不毁灭自己，又永远能照亮别人。自信自在，自得自足。

老师得不断充实自己，不断给自己充电加油。过去，人们爱说：如果要给学生一滴水，老师得有一桶水。凭这一桶水在今天似乎还不足以使老师在学生面前潇洒起来。社会在进步，知识在更新，老师也应该不断地更新自己。老师应该是有活水源头的甘泉水，川流不息。古人尚推崇琴、棋、书、画，现代老师应更能利用现代的技能（如电脑、外语、交通工具、信息收集等）来塑造一个新的自我：具有现代意识、适应现代社会、能潇洒起来的老师。

我们不再需要什么"烛光里的微笑"，而是要健康地、开心地、爽朗地哈哈大笑，没有笑声的生活何异于生物之群？

老师们，当你神采奕奕地站在讲台上，当你把自己丰富的知识和盘托出待给学生，学生为你的知识所吸引，为你的风采而入迷，这是一种怎样的潇洒啊，我们要的就是有这样新形象的老师。

也许你会担心，太潇洒了，有人持有异议，有人指点，甚至领导要炒鱿鱼……老师们，心底无私天地宽，只要我们对得起学生，对得起良心，我们就无怨无悔。老师们，曾经是"横眉冷对万元户，俯首甘为穷书匠"的老师们，我们虽然没有名车伴美人的潇洒，没有叱咤风云的英姿，但我们可以在知识的海洋中满载我们的理想，劈波斩浪，驶向理想的彼岸，做一个潇洒的时代弄潮儿！

专家型教师的特点与合作共享

贝多芬说过："天空是我的王国。"无论在任何一个领域，被冠以"专家"的美誉都意味着莫大的荣耀。这项王冠上最耀眼的一颗珍珠，是天才、运气，抑或是汗水？这项王冠是仅仅属于个人的荣耀和财富，还是可以拿出来和众人一起分享、一起传递呢？本节将探讨专家型教师的特点与其经验的分享。

一、天生我才必有用：职业发展的目标——专家型教师

1.专家型教师概述

苏格拉底是著名的古希腊哲学家，与他的学生柏拉图及柏拉图的学生亚里士多德并称"希腊三贤"，他和孔子是同时代的教育大师。苏格拉底是一位个性鲜明、被人褒贬不一而充满传奇色彩的历史人物，他的教育方法也别具一格。他不是传授现成的知识，而是培养一个人的独立思考和怀疑批判的能力。

在色诺芬的《回忆录》中，记述了苏格拉底与欧谛德谟有关正义的对话。

苏格拉底：让我们列出两行，正义归于一行，非正义归于另一行。首先，虚伪归于哪一行？

欧谛德谟：归入非正义一行。

苏格拉底：偷盗、欺骗、奴役等应归于哪一行？

欧谛德谟：应归于非正义一行。

苏格拉底：如果一个将军必须惩罚那极大地损害其国家的敌人，他战胜了这个敌人，而且奴役他，这对吗？

欧谛德谟：不能说不对。

苏格拉底：如果他偷走了敌人的财物，或在作战中欺骗了敌人，这种行为如何呢？

欧谛德谟：当然正确，但我指的是欺骗朋友。

苏格拉底：好吧，那就来专门讨论朋友间的问题。假如一个将军所统率的军队已经丧失了勇气，处于分崩离析之中，如果他告诉他的士兵，生力军即将来增援。他欺骗了战士们，使他们鼓起勇气，取得了胜利。这种欺骗行为如何理解呢？

欧谛德谟：也算是正义的。

苏格拉底：如果一个孩子有病，不肯吃药，他父亲欺骗他说药好吃，哄他吃了，他的病因而好了，这能算欺骗吗？

欧谛德谟：也应划到正义一边。

苏格拉底：假定有人发现其朋友发了疯，因怕他自杀，就偷了他的枪，这种偷盗是正义的吗？

欧谛德谟：应该算是正义。

苏格拉底：你不是说不能欺骗朋友吗？

欧谛德谟：请让我把所有的话全部收回。

这种以一个一个连环问题，引导对方发现自己认识中的矛盾之处，进而让其了解事实的复杂性的方式被称为"产婆术"，也就是"智慧接生术"，这类教育方法直至2000多年后的今日，仍然没有多少人能够熟练掌握，不得不说，这是一个专家级教育大师的天才创造和智慧结晶。

所谓的专家型教师，如同前面几节所提到的，就是指在教学岗位上达到了"卓越"的水准，具有高超教学专长的教师，比如一些年资很高的特级教师、著名教师等。比起新手型教师，他们在教学上的造诣不亚于可以同时对阵几百名新手的围棋大师。

2. "山登极处我为峰"

著名学者王国维认为，"古今之成大事业、大学问者，必经三种境界"，并以三句诗加以形容："昨夜西风凋碧树，独上高楼，望尽天涯路"，此为第一境界；"衣带渐宽终不悔，为伊消得人憔悴"，此为第二境界；"众里寻他千百度，蓦然回首，那人却在灯火阑珊处"，此为最终境界。我以为，

这不只是做诗的境界、做学问的境界、从事艺术创造的境界，也是我们生活的境界、事业的境界、人生的境界。

做教师亦是如此。所以，依我看，为师之道也可以划分为三个层次。

第一个层次，把教书育人当作一种职业。所谓职业，就是凭之吃饭、挣工资的，而且在现在这个处处呼唤改革、倡导竞争的时代，干不好是要下岗、要落聘、要丢掉饭碗的。因此，把教师当作一种职业，就要在自己的工作岗位上勤勤恳恳、任劳任怨、认真备课、上课、批改作业、辅导学生。既然选择了教师这个职业，就要耐得住寂寞，受得了清贫，在下海的人大把数钱时不眼红，在歌星、影星受到众人追捧和崇拜时不发烧，也就是要做到"独上高楼，望尽天涯路"。

第二个层次，把教书育人当作一种事业。所谓事业，就是人人都想发达、有成、为之奋斗的，要达到这个目的，那就得好好干，努力干，并且要会干。因此，把教师当作一种事业，就应实干加巧干，既能踏踏实实地工作，为学生倾尽心血，"衣带渐宽终不悔，为伊消得人憔悴"，又能做个有心人，时刻动脑子，探索规律，发现真理，追求成功。

第三个层次，把教书育人当作一种艺术。所谓艺术，就是可以醉人而不知，可以育人而不觉。因此，把教师当作一种艺术，就要晓古通今、博采众长，能把最恰当的事例信手拈来，融入课堂，天衣无缝。而学生则有天上一日人间十年的感觉，在和谐愉悦的课堂气氛中汲取知识的营养，不再有学习之苦，不再觉背书之累。这种境界，是每个为师者都想追求到的，"众里寻他千百度"，但欲达到，却非经年积累不成。而一旦达成，享受到"蓦然回首，那人却在灯火阑珊处"的乐趣，则心中喜悦，万难形容。

就如同这篇随笔写的，处于谋生层次的新手型教师、处于追求事业层次的熟手型教师与处于追求卓越层次的专家型教师，恰好和这人生三个境界相吻合。经历了从激情到困惑、从困惑到努力、从努力到融会贯通的专家型教师，已经掌握了高超的教学本领，处于职业生涯的巅峰。

二、生命的意义在于创造：专家型教师的特点

（一）专业知识

斯滕伯格等人的研究认为，专家型教师和新手型教师的区别主要表现在专业知识、问题解决的效率和洞察力三个方面。在专业知识方面，专家型教师与新手型教师之间最基本的差异在于专家型教师将更多的知

识运用于专业范围内的问题解决中，并且比新手型教师更有效；在问题解决的效率方面，专家型教师解决问题的效率比新手型教师更高。专家型教师依靠广泛的经验，能迅速完成多项活动。尤其是在接触问题时，他们具有计划性且善于自我觉察；在洞察力方面，专家型教师和新手型教师都能运用知识和分析来解决问题，但专家型教师在解决教学领域里的问题时更富有洞察力，能够鉴别出有助于问题解决的信息，并有效地将这些信息联系起来。专家型教师能够通过注意观察，找出相似性及运用类推重新建构手边问题的表征。通过这些过程，专家型教师能够对教学中的问题进行新颖而恰当的解答。

（二）教学策略

1. 课时计划

对教师课时计划的分析表明，与新手型教师相比，专家型教师的课时计划简洁、灵活、以学生为中心并具有预见性。

专家型教师的课时计划只突出了讲课的主要步骤和教学内容，并未涉及一些细节。相反，新手型教师却把大量时间用在课时计划的一些细节上，如怎样呈现教学内容、针对具体问题设计方法、仔细安排某些课堂活动等。一般来说，专家型教师在制订课时计划时，之所以不写上述一些细节问题，是因为他们认为这些教学的细节方面是由课堂教学活动中学生的行为所决定的。他们可以从学生那里获得一些有关教学细节的问题。相比之下，新手型教师的课时计划往往依赖课程的目标，仅限于课堂中的一些活动或一些已知的课程知识，而不能够把课堂教学计划与课堂隋境中的学生行为联系起来。

另外，专家型教师在制订课时计划时，能根据学生的先前知识安排教学进度。他们认为，计划的实施是要靠自己去发挥的。因此，他们的课时计划就有很大的灵活性。而新手型教师仅仅按照课时计划去做，并想办法去完成它，却不会随着课堂隋境的变化来修正他们的计划。

还有研究表明，在备课时，专家型教师表现出一定的预见性。他们会在头脑中形成包括教学目标在内的课堂教学表象和心理表征，并且能预测执行计划时的情况。而新手型教师则认为自己不能预测计划执行时的情况，因为他们往往更多地想到自己要做什么，而不知道学生将要做些什么。

2. 课堂控制

（1）课堂规则的制定与执行。专家型教师制定的课堂规则明确，并能坚持执行，而新手型教师制定的课堂规则较为含糊，不能坚持执行下去。

有研究认为，专家型教师能够鉴别学生的哪些行为是合乎要求的，哪些行为是不合乎要求的，从而集中关注学生应该做的和不应该做的事情。同时，专家型教师知道许多课堂规则是可以通过练习与反馈来习得的，是一种可以习得的技能，如上课时教师声音大小（变化）的含义、一个人可以或不可以削铅笔的时间、教师步伐的快慢意味着什么、能不断系统地暗示学生、课堂需要的行为是怎样的以及自己应有怎样的表现。而新手型教师却不会这样去做。在阐述规则的时候，新手型教师往往是含糊其词的。

在课堂规则执行方面，专家型教师与新手型教师也有差异，在课堂教学的关键时刻，如果有人进来，扰乱了课堂秩序，专家型教师往往不予理会，也不会离开教室。相比之下，新手型教师则会离开教室，去与此人说话，而把正在上课的学生撂在一边。

（2）吸引学生的注意力。专家型教师有一套完善的维持学生注意力的方法，新手型教师则相对缺乏这些方法。有研究表明，专家型教师采用下述方法吸引学生的注意力：在课堂教学中运用不同的"技巧"，如声音、动作及步伐的调节；预先计划好每天的工作任务，使学生一上课就开始注意和立刻参与所要求的活动；在一个活动转移到另外一个活动，或有重要的信息时，能提醒学生注意。

（3）教材的呈现。专家型教师在教学时注重回顾先前的知识，并能根据教学内容选择适当的教学方法，新手型教师则不能。一般来说，在回顾先前知识方面，专家型教师能够意识到回顾先前知识的重要性。因此，专家型教师在上课之前往往说"记得我们已经学过……"，而新手型教师则说"今天我们开始讲……"。在教学内容的呈现上，专家型教师通常是用导入式方法，从几个实例出发，慢慢地引入要讲的教学内容。其课堂中新材料的呈现基本上通过言语表达或实验演示。而新手型教师一上课就开始讲一些较难的和令人迷惑的教学内容，并不注意此时学生还未进入课堂学习状态。

3. 课后评价

在课后评价时，专家型教师较少关注课堂中发生的细节，较多地谈论学生对新材料的理解情况和他们认为课堂中值得注意的活动，很少谈论课堂管理问题和自己的教学是否成功。

（三）动机特征

专家型教师具有强烈且稳定的内在工作动机。专家型教师教学动机

的特点可以归纳为对教育事业由衷的爱，表现在他们把教学工作视为自己的一种乐趣，真正热爱教学工作；把教育当作自己的终生追求，认为它可以使自己得到不断的发展，实现自己的人生价值；在教学工作中自觉性高，能够主动研究教育教学过程中出现的问题；乐于和学生交往，把学生当成自己的朋友。

专家型教师有很强的成就动机，他们有对完美教学的追求而不满足于仅仅做一名平凡的或好的教师，所以，他们总是用一流的标准要求自己并通过勤奋努力达到这一标准，即使在不顺利的环境中，他们也会冲破障碍，克服困难，努力达到这一目的。专家型教师的成就动机主要指向学习目标，而不是表现目标，并表现出内控型自我信念的特点。

（四）创造性

专家型教师是教师中的"优秀分子"。事实表明，相对于一般教师而言，专家型教师具有更强的创造性，其创造性主要体现在以下几个方面。

1. 怀疑精神

怀疑精神的"怀疑"指的是不轻信。有怀疑精神的人会对各式各样的说教首先持怀疑态度，要求知道这些说法的依据以及它们是否确实成立。怀疑是明辨是非、去伪存真的基础，也是促进事物发展的前提条件。专家型教师的怀疑精神体现在其教学工作的各个方面，他们能对日常教学工作保持高度的敏感性，随时关注教学中的异常现象，将貌似正常的现象"问题化"，而不只是解决已呈现出来的问题；他们善于质疑"没有问题"的问题，不满足于使用已经建立的常规而不断努力改善原有的工作程序和做法来适应当前的具体情况；他们追求美好的事物，希望产生新的、更好的观念，并在更复杂和更具综合性的层次上解决问题。

2. 愿意冒一些有意义的风险

教学工作的复杂性使教师不断地面临挑战，与非专家型教师更倾向于处理那些不超越自己能力范围的问题相比，专家型教师会主动选择需要超越自身当前能力水平的新技能和知识进行学习。应对每一次的挑战既有成功的可能，也有失败的危险，选择高难度的挑战则意味着接受风险。当然，这种风险是已经被他们估计到的、被认为是有意义的、值得去承担的风险。一些特级教师在总结自己的教学经验时谈到，当他们在自己的教学工作已经取得一定成绩时，他们不是躺在成绩上睡大觉，反而是觉察出这是一种徘徊不前的状态而主动寻求突破，尝试用新的思维方式和知识超越自己、发展自己，这是需要冒险的。对专家型教师而言，

他们更愿意将自己当作一个研究者，敢于迎接挑战和寻找挑战，随时研究新情况，解决新问题，勇往直前，不断创新。

3. 对经验的开放

所谓开放是指接纳来自所有感觉的输入和愿意尝试新异的东西。具有开放性的个体有强烈的好奇心和浓厚的认知兴趣，愿意接受新经验。专家型教师具有开放性，他们都是认真好奇的人，对已知的东西永不满足，对经验持积极开放的态度。专家型教师之所以能寻找到一个又一个的教学问题并加以解决，并从中获得大量有效的经验，其中一个重要的原因就是他们有强烈的好奇心，好像经常被"问题"迷住了一样，总想将教学之道弄得明明白白。正因为"想知道"，他们才会不断进行尝试与试验，以解决这些真正的问题。他们也能保持"对不明白的东西的警觉"，而追究他们看到的、听到的和学习到的东西背后所隐藏的、潜在的、比喻的、暗示性的或多重的意义。由于他们对教学的探索远远多于其他教师，同样，他们所学到的教学方面的知识和所享受的成就感也相应地要多得多。对经验的开放性使专家型教师了解了更多的事物，情感更加丰富，更能忍受局势不太明朗时的模糊、迷茫和混乱，易于通过各种经验之间的联系而产生独特的观念。

（五）人格特征

专家型教师具有鲜明的情绪稳定性、理智、注重实际、自信心和批判性强的人格特征。与熟手型教师相比，专家型教师能够更好地控制和调节自己的情绪，具有更强的独立性和更协调的自我概念，能够更理智地处理教育教学中的各种问题。

（六）职业心理

专家型教师对教师职业的情感投入度高，职业的义务感和责任感比较强。与新手型教师和熟手型教师相比，专家型教师真正热爱教师职业，对工作负责，不断追求教师事业深层次的价值所在；具有良好的师生互动，更能热情、平等地对待学生，师生关系融洽；他们能不断得到成功的反馈，得到各方面的认可，从而产生强烈的成就感体验。

三、最好的百科全书：专家型教师的合作共享

（一）专家型教师的类型

（*1*）"创新"的专家型教师。他们的特点正如斯滕伯格描述的那样，"有

丰富的和组织化的专门知识，解决教学问题的效率高，对教学问题的洞察力强，应对教学情境的创造力强"。一般的中学特级教师就处于这个层次。

（2）"领军"的专家型教师（从教 15 ～ 20 年后）。他们对所在学校、所在地区的教学改革和发展有很大的影响力，成为某一学科或某个地区教学的领军人物，如学校的学科带头人、一些参与教改的专家等。

（3）"大师"级的专家型教师。在成为远近闻名的专家之后，他们还亲自传授技艺，并著书立说，流传后世，如陈寅恪、陶行知等，成为教育史上的里程碑。

（二）专家型教师的经验共享

对专家型教师来说，非常重要的事情是能够将一生所积累的宝贵教学经验和专长传递下去。这可以通过与新手型和熟手型教师的合作共享这一过程来完成。

1. 采用新的"师带徒"模式

在相当多的学校里，经常采用新手型教师和专家型教师结对子，像手工匠一样实行"师徒制"的做法。但是，在传统"师徒制"中间，角色的定位是专家型教师教，新手型教师模仿，新手型教师单纯以学习者和模仿者的角色出现，甚至双方的关系演变成单纯的上级关系，而忽视了人的个性，缺乏合作、探究和共同提高的意识。新的"师徒制"则是在两者之间建立平等的合作伙伴关系，在这种合作伙伴关系中，新手型教师的任务不再是学习指导教师的最佳教学方法，而是在指导教师的帮助下，形成适合自己的一套教学风格。这就要求指导教师必须充分了解新手型教师，相互合作，根据新手型教师的实际需求为其提供适度挑战，把握新手型教师的发展方向并尽量减少对新手型教师的控制。另外，新手型教师和专家型教师形成一种"学习共同体"，相互扶持，相互学习，以平等的身份交流教学体验，共享教学经验。

2. 采用课堂现场观摩的形式

专家型教师上公开课，新手型教师和熟手型教师参与观摩，这是一种很有效的教师训练方法。观摩可以分为组织化的观摩和非组织化的观摩。组织化的观摩一般是在观摩之前制订较详细的观摩计划，确定观摩的主要对象、角度及观摩的大致程序，而非组织化的观摩则相对较松散，需要较高的理论知识水平和洞察力。一般来说，组织化的观摩对新手型教师更加有效。另外，在观摩之后，可以组织新手型教师相互讨论，并

由授课的专家型教师答疑解惑，帮助新手型教师理解自己的意图，协助其培养自身独特的教学风格和策略。在多媒体和网络发达的今天，新手型教师还可以下载名师教学录像来观摩。

3. 采用教研组研究的形式

教研组是学校中最基层的教学研究组织。教研活动是校本研修的基本形式，也是专家型教师和新手型教师合作共享教学经验的重要形式。在这样的组织中，教师之间有共同的教学语言，有利于将一些在知识和经验上互补的教师集中起来，相互影响、沟通和研究，达到知识和问题解决方法的共享，实现共同成长。在这样支持性的情境和系统中，可以有意识、有计划地为新手型教师安排如下的一些校本研修模式，来引导新手型教师的成长。

（1）定课研究。教研组在安排学期教研活动时，注意选择某些比较典型的课例，由不同年龄或不同教学风格的教师上对比观摩课，教研组人员一起对所研究的课例进行说、讲、评等分析活动，集中群体的智慧，形成优化的教学策略，提高教师的教学水平和能力。

（2）定题研究。平时可以紧紧围绕新课导入、反馈调控、媒体运用、情境设计等专题，组织新手型教师开展专题性的教研活动，再辅以教案设计比赛、说课评比、撰写案例分析和叙事研究报告等各种"点"上突破，用以"点"带"面"的措施来强化新手型教师的认知，真正提高他们的教学技能，丰富他们的实践智慧。

（3）开展叙事研究，记录生活，表达经验，反思成长。当今，教学叙事研究已被看作教师专业成长中更为积极的一种手段和工具，是促进教师教学专长发展的重要措施和基本途径。

第八章

终身学习：教师职业生涯发展成功的保证

终身学习与自我发展

在我们国家，关于勤勉治学的古训数不胜数，你在教育学生的时候也一定用过不少。即使在古代的日本亦有"修业一生"的观念。

一、终身学习观：活到老学到老

每一个经历过艰难谋职道路的人都会赞同，在现今这样一个知识更新比换衣服还快的年代里，"活到老，学到老"显得比以往任何时代都要重要，甚至"会不会学习"已经决定了你"能不能生存"。"一朝学成，终生受用"的观念，已无立锥之地。

英国技术预测专家詹姆斯·马丁有一个测算：人类的知识在 19 世纪是每 50 年增加一倍；20 世纪初是每 10 年增加一倍，而近 10 年则是每 3 年翻一番。到 2000 年，知识的总量将是现在的 3 到 4 倍；到 2050 年，目前的知识将只占届时知识总量的 1%。

另外还有一项调查，我国居民每天在电视机前消耗的时间是 3 小时 38 分，日本人、美国人每天看电视的时间分别为 1 小时 37 分和 2 小时 14 分。调查结果还显示，本科以上高学历者一生的工作时间是低学历者的 4 倍，收入是 7 倍以上。这是一个值得深思的现象。越是发达国家，越重视业余时间的学习；越是知识水平高的人，越重视业余时间的学习。

在就业压力之下，多数人认同终身学习是生存和自我实现的必备条件，并且越来越多的在职人员自觉遵守这一条生存法则。那么，终身学习观究竟要求我们做什么呢？这里，我们倡导的是终身学习和自我成长、自我发展相结合的全新理念。

第一，发展和学习应该是自主的，而不是依靠外部的；

第二，发展和学习应该是可持续的和长期的；

第三，学习和发展的内容、途径应该是全方位的；

第四，达到较高的专业水准是完全可能的和有潜能的；

第五，应该结合工作与工作中的问题来学习，增强学习与发展的针对性。

二、教师与终身学习：光吃老本是不行的

也许对于以上这些，有些教师不以为然，认为："当初填报师范类院校不就是图个工作安定吗？"的确，教师是一种比较稳定的职业，不必天天担心被炒鱿鱼。然而，只要当上了教师，就可以逍遥自在、坐吃老本吗？

你听说过这个实验吗？

如果你把一只青蛙扔进一只冒着热气的开水锅里，青蛙会奋力跳出来，得以逃生。但是，如果你把青蛙放进一只盛着凉水的锅里，青蛙在里面很自在地划动着，休憩着，却不知道下面正添着火，水温逐渐升高，等到青蛙发现情况不妙时，它已经没有力气跳出锅了。

教师同样需要居安思危，不断反省自己的职业状态。如此，你会发现从自己选择了这份职业那天开始，终身学习已经不仅是"需要"，还成为"必要"了。

1. 教师也有自我实现的需要

人们常把教师比作"春蚕"，这是对教师工作的理解，让教师备感欣慰。但除赞扬之外，大家似乎都只是看到了教师为别人奉献精神财富的一面，而往往忽略了教师自身也有自我价值实现的需要。

大部分的教师因为从小抱着要成为"某某人那样的教师"的理想或者是对"桃李满天下"的憧憬而选择了教师这个职业。你一定还清晰地记得第一次走上讲台时的那种兴奋、期待和激动，因为这三尺讲台将是你一生"自我实现"的地方。从决心要当一名教师起，我们心里就规划了一张"职业蓝图"，教师职业生涯的发展实际上就是我们寻找自我发展、实现精神满足的历程。

然而，随着教师工作的深入体验，相当一部分教师逐渐消磨了当初的新鲜感和热忱，终日过着忙忙碌碌、焦头烂额的日子，日复一日地原地打转。许多人甚至开始怀疑自己当初"崇高"的选择究竟是否正确。

调查显示，48.84%的人认为教师最缺乏发展空间。

M今年30多岁，是一个重点高中毕业班的班主任，同时还教两个班的语文课。按说这应该是个令人羡慕的工作，可她自己并不这么认为。"上课讲的一些东西，尤其是阅读理解，那些选项连我自己都觉得可笑，

还必须得给学生们讲，不然考试就丢分。"她苦笑着摇摇头，"其实讲了也用处不大。他们把所有的时间都用来对付考试了。学生会在我的课堂上做数学题。"

至于她自己，M已经看到了一连串异常清晰的前人踩出的"脚印"：年轻教师、教学骨干、教研组长、年级主任、教务处主任……如果运气足够好的话，没准儿还能当上校长。"对我来说只有年头是否熬到了，谈不上什么发展空间。"她说，"这个职业不会逼着你主动学什么新东西，就算是学了也没什么太大用处。高考在那儿压着，哪个老师能搞'自选动作'呀？总之，这是个重复自己的职业。"

M老师的这番感言说出了不少教师心里的困惑，当月土子里的知识被渐渐掏空、智慧和兴趣逐渐枯竭的时候，自我发展便无从谈起，从职业中获得的效能感也在不断降低。

既然作为教师同样也有实现自我的需要，而终身从事的这个职业正是实现自我最重要的舞台。那么，正如俗话所说的"台上一分钟，台下十年功"，我们只有孜孜不倦地汲取新知识，为教师角色不断注入新能源，才能利用有限的三尺讲台秀出人生中最鲜活、最完美的自我。

2. 教师职业的示范性要求教师终身学习

"给学生一杯水，自己首先要有一桶水。""育己才能更好地育人。"这些几乎是每个特级教师常挂在嘴边的话。

确实，教师可以找出很多理由"不再学习"，如工作量太大、平时工作很辛苦、现在拥有的知识量用来教学生绰绰有余、教师已过了学习的年龄、记忆力差等。然而，支持教师继续学习的理由中最重要的一条就是，教师如果不学习就不能胜任现在的工作。

这样的压力有部分正是来自我们每天教授的对象——学生。我们会发现，现在的孩子所接受的知识量一点也不比我们少，要想应对他们没那么容易了。

别开生面的辩论会

主持人：老师们，同学们，欢迎大家参加这次辩论会。今天的辩题是朴素是否过时了。学生代表为正方，老师代表为反方，现在请双方陈述观点。

学生A：解放初期，人民生活水平低下，经常吃不饱、穿不暖，当时提倡艰苦朴素，勤俭节约是完全正确的。而现在社会已发展到21世纪，

如果还这样提倡，莫不是想让我们都穿着带补丁的衣服来上学？那不让外国人笑掉大牙才怪。所以，我方认为：朴素早已过时了。

老师A：社会是已发展到21世纪，但艰苦朴素的作风永远也不会过时。艰苦朴素不仅仅是表面上的吃饭穿衣，它更应是一种美好的精神境界，是中华民族的传统美德。美德永远也不会过时。

主持人：双方的观点都很精辟。下面进入自由辩论，请大家各显神通。

学生B：请问，我校还有人穿带补丁的衣服吗？还有人整天吃窝窝头吗？

老师B：好像没有，但……

学生B：没有！这不正说明朴素早已过时了吗？

老师B：但不一定非穿带补丁的衣服才算朴素啊，我看C同学的衣着就很朴素嘛！

学生C：别看我的衣服颜色淡雅，但这可是名牌，120元一套呢！

老师C：你以为穿几件名牌就跟上时代了？父母会有多难，你想过吗？何不朴素一点呢？好了，我们暂不谈衣服。请想一想食堂里的情景：米饭随处倒，馒头随地扔，看到这一幕，你们不觉得羞愧吗？

学生B：我也很讨厌这种人，但这和朴素有关吗？如果大家都朴素，省吃俭用，那工厂生产出来的东西卖给谁呢？

老师A：那如果大家都铺张浪费，不积累资本，又拿什么来开办工厂呢？

学生C：如果一个外宾准备来我市投资，你就拿两个窝窝头招待他，他会投资吗？

主持人：好，自由辩论到此结束……看来大家都获益匪浅呀！下面我宣布辩论结果：不分胜负。本次辩论会到此结束，谢谢大家的参与。

在此先不去探讨这篇满分作文的立意多么别具心裁，单就文章中学生们犀利流畅的语言以及论点、论据清晰的辩论，我们就足以感叹这样的情景并不是完全不可能发生，而真正发生时谁胜谁负还真是难说。万一教师当场语塞，知识贫乏暴露无疑，丢面子、下不了台还是小事，从此在学生心中魅力大减，这可就是做教师最大的失败之一了。

几乎每个从师范院校毕业的教师都还记得"学高为师，身正为范"这句话。在我们倡导学生学会学习、终身学习的时候，如果我们自己不爱学、不会学，如何去说服学生爱学、带领学生会学呢？

3. 新课程改革和教师职业的专业化要求教师终身学习

前文的例子里，M老师抱怨教师职业难以满足自我发展，这确实和旧教育体制下的教学目标有很大的关系，然而，现在我们提倡的素质教育、

课程改革，不但给学生发展提供了新的广阔空间，也给教师提出了更高的发展要求。

有一个教育工作者，他来到了一个贫瘠的山村，那里的人们很遗憾地对这个教育工作者说，真的非常抱歉，我们没有什么东西招待你，我们这儿只有满山的石头。而这个教育工作者拿起一块石头告诉他们，这可不是一块普通的石头，他能够熬出一锅非常鲜美的汤羹。这个教育工作者在村子里面支起一口大锅，大锅里面装满了清水，他把这块石头放进了清水里面。他用勺子搅了一下沸腾的石头汤，说味道这么鲜美，只是我没有带盐，大家拿了盐来，他说味道不错，如果有虾米就更好了。有人找了虾米，他说要是有野菜就更绝了。正好山上一个小女孩拿了野菜下来，洗干净后又放在锅里。他又借了一点味精，借了一点肉末、醋和酱油。就这样熬出了汤来，这时漫山遍野弥漫着浓浓的香味，山里的人从来没有意识到，石头能够熬出这么鲜美的汤——我们说这块石头叫什么？这块石头就叫"新教育"。

我们每个人都可以是个好厨师，前提是你必须不断加入新鲜的佐料才能创造出不可思议的美味。这些新鲜佐料包括：教学能力、组织管理能力、了解学生的能力、教育科研的能力、自我发展的能力——"$1+1+1+1+1>5$"。在新课改的要求之下，教师"专业化"愈发凸显，它需要教师专业知识和专业能力的提升才能完成。

三、终身学习是教师职业生涯发展的不竭动力：全面可持续性发展

1. 终身学习让你的职业生涯可持续发展

鲁迅先生也说过："'一劳永逸'这个词是有的，'一劳永逸'的事是极少的。"不管你是什么专业院校毕业，不管你毕业时成绩多么优异，单凭着一张毕业证书和一张成绩单是当不了一辈子好教师的。

有位年轻的"老"教师找我。说"年轻"，是因为他才三十出头；说"老"，是因为他已经有十来年教龄了。他感慨地说，像他这样年龄的教师，35岁在即，一晃将转入中年教师队伍了，什么教育教学评比都将与之无缘，教育人生从此平淡。

这里我不禁想起两位著名的语文特级教师——被誉为"无痕大师"的支玉恒老师和杨丽娜老师。下面是两篇关于他们的报道：

支老师初中毕业后当了一名小学体育教师，"文革"后，他被迫改教语文，而他的教师生涯却从此生辉。年近四十、"双基"薄弱，支玉恒能胜任语文教学吗？人们的眼里写满怀疑。"在他上完自己的第一节语文课后，校长只说了一句话：'你转过身看看你写的字——你不嫌丢人，我还嫌呢！'"为了把字写得不再"丢人"，他就以毛笔书写各种行文，一提笔就是三五年；连续三个晚上"突击"，字母都背不出几个的他，居然掌握了汉语拼音；苦练朗读，对着录音机自读自录，录了再听，听了再读；不会上课，他便一头扎进同伴的课堂"窃取"真经，做课后笔记。现在，他的课早已炉火纯青。

特级教师杨丽娜认为，教书是一门科学、一门艺术，要全身心地投入，无止境地追求。

20世纪70年代，针对语文教学的弊端，杨丽娜总结出精讲多练的课堂教学经验，大大提高了课堂效率。20世纪80年代，她将目光转向如何培养学生的能力、启发学生思维的新课题，许多专家及同行都夸奖她的提问与板书"堪称一绝"。20世纪90年代初，她又开始研究利用文质兼美的教材，对学生进行美育教育，使学生在审美中获得知识，陶冶情操。当负荷着沉重的事业和生活的担子迈过了40岁门槛时，她竟昂然走进大学殿堂去深造。

虔诚而又执著的追求，给她带来了金色的收获：一枚枚奖章，一张张证书，一节节电视卫星录像课，"三八"红旗手，先进教育工作者，优秀园丁，区政协委员……

现在，就让我们将例子中的三位"进入中年"的教师摆在一块，看看他们的区别究竟在哪里。先说说前面这位年轻的"老"教师，我们并不否认他所说的那些客观因素的存在，许多学校把培养重心放在年轻教师身上，但是，他却没有好好想想自己身上的主观因素，他嘴里说的"没戏唱"实际上就是为自己的"老"找到了理由，继而进一步心安理得地"清闲"下去，停留在"熟手"阶段直到职业生涯的结束；而后两位老师，无论年纪多大，无论教龄多长，都始终将自己看成"年轻"的老教师，不断自主学习，不断完善职业技能，乃至终生，这才是"专家"级别的教师啊！

那么，你要选做哪一种教师呢？换个问法：A安逸并痛苦的职业生

涯；B.在不断的学习中体会幸福的职业效能感。你选哪个呢？

2.终身学习让你的职业生涯发展个性化

在同样明确的发展目标指导之下，同样是在不断学习，我们仍然会看到有些年轻教师能以很快的速度成长起来，以最短的时间从一个新手型教师转变为熟手型教师，最终成为专家型教师，而另外一些教师则直至退出职业生涯都停留在熟手型教师阶段，甚至出现教学水平的倒退。教师的职业生涯发展也存在个性化问题。

动物学校

有一天，动物们决定设立学校，教育下一代应付未来的挑战。校方制定的课程包括飞行、跑步、游泳及爬树等，为方便管理，所有动物一律要修全部课程。

鸭子游泳技术一流，飞行课成绩也不错，可是对跑步却无计可施。为了能毕业，只好课余加强练习，甚至放弃游泳课来练跑步，到最后磨坏了脚掌，游泳成绩也变得平庸。校方可以接受平庸的成绩，只有鸭子自己深感不值。

兔子在跑步课上名列前茅，可是对游泳一筹莫展，甚至精神崩溃。

松鼠爬树最拿手，可是飞行课的老师一定要它自地面起飞，不准从树顶降落，弄得它精神紧张、肌肉抽搐，最后爬树得丙等分数，跑步只得了个"丁"。

到学期结束时，一条怪异的鳄鱼以高超的泳技，加上勉强能飞能跑能爬树的成绩，获得最高平均分，还代表毕业班全体同学献词。

地鼠为抗议学校未把掘土打洞列为必修课，而集体抗议。它们先把子女交给獾当学徒，然后与土拨鼠合作另设学校。

仔细想想，教师的学习是不是也需要"因材施教"呢？新手型教师应该尤其有感触，"每周除了要完成十多节课的教学任务，还要专门抽出时间参加培训，真累啊！""刚开始工作想多学学课堂教学管理，可是培训课程只有心理学，我该找谁学呢？"

随时随地寻找适合自己的学习方式，正是终身学习观所提倡的，从外部动机转变为内部动机，从他教到往自教，学习效果肯定不一样。

我从教十余年，其间所经历的培训也不少了，培训内容虽没记住多少，但一些相关的事件却深深地记在心里：有因家中琐事不去报到的，有因

赶车回家而早退的，更有中午同学小聚饮酒误事的。这些现象几乎司空见惯，人们早已见怪不怪了。

如果不是三年前在一篇文章中看到叶澜教授的一句话"写三年教案，还是一个教书匠；而写三年的教学反思，就有可能成为一位名师"，我还可能沿着原来的轨迹走下去，备课、上课，考试、培训，被动应付。值得庆幸的是，我偏偏对那句话发生了兴趣，决定试一试。

在此后的培训中，我认真听，详细记，回来后不止一次地边读边思考。今年暑假学校没有安排外出培训，我主动寻找可以提高自己的途径，找到了一个好的去处：人民教育出版社网站。那里面内容非常丰富，但最吸引我的还是初中语文教材的视频培训。拿着课本教了一年又一年，现在才领略到教材编写者的风采。到目前，他们的讲座我已听了两遍，我想在剩余的假期里，至少还要听两遍，并且开学后向同事们介绍。

可见，教师自己形成终身学习的观念，在"干什么学什么，缺什么补什么"的原则下学习，要比教育管理部门来个"一刀切""一锅闷"的效果好得多。这也更有利于教师的专业成长。

3. 终身学习与职业生涯的全面发展

下面我们来分享一位老师自我发展的心得和过程。

我1999年毕业于华南师范大学，分配到东莞中学任教。这些年，我不断地自我更新、发展，适应新的需要。我的自我发展主要分为三个阶段。

（1）第一阶段（1999—2002）：侧重于研究计算机多媒体技术在教学上的应用。在这段时间里，我自学了Authorware、Fiash、Dreamwaver、Photoshop等多个软件，并自主开发了大量的课件应用于平时的教学中。我差不多做到了每一节课都用自制的软件上生物课，两个课件被汇编到初中生物多媒体教学资料中，由广东音像出版社出版发行。

（2）第二阶段（2002—2003）：侧重于新教材的教学实践探索。我积极投身于对新课标的学习，多次参加国家、省、市的新教材培训，领悟改革的精神、方向，用其指导自己的教学实践。此外，我还主动购买了大量国内外的"新课改"师资培训书籍来"充电"。在平时的课堂教学中，我也尽可能地使用灵活多样的教学方法，在我指导下，有多篇学生小论文获得市一、二、三等奖。此外，我也参与了几本生物新教材教辅资料的编写。

（3）第三阶段（2003—现在）：侧重于班主任工作的探索。2003年开始我担任初一（4）班班主任。一年多过去了，在其他老班主任的帮

带下,在共同做好各项工作的同时,我和全体学生建立了良好的师生情谊。我还积极探索和学习新的班级管理模式,尝试推行的"成功体验"教育,收到了一定成效,我班多次被评为年级的先进集体。

从这个自我发展的案例中,我们看到了一条发展目标明确、发展道路越走越宽的新教师成长之路。这种发展模式是开放式的,通过学习,教师不仅能成为讲课能手,还能成为学习能手、技术能手、管理能手,将来还有可能成为研究型的教育专家。无论是支玉恒老师还是这位新教师,从他们身上,我们都会惊喜地发现,其实教师的职业并不那么单调,有许多挑战正在等待着我们。

学习的方式和途径

不少教育界的同仁认同:要学生学会学习,教师自己首先要学会学习。在知识经济社会,伴随着终身学习时代的来临,教师的学习具有更重要的价值。然而,在现实中,我们有相当一部分教师不善于学习,不会学习,不学习。现代意义的"文盲"不再单纯指没有文化、知识的人,而是指不能继续学习、不能更新自己的知识和技能的人。因此,不能继续学习、不能及时更新知识的教师,也将会沦为新时代的"文盲"。那么,教师作为一个特殊的群体该如何在教学中不断地自我成长和学习呢?

一、在工作中学习:边做边学

"好的教学是对学生的一种亲切款待,而亲切的款待经常是主人比客人收获更多的一种行为。"教师用自己的教学预期款待学生,教师的教学预期能够实现,学生就可能收获良多,而教师也能从中收获更多。在教学中,教师不但可以把自己的知识传授给学生,而且通过对课程的准备及实施也可以学习到很多知识,促进专业水平的提高。教师的"收获"不仅在教学中,更主要的是在备课与授课的思考中得到的。在备课中,教师要对教材进行钻研,为了上好每一堂课,教师要不断地阅读材料、收集资料、推敲教材的重点与难点,以及上课过程中所需要的技巧等,这一过程本身促使教师在不知不觉中获得成长。

1. 钻研教材
教材是教师进行教学工作的重要依据,也是其进行艺术创造的素材。

教材是多种科学文化、人文素养等汇集的"信息场"，其中包含的信息，不管是显性的还是隐性的，均可视作教师拓展知识面、提升教学水平的资源，而且这种资源是在使用过程中不断挖掘、丰富的。它的价值是在使用的过程中显现的，其间宝藏无穷，常读常新，给人惊喜不断。教师只有深入地钻研教材才能上好课，教好学生，与此同时，教师也能在解读教材中获得更好的发展。

准备一堂课要花多少时间？

作为一名青年教师，李老师在听了无数节课以及自己上了无数节课后，深深地意识到钻研教材的重要性。在一次听一位特级教师上完了一节精彩的课后，李老师问这位特级教师："听你的课简直是一种享受，请问你准备这堂课用了多少时间？"这位特级教师回答说："这节课，我可以说用了一个小时，也可以说准备了一辈子……"听了之后，李老师的心灵受到很大的震撼，她终于知道"教师在备课时要做到'三备'，即备教材、备学情、备教法。这'三备'中最重要的就是'备教材'"这句话的真谛。现在她也终于明白，为什么学校的孙老师在备《春望》这节课的时候，要将自己关在办公室和资料室，为什么要查阅十几本教学书籍，阅读诗人的大量生平事迹，并深入了解这首诗的时代背景，研究这首诗的相关内容分析文章。他们都是在不断地钻研教材，从而能在解读教材中超越自己。从那位特级教师身上可以知道钻研教材功夫在平时，只有平时一点一点地积累，才能积成满满的一桶水。

上面的小文章告诉我们，作为一名教师，只有不断地解读教材，钻研教材，才能不断地上好每一节课，才能不断地超越自我。因此，钻研教材不但是实施教学活动的需要，也是教师不断成长的需要。

课文的"味儿"是读出来的

现在，我觉得上课越来越轻松了，这么多年来第一次有这种感觉，回想自己这几天上课的一些细节，还真是有很多想说的。其实，我觉得课能上得越来越顺，主要是现在越来越能把握教材了。现在，不管拿到什么课文，首先要做的就是读，哪怕教过好几遍了。朗读课文是备课的第一步，也是最重要的一步，读的同时查字典、词典，把拿不准的字的读音一一落实，决不想当然；对每个新词都查查词典，不能有半点含糊。课文的"味儿"是读出来的，是"煮书""煮"出来的。以前，我备课总是先看"教参"，现在也看，但是在我思考过之后看，或者遇到问题，才去请教"教参"。只看教参，没有自己的思考，我是从来没上过满意的课的。过去，我拿到一篇课文，读了一遍两遍就去考虑教法，想来想去想不出来，现在悟出来了——这法那法，不钻研教材就没有法。还有一点就是要记住合作，一个人读不懂，就和同事们一起读，人多力量大，好多高明的方法是我和同事一起"读"出来的。

（摘自一位有 10 年教龄的小学老师的自述）

从这位小学老师的自述中，我们更明白了一个道理：不管你是老教师还是新教师，上好课的第一步都是先好好利用教材，好好理解教材，好好钻研教材。

2. 设计教案

"设计教学，写好教案"是教师成长的主干道。教案是教师在从事课堂教学工作前预设的教学活动方案。就像工程师在建造高楼大厦之前必须要绘制图纸一样，教师在上课之前也必须要就本课的教学目标、教学内容和教学过程进行设计。只是工程师工作的对象是冷冰冰的建筑材料，而教师面对的却是有血有肉、有思想、有个性的学生。要有针对性地对这些"有血有肉、有思想、有个性"的学生进行有效教学，就需要教师认真努力地做好教案的设计以及教学活动的安排。教师通过思考教案形式、教案内容、教学情境的预设等，不断拓宽思维，不断根据学生的需要来调整教学方法、改进教学艺术。这样，不但能够促进教学的正常进行，使学生有所收获，而且还能真正促进教师专业水平的发展以及教学能力的提高。另外，教学活动后，通过对课堂教学的设计和实施情况进行回顾和反思，教师可以不断地提炼经验，查找教学失误，反思病因，进一步改进和完善教案，提高教学素养。请比较下面两位教师的教案设计，想一想：你喜欢上谁的课？谁的教案设计对你的启发更大呢？

你喜欢上谁的课？

不久前，在一次课题为《树立正确的消费观》的优质课评比活动中，有两位教师分别是这么设计教学的。

教师 A 在课堂导入时设计了这样一个问题："假如你买彩票中奖了，得了 500 万元，你会怎么花这笔钱？"生 1："我把它全都捐献给国家。"生 2："我拿一部分捐献给国家，剩下部分自己用，如买房、买车。"生 3："我用它讨老婆。"（全班大笑）学生的回答出乎教师 A 的意料，游离了教师预设的目标，教师不知所措，甚至有点生气，觉得学生纯粹是在捣乱。无奈，这个教师只好匆忙收场，不了了之，不顾学生的反应（学生感觉摸不着头脑），按照自己的思路继续上课。

教师B在课堂导入时设计了这样一个问题："假如你口袋里有30元钱，你会怎么花这笔钱？"生1："买零食、衣服、鞋。"生2："买玩具。"生3："买报纸。"……教师板书学生回答的内容，根据学生的回答与学生一起归纳，发现学生们在消费上存在重物质消费轻精神消费的现象和物质消费与精神消费不协调的状况，教学有序地进行。然后，教师B继续问学生还有没有其他的消费方式。学生回答类似，感觉已无话可说。教学出现了冷场，这时，教师B突然话锋一转说："刚才我请同学们讲了自己怎么消费，大家讲得都不错，接下来老师考考大家的观察能力。老师想再问问大家，你发现周围的同学还把钱花在了哪些方面？"学生的思维一下子又活跃了起来，纷纷发言说：有人在上网，有人在吸烟，有人在喝酒，甚至有人在赌博……教师根据学生的回答，引导学生归纳，发现学生们在消费上还存在不文明、不健康的现象，引导学生树立科学、文明、健康的消费观。避免了冷场，教学获得了意外的成功。

（张伟能，2007）

上面两位教师上课引入的方式差不多，提问的方式也差不多，但是为什么他们会取得如此不同的效果呢？相信你的心中已经有了答案。

3. 查阅资料

查阅资料也就是教师在进行教学之前，通过查阅与教学内容相关的书面材料，分析、了解和把握教学的有关状况，以便更好地进行教学。查阅资料的目的是为了获得对教学活动有价值的各种材料，因此查阅资料是教师的教学技能之一。查阅资料除能保证教师更好地教学外，还能提高教师的教学能力和专业水平，促进教师职业生涯的发展。

在查阅资料的过程中，教师可以培养阅读、理解，以及通过多种途径获取并处理有效信息的能力，还可以不断积累材料和经验。当然，在查阅资料的过程中，教师可能会发现新的资料非常有用，却不在自己的提纲范围内，也可能找到了一些根本没用的材料。但是，无论如何，在查阅资料的过程中，教师对本专业的知识有了更加深刻的认识，逐渐明确研究思路，并实施研究，对所获资料进行分析、筛选、整理、加工，在前人研究的基础上提出自己的新见解、新观点。

怎样查询文献资料

教育文献资料浩如烟海，分布极为广泛，而且形式多样，到哪里去查询有用的文献资料呢？

（1）从有关的书籍中去查询。书籍包括名著、专著、论文集、教科书、资料性工具书、科普通俗读物等。

（2）从教育杂志中去查询。教育杂志出版周期短，内容新颖，大都能及时反映教育研究进展的新动向、新成就。

（3）从内部刊物上去查询。教育界的一些学术团体，不少都有定期或不定期的内部刊物。这些刊物往往登一些教育教学论文、实验总结报告等，从中可以找到许多有用的材料。

（4）从教育档案中去查询。教育档案包括教育年鉴、教育法令集、教育统计报告、教育调查报告、学术会议文件、资料汇编、名录、表谱，以及地方志、墓志、碑刻等。

（5）从专家访谈中去查询。通过非正式渠道，研究者与有关的专家学者进行交谈，交流讨论学术问题，从专家询问渠道得到的情报信息具有极大的价值。

（6）从非文字资料中去查询。如从电影、电视、录音、录像，以及校舍、遗迹、绘画、出土文物、歌谣等中去搜集。

4.下载材料

随着信息化的推广，下载材料也是当今教师在教学工作中需要掌握的一项技能。下载材料需要教师学会筛选材料、搜索主题、下载软件的应用及下载的技巧等。在学习如何提高下载材料的效率中，教师在提高工作效率的同时不仅可以加强专业知识的学习，也可以学习到与专业有关的知识，提高信息化水平。因此，下载材料也是教师学习的一个很好的途径，但是在现实中却被很多人忽视了。

二、在研究中学习：实践出真知

1.课题研究

课题研究是提高教师素质的载体。问题就是课题，广大一线教师都应是教育科研的有心人，学校应鼓励教师对自己教育教学中遇到的实际问题进行有针对性的研究，鼓励教师留心观察，把每一项课题当作学习、提高的契机。同时，依据不同教师的优势和不同特点，倡导不断创新的研究风气，形成教师各自独特的教学风格。一个问题就是一项研究，一

项研究就意味着一个创造，一个创造便会产生一种价值。在课题研究中，教师可以发现教学中存在的问题，并把这些问题变成有价值的研究课题。这样不但可以帮助教师解决教学中的困难，还可以使教师加深对问题的理解，在解决问题中获得更好的发展。

课题，你从哪里来？

教师的研究课题来源于教师的教育、教学实践，是从教师在教育教学实践中遇到的困惑、困难转化而来的。例如，在教学中，我们发现学生不喜欢上英语课，有的是觉得单词枯燥，有的是觉得阅读看不懂，这就给我们提出了一个问题：学生为什不喜欢英语课？如何提高学生学习英语的兴趣？再如，同一节课，有的老师喜欢上而有的老师不喜欢上。那么，此时又可以提出这样的问题：不同的老师适合什么类型的课程？这些问题，我们可以作为不同的课题去研究，这就形成一个教师个人的课题，这个课题的研究结果可以立即用于教学，以改变这些学生的学习状态和教师工作的状态。

要注意的是，课题的确定要依据三项原则：①要从自己教学实践中来；②题目要小；③研究结果可以很快应用在自己的教育教学实践中，取得实效。所以，教师要学会如何在自己的教育教学工作中发现问题，要有问题意识，并且要能把问题转化为可以研究的课题。

2. 论文撰写

教育教学是实践性很强的活动。在教学活动中，教师积累了很多经验，也逐渐形成自己的一些理论和观点，因此，我们发现教师不仅在"动口"，而且在积极地"动笔"，在言传之外，进行笔耕。教师不仅继续实践着讲台上的活动，而且埋头在书桌、电脑前面书写自己的思想。

从选择题目、收集材料、撰写文章到最后交流或者发表文章，这些都是教师学术活动的过程，也都是教师学术素质激发、展示，以及考查和验证的过程。教师的这种学术实践具有明显的过程性价值，它表现了教师对教育教学实践的思索，包括总结、反思和提炼等，是教师教育教学实践的自发性表述，是对自己和自己的教育教学实践的论说，是为了在未来提醒自己或者进一步指导教学实践的文字活动。教师可以通过撰写论文来检查和提升自己，而且可以通过论文本身来支持和促进教育教学的整体发展。除此之外，教师还可以把撰写的论文发表，把自己的经验和教育理念同各地的教师分享，在分享的同时，教师也能够把这些有价值的理念转化成自己的成果进行发表，这不但是对自己的肯定，而且也是一种成就和价值的体现。

你开始动笔了吗？

来到这个新创办4年、年轻人占了2/3的学校已经快两年半了，有目共睹的是：我提高了教师的教科研水平，培养了一批年轻人的探究精神，转变了教师的教学理念。用什么方式改变现状？我的答案是：提高教师的科研水平。要提高教师的科研水平很重要的一点是鼓励教师积极撰写论文，鼓励教师不断地动笔，把自己平时的想法转化成有价值的成果。作为教科研负责人，要想提高教师写教科研论文的积极性最关键的一步是：帮助撰写论文的教师树立信心，争取使他们的处女作获奖。

3. 课堂观摩

课堂教学是学生求知的最大平台。为了精心准备每一堂课，教师要付出很多心血。不同的教师对同一教学内容的看法可能是不一样的。因此，他们在课堂教学方面表现出来的风格也可能很不一样。每个教师都有自己的教学优点和不足，通过对他人课堂教学的观摩，特别是对专家型教师课堂教学的观摩，可以促进教师的发展。模仿是创造的前提，学习观摩他人的教学，对自己的教学会产生很大的启发。"他山之石，可以攻玉。"教师应多观摩其他教师的课，并与他们进行对话交流。在观摩中，教师应分析其他教师是怎样组织课堂教学的，他们为什么这样组织课堂教学；如果自己上这一课应该如何组织课堂教学，自己的课堂教学环节和教学效果与他们相比有什么异同；从他们的教学中受到了哪些启发；如果自己以后教这一课，会如何处理……在观摩其他教师的教学活动中，通过这样的对比和学习，就可以明白自己的优势和劣势。这样就可以在以后的教学中保持自己的优势并克服自己的不足，使自己的教学水平不断提高和发展，从而使自己的职业生涯保持一种良性的发展。

名师的课堂教学给我的震撼与思考

这几天，我参加了省小学语文名师课堂教学艺术展示研讨会，观摩了11位曾获得过全国课堂教学大赛一等奖的老师的课，并聆听了几位专家的精彩点评，收获颇多。短短的几天，我真正领略到了名师的风采，欣赏到了教学的艺术。回顾自己七八年的教学生涯，与其相比，感觉非常惭愧，为什么同样的课文，他们就可以上得如此之好呢？课堂上那么

多的精彩环节，实在使我受到了很大的震撼，那些名师的教学设计一个赛一个，教学语言如此有感染力，教学艺术如此精湛，文化功底如此深厚，不愧是教学名师。看来，这次来还是有很大收获的。当然，在受到震撼的同时，我也该重新思考一下我的教学，学习是肯定要的，关键是怎样学习的问题。我想，首先，我要解决的是我在解读文本上的问题；其次，是要学习他们优秀的教学设计；最后，其实也是我觉得最基本的，就是我要练好基本功，好好钻研教材的内容。

三、在合作中学习：我们一起成长

不同经历和背景的教师，在自己不断的实践工作中，形成对不同问题的个人看法，这是教师重要的知识资源。因此，挖掘教师在职业生涯中所积累的成功的经验、失败的教训及处理疑难问题的智慧是非常重要的。这些经验、教训及智慧，不仅为教师个人所独享，还应该让其他教师分享和共享。其他教师可以从中吸纳对自己有益的方面，也可以在对比中不断修改、补充、完善和发展自己的教育实践性知识。

1. 引领式学课

在与专业人员对话的过程中学会学习，促进发展。除了对有一定教学经验的教师的教学进行观摩和分析会有很大收获，邀请专家对教师的教学进行点评和指导，也可以使教师更迅速地成长。对大多数教师而言，引领式学课使他们丰富了自己的经验，同时生成了新的教学智慧。

2. 合作式备课

在同伴互助备课过程中学会合作，促成教师间的互动、沟通与分享，促进发展。教师随时在一起讨论教学中的问题，主动把自己的问题提出来，请别人提供帮助，或者自己帮助别人。这样不但可以把教师身边发生的、与教师有密切关系的问题一个个解决，使他们真切感受到成功的喜悦，也使教研组内充满了浓浓的研讨氛围，形成积极研习的教研文化，让教师在互补共生中成长。

3. 沙龙式研讨

在沙龙式教学互助研讨过程中对话、反思，引发教师的思维碰撞，提升教育理念，促进发展。教师在沙龙中就大家共同关心、迫切需要解决的问题学习相关文章，共同研究对策，并反思、交流工作得失。这样不仅有利于后续的教育教学，还能让作为学校主体的教师参与管理，教师的积极性、主动性和创造性能得到最大限度的发挥。同时，教师在悄悄发生变化，课堂也在悄悄发生着变化，课堂能够真正焕发出生命的活力。

上海市教育科学研究院的顾泠沅教授和王洁教授做了一项调查——"哪种听课、评课方式对教师的帮助最大？"结果显示：与跟自己水平相当的教师互相听课、讨论的占 0.7%；专家和优秀教师听自己的课并点评的占 5.19%；听优秀教师的课并听专家点评的占 11.1%；专家、优秀教师与自己合作备课、听课、评课并研究改进的占 57.7%；听优秀教师的课并结合自己的教学实际参加讨论的占 24.6%。

四、在竞赛中学习：不断前进的动力

在竞赛中争取荣誉，是每个参赛者的愿望，也是他们为之奋斗的动力。在教师当中举办各种各样的比赛，如课堂比武、技能竞赛、说课比赛、学具教具课件制作比赛等，可以提高教师不断发展的直接动力。为了参加比赛，教师必定要通过各种途径做各种各样的准备，在准备竞赛的过程中，教师不断地积累各种能使他获胜的经验、知识，不断地克服自身存在的问题与不足，进一步提高教学质量，加强基本功的训练，提高课堂的教学效果，无形当中拓展了他们的专业知识，提高了教学能力。而且胜利了固然是好，落后了也并不意味着技不如人，而是要你向领先的人学习，找出落后的原因，进行改善，以便迎头赶上。只要不放弃，不停下脚步，就没有学不会的道理，没有赶不上的距离。在竞赛中学习，重点不在竞赛，而在学习。

狮子和羚羊的家教

每天，当太阳升起来的时候，非洲大草原上的动物们就开始奔跑。

狮子妈妈在教育自己的孩子："孩子，你必须跑得快一点，再快一点，你要是跑不过最慢的羚羊，你就会活活地饿死。"

在另外一个场地上，羚羊妈妈也在教育自己的孩子："孩子，你必须跑得快一点，再快一点，如果你不能跑得比最快的狮子还要快，那你就肯定会被他们吃掉。"

上面的小故事告诉我们，只有你跑得比别人快，你才有可能赢，也就是说你只有加倍地努力才有可能在竞争中取胜。要不断取胜就需要你不断地总结教训，借鉴成功的经验，克服自己的不足，在竞争中学习才能够不断地成长。

五、在阅读中学习：给自己的成长加点养料

读书不是为了应付明天的课，而是出自内心的需要和对知识的渴求。如

果你想有更多的空闲时间，不至于把备课变成单调乏味的死抠教科书，那你就要读学术著作。应当在你所教的那门学科领域里，使学校教科书里包含的那点学科基础知识，对你来说只不过是入门的常识。在你的学科知识的大海里，你所教给学生的教科书里的那点基础知识，应当只是沧海一粟。

——苏霍姆林斯基

阅读是文化传播、继承最基本的途径，也是个人精神得以提升和丰富必不可少的良方。阅读能让教师形成对世界完整的了解，阅读能让教师的人生和知识更加丰富，阅读能让教师走在世界的前沿，阅读能让教师的人性回归本质，能让教师的内心变得丰富、细腻、鲜活和磊落。因此，为了能在以后的教学中更好地教导学生，教师必须通过阅读来提高自身的素养。教师除阅读教育专著以外，还可以读课堂实录、做读书笔记，并且可以把自己阅读的心得体会写出来。

阅读伴我成长

在我教师生涯刚开始的那个时期，有一段时间我很迷茫、很浮躁，心态很不好，后来闲着没事我就看书。先是选择自己喜欢看的类型，后来渐渐喜欢上其他类型的书，除学到知识外，我觉得最重要的是在看书的过程中，心慢慢地静了下来，不再浮躁。其实，看书也可以获得很多意外的收获，特别是在遇到与你的看法不同的见解时。看书必然会有很多感受，而我有写博客的习惯，渐渐的，我把我的这些想法和感受写成散文、随笔的方式发表。后来，我还结合我的教学实际形成自己的观点和理论。很多同行都说我现在成熟了很多，能力也不断地在提高。我想，这是读书带给我的收益，在阅读中我不断地快乐成长。

六、在训练中学习：基本功也很重要

教学效果要提高，除对教学内容的把握和对教学方式的选择外，还需要教师掌握一些基本的教学技巧，如讲课的基本功——讲、写、画、演等。通过对基本功的训练，教师可以提高教学技巧、教学艺术和教学魅力。因此，为了保持教师职业生涯更好地发展，教师需要在这种训练中不断地发展与成熟，在训练中学习，在活动中思考，在快乐中进步。除基本功的训练外，教师还要加强对心理素质及电脑操作的训练。对教师心理素质的训练可以缓解教师的工作压力，提高教师从事教学工作的幸福感，而对电脑操作的训练可以使教师跟上信息化时代的步伐。

七、在反思中学习：讲述自己的教育故事

古人说"吾日三省吾身"，强调的就是内省。"教学反思"是指教师对自己以往的教学实践进行回顾、审视、评价、探究、决策和升华，从而获得对教学有指导价值的结论和意见。教学反思可以进一步地激发教师终身学习的自觉冲动，不断反思会不断发现困惑，学习反思的过程也是教师人生不断辉煌的过程。教学反思可以激活教师的教学智慧，探索教材之外的崭新表达方式，构建师生互动机制及学生学习的新方式。正如某中学的一位英语老师讲的那样："教学反思让我觉得自己每天都在成长，每天都在进步，更重要的是，通过教学反思，我每天都会有新的发现、受到新的启发。"

黄老师做了将近40年的教学工作，可直到退休的时候仍然讲不好课，她上的课一直都没有什么很大的改变。她是学校出了名的不受学生欢迎的教师。而其同事——只有9年教龄的小郑老师的情形却很不一样。刚参加工作的时候，郑老师的教学也不为学生所欢迎，学生经常在上课的时候捣乱，甚至她有一次去上课时被学生拒之门外。这件事对她刺激较大，但庆幸的是，她能对自己的教学进行深刻的反思，而不是简单地抱怨学生或者自暴自弃。郑老师在之后的教学中主要做了这样一些事：听教师的课（不仅听专家型教师的课，也听新手型教师或类似黄老师这样的教师的课），邀请同行听自己的课，阶段教学结束前向学生征询教学意见，每次教学结束后做教学反思记录。这样坚持做了5年，小郑老师的课有了明显的长进。工作只有9年的她现在成了学校的教学骨干，也是全校范围内师生一致认可的优秀教师之一。

从上面的案例中，我们更加明白了一个道理，只有不断地反思，才能不断地进步。案例中的黄老师之所以40年来的教学工作"一直都没有什么很大的改变"，是因为她在教学中不懂得反思，不懂得总结和思考。相反，刚参加工作的郑老师却能通过教学日记、听课、做反思记录等方式不断地对教学进行反思和改进，最终成为一名优秀的教师。只有反思才能进步，你还等什么呢？

学习的心理健康

学校的发展靠教师，教师的发展靠学习，教师的发展已突显为学校

发展最核心的因素。与学生的学习相比，教师的学习具有它自身独特的特点，而不同的学习动机不但影响教师的学习效率与学习效果，而且还影响教师的学习态度等。不当的学习态度使教师在学习过程中出现了不少有问题的学习行为，不利于教师的健康发展。

一、教师学习的特点：我们有自己的特色

1. 独特的专业目的性

教师工作的主要职责是教育学生，提升教育教学的效果与质量，促进学生全面和谐发展，在此前提下，寻求自我实现，促进自身的可持续发展。因此，教师是边工作边学习，用于学习的时间比较有限，这决定了其学习带有明确的、特定的目的性。虽然知识更新、提高素质是一个永恒的主题，但是教师的学习主要以自己的专业发展需求和专业发展完善为导向，是为了当前能更好地胜任教育教学的专业岗位，并能自如地解决实践中出现的各种问题。这种学习更具有适应性，更具有专业目的性。教师学习所追求的，不再是以系统的一般的知识技能为主，而常常是把学习内容与自己的专业发展紧密相连。

2. 有效的多向合作

教师合作性学习比学生合作性学习似乎具备了更为现实的优越条件。作为成人学习者，他们在学习过程中会更自觉地采取开放的姿态和组织策略。他们更清楚什么时候需要与他人合作，怎样与合作者进行有效合作并从合作中学习与提高。他们更有耐心倾听他人的不同意见，更乐于沟通分享多种观点和知识，并以"和而不同"作为合作学习的前提和宗旨。

3. 必然的终身性

终身教育思潮深入人心。当教师自觉或不自觉地被放置在终身教育的体制里，不管教师愿意不愿意，不管是教师个人的人生选择还是履行其社会角色和责任，教师都必须成为一个终身学习者。更何况，教育有别于其他的专业领域，教育工作的革新性和探究性决定了教师专业学习的长期性和持续性。教师工作对象的复杂性、发展性，以及教育任务和责任的不断复杂化，也决定了教师必须进行终身学习以不断地解决新问题。学习是为了更好地工作，学习是为了提高生活品质和人生境界。生活在继续，学习也在不断地持续。

总之，基于社会客观现实的专业要求，更基于个人的主观选择和价值追求，教师必须也必然持续不断地发展自己，必须也必然进行持续性、终身性学习。如此，教师学习实践的终身性特征也就成了必然。在岗时，教师以

其终身性的学习，保持其专业的文化生存方式和专业发展的可持续性。

二、教师学习动机的激发与培养：加加油

（一）教师的学习动机

学习动机是激发并维持个体进行学习活动，促使其行为朝向一定学习目标的一种内在过程或内部心理状态。学习动机推动学习行为并直接影响学习者的学习态度和学习结果。学习动机是影响教师学习的情感因素，它决定着新的学习速度的快慢。一个人只有在某种动机驱使下活动时，才会对活动发生兴趣，诱发情绪、情感，进而发展意志、毅力、性格等。因此，在教师的终身学习中，学习动机有着非常重要的功能。教师在学习中，如果不明确"为什么学"就谈不上"学什么"和"怎样学"。

（二）教师学习动机的特点

令人担忧的是，教师日常工作比较繁重，没有充足的时间和精力参加学习，学习内容理论的先导性不够，脱离教育教学实践，再加上很多学习实际上是跟教师职称评定、晋升相互挂钩等种种原因，教师对学习认识不足，学习和研究没有成为教师内在的、迫切的需要，没有发自内心地认识到学习对自己的教育教学有什么用处。简单地说，就是教师的学习目的还不明确，因此学习意识不强，削弱了教师的学习动机。

有调查（宋德如，2000）认为，大部分参训教师学习的功利主义倾向严重。他们主要是冲着文凭或证书而来的，把自己的学习与评职、晋升或加薪、不下岗等直接挂钩。他们学习中的倦怠情绪严重，缺乏强烈的求知欲。有的参训教师认为，工作忙、事务多，没有自学时间，学习中"见老师行事，瞧老师下菜"，视任课教师的"软硬"程度来分配学习时间，选择完成作业的方式；学习过程中心浮气躁，不沉稳扎实，速成心态严重，对所学内容只求过得去，不求过得硬，认为"不管讲什么，只要放我过关就行了"。参加培训的教师大多采用浮光掠影、蜻蜓点水式的学习方式和临时抱佛脚的突击应试策略。77.7%的人认为，如果授课教师不划考试范围或重点，自己则很难完成学习任务。一些教师尽管意识到在职学习的重要性，但还没有形成一种强烈的学习动机，主动学习、超前学习的愿望并不十分强烈，往往是迫于外在的压力或在迫不得已的情形下开展学习，即部分教师还没有端正学习的态度、形成正确的学习理念，只是视学习为一种应激方式。很显然，在这种情形下的学习不可能取得真正的学习效果。

因而，在针对实际教育教学工作的调查研究中，我们常会看到这样

四个场景。

案例一：在学期初工作会议上，校长根据上级的会议精神，布置教师进行学习，并提出具体的量化指标：每位教师写政治学习笔记5000字、业务笔记5000字、教学设计一篇、教学案例一篇、学习心得一篇、听课记录20节等。每逢此时，总是从教师中传出长长的叹息声。

案例二：月末，快要检查常规工作了，校长提醒交各种笔记、记录。有的教师这才忽然想起，一个月了，每天忙得不可开交，这些都还没有写呢！听课记录也不够，怎么办？没办法，补吧，不然的话，领导批评，还要克扣奖金，宁可累死牛，也不能翻了车。于是，开始查找可供抄写的资料，甚至干脆把某个同事的笔记借过来直接抄写……总之一句话，一定要赶在检查之前完成任务。

案例三：马上就要进行年终工作检查了，学校计划召开教育研讨会，要求每名任课教师至少要交一篇文章。可以是论文，可以是教学后记，也可以是教育案例。教师都按时完成了任务，但是仔细一看，不难发现存在以下问题：一是有的文章似曾相识；二是个别文章纯属虚构；三是文章言辞不通者大有人在。

案例四：一学期结束了，教师学得怎么样，还得用考试来验证一下，于是教育局或者中心学校组织教师教育理论考核、计算机考核。可是笔试全是开卷考试，就连平时连书都不翻一下的教师也很容易找到答案。这样的考试目的何在呢？年龄大的教师往往会这样说：学计算机是年轻人的事，我们都这么大岁数了，学它有什么用？考个60分就行了。对此现象，很多人也十分理解：教师太忙了，哪有时间？

之所以出现以上的场景，不是因为教师不愿学习，而是因为学习没有成为教师内在的需求。由此看来，教师能不能真正投入学习，成为符合新课程理念的不断学习的研究型教师，归根结底是要提高教师的学习内在动机。

（三）如何激发教师的学习动机

1.教师学习的目标应该更侧重于对自身素质的提高

教师的学习应注重对自身素质的提高，因此教师在专业成长的过程中对自己的教育观念（如教育的本质、信仰、知识观、价值观）、教学态度，以及其对世界、他人和自己行为、语言的影响等要有深刻的认识。鼓励教师从专家理论知识的学习和实践经验知识的学习中形成自己的教育理念和教学出发点。每个教师都要形成自己对教育目的、课程和教学的独特看法。

2. 教师学习的方式更倾向于立足实践、灵活多样的校本学习

学校不应满足于通过正规途径的学历式的教师教育，而应更加关注以教师所在学校为基础的校本学习，以及多种教学情境和方式的工作式学习。教师可以通过研究、实践、反思、与其他教师合作、观察学生活动、分享式讨论、大学与中小学合作式的校本学习等方式来学习。

3. 调动教师的学习兴趣，激发教师进行持续性学习

著名物理学家杨振宁说："成功的真正秘诀在于兴趣。"超越自我的不竭动力是兴趣。兴趣是最好的老师，是成功的钥匙，是取得成功的关键。做任何事，都会遇到困难，但只要有浓厚的兴趣，鼓足勇气去面对、克服困难，就会收到良好的效果。因此，培养教师的学习动机关键是调动教师的兴趣，有兴趣自然就有坚持的动力，你说是吗？

你的灯还亮着吗？

诺贝尔物理学奖获得者丁肇中说过："兴趣比天才重要。"爱迪生就是个很好的例子。他几乎每天都在实验室里辛苦工作十几个小时，在那里吃饭、睡觉，但丝毫不以为苦。"我一生中从未间断过一天工作。"他宣称，"我每天都无比快乐。"难怪他会成功。曾有人进行过研究：如果你从事自己感兴趣的职业，则能发挥你全部才能的80%～90%，而且长时间保持高效率而不感到疲劳。那么，你的灯还亮着吗？

兴趣＋毅力＝成功

4. 要完善学校规章制度，激励教师投身于学习

一方面，学校要主动解决教师学习中遇到的工作与学习的矛盾，调整乃至减少教师的教学工作量，保证教师有充足的时间静心学习、潜心反思；另一方面，要通过建章立制以规范的形式给予教师经费上的支持，包括差旅费、培训费、资料费等，明确规定学习期间的职务评聘、工资福利等待遇，使教师能安心学习、乐于学习。在条件许可的情况下，学校还可对学有所成的教师进行奖励，以吸引更多的教师投身于学习，勤于学习。

谁包干？

有一项针对北京市中小学教师学习投入状况的调查显示，北京市中小学教师学习经费主要由个人承担，或者由学校和教师按比例分担。学习费用由中小学教师自己承担的占62%，超过半数；由学校和教师按比例分担的占32.8%；完全由学校或教育行政主管部门包干的比例

很低，均低于 *10%*。北京市公立小学、初中、高中和完中的学习费用由"学校和教师按比例分担"的比例依次为 *12.60%*、*27.20%*、*47.40%* 和 *54.70%*，而"完全由个人负担"的比例依次为 *83.80%*、*66.90%*、*50.90%* 和 *37.90%*。而九年一贯制学校教师的学习经费由"学校和教师按比例分担"的比例仅为 *10.30%*，"完全由个人负担"的比例是 *75.90%*。从总体上看，北京市中小学教师的学习经费主要由个人来负担，比例甚至高过九年一贯制学校。

三、教师的学习问题行为：老师也要检讨

（一）教师的学习问题行为

威克曼（Wickman, *1928*）最早对"问题行为"提出了界定，他从社会层面出发认为："行为，从社会意义来看，是社会评价和社会规范的结果，而问题行为则表示在个体行为与社会对行为的规范和要求之间发生了冲突。""问题行为"一经提出，就受到了西方教育界的广泛关注。我国关于问题行为的研究也得到了长足的发展。教师学习的问题行为是指教师在自身专业发展过程中表现出来的不利于自己或其他教师的专业发展的行为。

（二）教师学习问题行为的特点

教师的学习问题行为的表现是多种多样的。从教师对学习与培训参与度、投入情况，以及对所学知识的应用情况来看，教师学习的问题行为主要包括以下几个方面。

1. 出勤情况

出勤情况是衡量教师对学习是否重视、是否认真的一个重要指标。调查（俞学明、刘建新，*2007*）中发现，教师学习的出勤情况比较乐观，逃课的现象很少出现。有调查显示，*85.8%* 的教师选择"从不旷课"。由于教师的学习成绩很多是由教师的出勤率来考查的，所以很多教师不敢随便逃课或者旷课，他们"宁愿在那边坐着，做自己的事情"。一次相关的调查揭示出了该问题，有 *12.3%* 的教师对听课抱着"听听看，意义不大就走人"的态度，而有 *1.9%* 的人"点了名就走"。

2. 听课情况

调查（苏红、张建石等，*2007*）显示，教师在听课过程中的表现不容乐观。在调查中，选择"总能认真听讲"的教师占统计人数的 *62.6%*，"意义不大就不听"的占 *23.9%*，"从来不听，但能遵守纪律"的占 *12.2%*，"总是不听，并聊天、打瞌睡"的占 *1.4%*。

教师的出勤情况和听课情况说明教师在学习中的参与度表面上看比

较理想，实际上参与的程度不是很深入，质量不高。也就是说，教师实际上只是参加而不是真正的参与。教师在学习过程中认为，只有那些对他们的教学工作实践有直接指导价值的、符合他们教学实际需要的那部分知识才是有"意义"的。这反映了教师对学习的态度比较消极，对学习有片面的理解，但同时也反映了教师对学习还是有一定的期待的。

3. 学习的投入程度

教师学习，除时间和经费的投入外，更主要的是教师在学习过程中精力的投入，这比较直观地体现在教师上课过程中的做笔记情况、在课后阅读笔记的情况和教师与同事的交流情况。有调查（苏红、张建石等，2007）显示：在上课时"总能认真记笔记"的人数仅占统计人数的48.1%；"内容与需要相符就记，反之就不记"的人数占50.5%；还有1.4%的人从来都不记笔记。而在课后阅读笔记情况的调查中居第一位的是"就像查字典，有用时查一下"，占统计人数的40.6%；居第二位的是"偶尔翻一下"，占31.1%；"总能认真复习笔记"只排在第三位，占21.7%；有6.6%的教师"从来不看"笔记。这两项调查说明，教师在学习中的投入程度不是很高，虽然刚开始对有"意义"的内容进行记录，但是能够真正理解并在课后复习的人却很少。而在与同事交流情况的调查中发现，"遇到教学问题就向同事请教"的人数占统计人数的94.3%，有4.7%的人"只在教研活动时才请教同事"，"从不向同事请教"的人仅占统计人数的0.9%，没有人"只向领导请教"。选择"能对建议进行批判性接受"的教师占统计人数的53.9%，"总能虚心接受"的教师占44.3%，有0.9%的教师"只接受领导或专家的建议"，有0.5%的教师"总不喜欢别人提建议"。由此可见，教师在学习当中与同事的交流情况还是比较乐观的，大部分教师都能就学习中的问题与同事交流并乐于采纳同事的建议，这是教师学习过程中非常积极的一面。

放假了做什么？

总体上看，大多数中小学教师将寒暑假和双休日用于"娱乐、健身和旅游"，大多数教师主要将学习时间花在知识与技能的积累上。中小学教师假日活动内容总频数排在前三位的是："娱乐、健身、旅游等"（67%）、"涉猎有助于改进教学的各种资料"（44.8%）和"学历教育"（25.9%）。有56.5%的中小学教师进行教学研究和改进活动（包括"涉猎有助于改进教学的各种资料"和"进行教育教学调查研究"），有36.6%的教师从事技能提升活动（参加"非学历专业、教育教学理论或方法的培训"

和"其他技能培训"）。从事辅导学生的活动（包括义务和有偿）的比例为 11.7%，从数据上看，义务辅导学生的教师的数量是有偿辅导学生教师的 2.67 倍。这一方面说明在假日愿意义务辅导学生的教师数量太少，不到 1/10；另一方面说明愿意义务辅导学生的教师人数还是稍多于有偿辅导的教师人数。

4. 应用情况

对教师来说，学习的知识主要是为教学活动及教学研究服务的，因此对所学知识的应用情况也将影响教师学习的行为和效果。

教师在独立学习及将理论应用于实践过程中的表现，直接反映了教师学习的自觉性，反映了教师对提高自身专业水平、提升自身教学修养的需要程度，反映了教师将理论应用于实践的能力及教师从培训过程中学到的理论在教学实践中的可借鉴度。有关调查发现，在教师将学习到的理论应用于实践这个环节上，"在教学实践和写文章时总会考虑使用"的人数占到了 61.3%，"只在教学实践过程中用"的人数占 21.7%，"只在写文章时用"的人数占 13.2%，还有 3.8% 的人"从来不用"。由此可见，能够使用在受训过程中学到的知识的人数占被统计人数的 96.2%。这说明教师还是很想从培训中学到他们所需要的教学理论与技术，教师的学习主要侧重于对他们的教学有用、符合实际、能够操作的知识上。

（三）产生教师学习问题行为的原因

"工作量太大，工作压力太重"是教师普遍反映的一个问题，而这也是导致教师无暇顾及自身的专业发展，产生教师学习问题行为的主要原因。对于教师的工作压力，我们在前面已经有了很多探讨，在这里，我们一起来看看以下教师对此的说法，或许他们说得有道理，但是在他们的"抱怨声"中我们似乎也有很多东西要思考。

你也有这样的抱怨吗？

教师 A：现在我们一线教师每天备课、上课、改作业、辅导后进生、辅导学生参加各种竞赛活动、应付各种考试、参加各种培训，你说有多累，哪里还有什么时间去看报纸、杂志或者学习？即使有时间，也只想看看那些休闲书籍，放松一下疲惫的心情，调节一下生活的情趣。

教师 B：检查、活动、培训等外围干预较多，自主学习空间太小，（这直接造成了）教师缺少自主学习的时间，知识面窄。

教师 C：无论是以教研为中心，还是校内举办活动，都使平时的正常教学受到影响，但是如不举办活动，提供一定的获奖机会，对一些评高级职称的教师来说，就失去了加分的机会，这是一个矛盾。

教师D：（培训地点）路程远，交通不便，希望教育部门能设身处地为一线教师着想，本着实事求是的原则，安排教师就近接受培训……

培训内容不符合实际需要是产生教师学习问题行为的第二个因素。从前面的分析我们可以看出，教师之所以对学习不是很投入，主要原因是其认为"学习的内容意义不大"，而且只要觉得"意义不大，就走人"。因此，学习内容的没"意义"是导致教师学习问题行为产生最直接的原因。从表3我们可以看出，教师对学习内容最不满意的就是培训内容的实践性，这也是导致教师学习问题行为产生的一大原因。

表3　教师培训内容实践性的调查结果（俞学明，刘建新，2007）

调查项	纯粹的形式，没有任何的意义	对教学实践有一定指导作用，但实践性不强	对教学实践有显著的指导作用，实践性强
统计结果	19.9%	70.6%	9.5%

除以上的客观条件因素外，教师对自身学习的兴趣、学校缺乏必要的激励机制也是重要因素。由于对所学内容缺乏"兴趣"，因此教师很容易对学习产生"倦怠"，从而导致教师在学习当中的懒散行为。此外，教师在学习中受到的挫折也可能会导致厌烦学习的行为。

（四）解决教师学习问题行为的策略

教师在自身专业发展过程中表现出来的问题行为，不仅不利于教师自身的专业发展，同时也对他周围其他教师的专业发展产生负面影响。我们除重视提高教师的学习动机、培养教师的学习兴趣外，还要注意以下两个方面的内容。

一方面，加强教师在学习中与同事的交流与合作。大部分教师如果在学习中遇到困难还是比较愿意与同事交流并一起解决的。因此，我们在教师的学习中要创造更多更好的机会和情境来加强教师与同事的交流与合作，如倡导合作研究、沙龙研讨、集体讨论等。

另一方面，注重教学内容与实际相结合。教师的学习已经不是"职前"的准备，而是教师在职的继续教育。具有一定教学能力、教学经验和教学风格的教师参加学习，其学习内容的侧重点也应该与新教师的学习有所不同。只有符合教师实际需要的学习内容才能吸引教师更加投入地学习，取得"双赢"的效果。

第九章

教师职业生涯发展案例

执著追求的职业生涯

从情境教学到情境教育再到情境课程，深一脚浅一脚地走过来，虽无暗礁，但曲折总是难免。有欢笑，也有泪水。我只是像一个长跑运动员执著地往前迅跑，激情与想象让我为了孩子们的幸福成长而追求教育的完美境界，从朦胧到清晰，从清晰到急切。也正是有了这样的精神追求，我的内心萌发了一股子劲儿，驱动着我去学习、去研究。如此日积月累，我从一个普通的教师成长为一个有追求、有作为的教师。

一、我选择了小学

1956年，师范毕业了。在国家大发展的年代里，那年师范生都可以报考大学。我作为一名成绩优秀的学生，又何尝不想迈进高等学府的门槛呢？但是我的父亲很早病逝，在我的记忆中，童年是灰暗的，没有色彩，没有欢笑，甚至连一张照片也没留下，那是因为穷。为了母亲，在大学与小学之间，我选择了小学。

那年初秋，我走进小学，走到了孩子们的中间。终于能挣钱了，能养活母亲了！在放弃上大学的同时，我尝到了作为女儿履行责任的一种快慰。从此，小学成了我的大学，大学之梦竟终身圆不了。

翻开我教学生涯的第一页，写得歪歪斜斜，近乎狼狈。校长看到我的毕业成绩22门是"5分"，就分配我教六年级。六年级的孩子大了，有的和我差不多。尽管我备课笔记上写得密密麻麻，站在讲台上讲得兴致勃勃，可是孩子们却叽叽喳喳，根本不听我讲，教室里简直像小鸟上窝，闹个不停。下班回家，班上的孩子不远不近地跟在我后面，喊着我的名字。我一回头，他们又躲藏起来，每天不得安宁。晚上我坐在灯下，想着这些调皮捣蛋的孩子，想着在大学里上学的同学，泪水禁不住簌簌地往下淌。

以后的日子里，我忍住泪水，心想：既然选择了小学，就要把这条路走下去。我怀着要当孩子的好老师的信念，更加努力地学习、钻研，早起晚睡多读书。

其实，在这段时间里，有好几次机会我可以离开小学，去当运动员，当跳伞队员，当演员。这些工作对青年人都是颇有诱惑力的，而且容易崭露头角。但我认为，学师范，当小学教师是天经地义的事，不必"这山望着那山高"。

由于我的努力，工作上自然就做出一点成绩。领导也不断培养我，尽管我那时还很年轻，领导却让我去省里编写教学参考书，出席省教育厅召开的语文教学研究会议。我积极贯彻会议精神，加强"双基"，有效地提高了语文教学质量，还当选了南通市人民代表和先进工作者。正因为这些，在那场浩劫中，我竟被当作小学的"反动学术权威"受到冲击。那年我才28岁。

在那惶恐不安的日子里，在那些没有星星和月亮的晚上，我常常默默地在灯下读着鲁迅先生的杂文，不断地给自己鼓劲，心里常常念着三句话：

第一句是普希金说的——"心憧憬着未来"；

第二句是高尔基讲的——"我从小就是在和周围环境不断的斗争中长大的"：

第三句就是毛泽东所说的——"人是应该有点精神的"。

十年，漫长的十年，惶惶不可终日的三千多个日日夜夜，我没有低头，没有抛弃自我，我警惕着女人的脆弱和碌碌无为。

二、改革需要激情

1976年，我已近不惑之年。是的，经过了"文化大革命"的"洗礼"，我更"无惑"了。我终于可以重新无拘无束地走上讲台。于是，我从1978年开始，放弃了我所熟悉的中高年级的语文教学。

我所看到的一年级的教学现状是单调的、枯燥的。教学让孩子们失望了。当时的我，内心燃着一团火，那颗心如果吐出来定然是滚烫滚烫的。我恨不得一下子从"旧框子"里跳出一个崭新的小学语文来。

这种真切、热切、急切的心理状态，令我终日沉浸在教学工作的思考中，苦苦求索。路在脚下，究竟怎么走？在小学语文教学中，儿童发展究竟有什么规律？当时就像孩子一样，一种强烈的求知欲望使我的心平静不下来。渴望学到新的东西，努力突破传统的条条框框，为孩子们挣脱束缚。全国改革的大潮奔涌着，席卷全国，我投身其中，成为第一批教育改革的"弄潮儿"。

一个偶然的机会，我获得了外国情景教学的信息，我作了粗浅的分析，大胆地把外语的情景教学移植到小学语文教学中来。通过一段时间的摸索，效果显著。但是我并没有就此打住，我从外语的"情景"很自然地联系到中国古代文论的"意境说"。

我自己一直是比较喜欢诗歌的。我的同学都去读大学的时候，我走

进小学，我就把小学当作我的大学，我利用一切业余时间读书。每天清晨，坐在学校荷花池边沐浴着朝霞，背诵着我喜欢的诗篇：郭沫若的、艾青的、闻一多的、普希金的、裴多菲的、伊萨可夫斯基的，中国的、外国的，古代的、现代的。我从王国维的《人间词话》里知道了"境界说"，又从这里找到了刘勰的《文心雕龙》。我感觉这是我们中国古代文艺理论的经典，是精髓所在。我读了以后，觉得"意境说"博大精深，比外语的情景教学更为丰富，更有深度，也更有品位。

由此，我迈开关键的一步，汲取古代"意境说"的营养，以古人"情以物迁，辞以情发"的"诗论"观点，丰富今天的"作文论"。通过创设情境，带入情境，为学生提供作文题材，激发学生创作的情感，改革作文教学，走出了自己的路。

我首先选择大自然作为典型的场景。于是，我迈开双脚，或骑上自行车独自一人到田野、小河边去寻找我心目中的理想场景。为了带一年级孩子去看日出，我预先选择理想的观察点。那天，我独自一人半夜起身，靠着自行车壮胆，呼呼地赶在日出前到达我前一天选择好的观察点，站在大桥上，面对东方，我像一个初恋的少女，专注地等待恋人的到来。东方微明，我听到了不远处农户那里传出的第一声公鸡的啼鸣，我第一次感受到黎明是怎么驱赶黑暗的。此情此景中，顿觉自己有点"伟大"。一会儿，东方涌起艳红的朝霞，金色的光亮又给她镶上一道金边，美丽极了。啊！我期待已久的太阳公公终于露出了红彤彤的面庞，一纵一纵地升起来了，大地一片光明。我开始听到身后农民挑着担子"吱吱咯咯"的声音，那是进城卖菜去了。自行车的铃声也夹杂其中。我似乎觉得有人瞧着我的背影，谁会想到这是一个小学老师，为班上的小学生在这儿痴痴地、美美地望着初升的太阳呢！我深感改革需要激情，需要有股子劲儿！

我孜孜不倦地进行情境教学的探索与研究。在探索的过程中，我逐渐形成一个理念，那就是"一切为了儿童的发展"，我的情境教育的坐标也随之鲜明地确立起来了，并指导我将情境教学发展成为一种"发展性的教学。"

在我1986年写的《情境教学实验与研究》一书中，很自然地把"情境教学与儿童发展的关系"作为一章来进行阐述，分五节作具体介绍。在第四节"情境教学与创造性思维"里，已初步概括出发展儿童创造性的做法：丰富表象，为组合新形象打下基础；注重想象，为创新新形象

提供契机；鼓励求异，培养思维的广阔与灵活性。由此说明，培养儿童的创造性在情境教学起步阶段，就被放在一个很重要的位置而且不断地从实践中进行概括。在第五节"情境教学与审美教育"里，我提出情境教学"形真、情切、意远、理寓其中"的四大特点，为小学语文对学生进行审美教育提供了十分理想的途径。

1983年，第一轮实验接近了尾声，我实验班的孩子必须参加全市的升学考试，客观检验成果的时刻也随之来临。在这酷热难当的盛夏，我和我的学生却尝到了丰收的快乐。作为五年制的学生和兄弟学校六年制的学生一起考，班上43个人考入省重点中学的就有33个，其他10个孩子考上了实验中学，这个成绩不仅使我，也使许多人心上的石头落了地。为了全面考查实验班学生的语文质量，教育局决定进行各项语文能力的测试。单项、综合加起来一共有10项，难度绝对超过统考，很多是超大纲的。但最后的结论是：李吉林班的学生不怕考！100%的合格率，83.6%达到优秀、优良。

学生毕业后，我回顾了情境教学五年的探索历程，终于写成了《情境教学实验与研究》（后由四川人民教育出版社出版）。在这本书中，我阐述了情境教学的特点、原则，与儿童的发展的关系，以及情境教学在识字教学、阅读教学、作文教学中的实际操作。我想在这本书里告诉广大的同行们，怎么运用情境教学教语文，怎么运用情境教学促进儿童的发展，没想到这本书获得国家教委首届教育科学优秀成果一等奖、全国优秀教育图书一等奖。我和学生都丰收了，我感受到播种者的快乐。

三、反思产生顿悟

在感受丰收喜悦的日子里，我更深刻地回顾情境教学探索的全过程。在情境教学向前发展的过程中，我总喜欢回过头来看，带着情感，带着对儿童、对教育发自内心的热爱，去回味、体验，而更重要的是，其间渗透着理性的思考。通过反思，我发现情境教学探索的前几个阶段，虽然是一个阶段一个阶段地摸索，一个局部一个局部地去认识，但它们并不是单一的、孤立的，而是相互联系的，每一个阶段都包含着儿童发展的各方面的要素。至此我顿悟：儿童的发展是整体的。同时，我不断地学习关于"系统论""信息论""控制论""场论"等理论知识，尝试着将所学融合起来，努力运用到自己的情境教学中来，再在实践中自觉地反思、总结，提升出新的理论。

反思产生顿悟。我反思着1982年概括出的促进儿童发展的五条要

素，渐渐发现"以培养兴趣为前提，诱发主动性"，"以指导观察为基础，强化感受性"，"以发展思维为核心，着眼创造性"，"以激发情感为动园，渗透教育性"，"以训练语言为手段，贯穿实践性"五条要素，不也是其他学科促进儿童发展的要素吗？我试问自己：哪一个学科不要"诱发主动性，强化感受性"？哪一个学科不要"着眼创造性，渗透教育性"？我肯定地回答了自己提出的问题，答案是各学科无一例外。只是把最后一条"以训练语言为手段"改为"以训练学科能力为手段"，各科老师就都可以理解，可以操作。我顿觉整体改革的路一下子拓宽了，清晰了。我得出结论："五要素"符合儿童的心理特点和发展规律，具有普遍意义，情境教学不仅仅属于小学语文教学，它同样属于整个小学教育！就这样，情境教学不再是平面的，情境教学站起来了！

我记得那个晚上，当我想到这儿时，我把手中的笔往桌上一搁，站起身来，走出屋子，来到小院里。晚风轻轻拂面，舒坦而充实，月光在大槐树上多情地望着我，我真想喊出声来：情境教学的"学"有可能改成"育"字了！情境教育属于整个小学教育，它必然会为儿童素质的全面发展开拓一个有效的途径。

现在对照新课程标准中提及的关于儿童主体性、创新品质、实践能力的问题，这些我早在20世纪80年代就已作为情境教学中促进儿童发展的要素提出过。我内心感到非常欣慰。我在"情境教学—情境教育"探索过程中的感悟和做法与新课标相吻合，实验的大方向始终是正确的，这是因为我们"一切从儿童出发"概括出的理论，从实践中顺势发展起来，又在实践中得到确认。

那么，情境教育的基本模式应该如何构建呢？

我问自己，在情境教育的探索中，自己想得最多的是什么？我毫不犹豫地回答自己：那就是儿童的成长环境。我曾美美地幻想着：倘若各科教学孩子们都能像学语文那样，在优化的情境中主动地学习、欢乐地学习，那该多好！

从这个核心问题，我进而又想到，什么样的环境最适合儿童的成长，是开放的，还是封闭的？目标是什么？我觉得这些问题在我的思想上是明确的，我用不着"做文章"。我想，我不能像跳高运动员那样，一阵助跑，一下子越过横杆，尽管在我整个的人生历程中，常常会向自己提出"新的高度在前面"，这前进的横杆不能下降，只有上升。而要走出一条路来，必须是脚踏实地的。我感觉自己犹如一个竞走运动员，脚跟不离地，

一步紧跟一步，快速地走，不停步地走。我深知中国的教育科研起步迟，它既需要我们思想上的飞跃，又需要我们一步一个脚印地去务实，容不得半点飘浮、虚假和矫揉造作。因此，动笔前，我的自我感觉良好，思维状态是有序的，比较费劲的是怎么提升、概括。经过好多天的反复琢磨，根据实践与自己的感悟，我从空间、距离、主体、目标四个方面构建起了一个立体的情境教育的基本模式。

面对的活生生的现实，以及现代的教育论说，都表明儿童的发展需要一个广阔的空间。由于"场论"的学习，我懂得儿童的生活空间是他们的成长环境，每一个儿童都是在十分具体的环境中成长起来的。环境与其间活动的儿童，构成一个静态与动态、物质与精神相交织的生长环境。这个环境对儿童的影响虽然是不知不觉的，但却是极其深远的。于是，"拓宽教育空间"逐渐渗入我的教育理念之中。与此同时，我还特别考虑到儿童成长空间的优化，有情有境，富有美感，把各科教学的目标统一在促进儿童整体发展的目标上。力求将儿童活动空间中的每一个区域从课堂、校园各个活动场所，以至家庭，构成一个连续的、目标一致的和谐整体，以充分利用环境、控制环境，最终使儿童生活的各个区域以统一的目标求得和谐，进而获得教育的正效应。于是，我提出情境教育基本模式的第一要素：拓宽教育空间，追求教育的整体效益。

从拓宽教育的空间很自然地想到这个广阔空间中的人群，想到老师与学生之间的关系。我觉得多少年来，学校的教育活动一般是单向式、被动式地进行的，学生有一种"距离感"。而我们实验班的课堂上、班级里，却是另外一种景象：师生间的和谐、同学间的友爱、学生对教材产生的亲切感，都非常好地相融在一起。我追究其原因，那就是"境中之情"的作用。我以为，情感其实就是无形的纽带，在优化的情境中，它无形地连接在学生与老师、学生与教材、学生与学生之间。这一点我感悟到了，如何去概括呢？其实是一种"心理距离"，情境的作用不是保持距离，而是要缩短这种距离。这样便提出情境教育基本模式的第二要素：缩短心理距离，形成最佳的情绪状态。

从"空间—距离"构建情境教育基本模式的思绪中，我接着思考的便是活动在这个空间的主体——人，我们的儿童。其实，"空间"与"距离"就是儿童的空间，儿童与老师、教材的距离。"一切为了儿童的发展"是情境教育的宗旨，我越来越深切地认识到，儿童是教育的主体，是课堂的主人。我又顺势往下想，在优化的情境中，儿童的主体性得到了很

好的体现，除了兴趣的培养，那就是角色的作用，诱发了他们的主动性。我看到孩子们扮演角色时，一个个会即刻兴奋起来，表演到高潮处，教室也进入沸腾状态。由此我感悟到是"角色"的担当或者表演，促使儿童进入角色。在热烈情绪的主导下体验角色、表现角色，以及角色的思维和系列的操作活动，都使他们的主体性得到充分的体现。各科教学中呈现的活生生的教学场景，告诉我"角色"会产生效应，它使儿童已经被激起的主动性更强化，主体性得到更充分的体现。于是，我明确地提出了基本模式的第三要素：利用角色效应，强化主体意识。

情境教育注重拓宽教育空间，缩短心理距离，利用角色效应，最终的目的是为学生的创新、实践提供最佳的环境，是要落实全面发展的目标。在设计情境教育实验方案时，我的思想是非常明确的，那就是：教育的基本模式是围绕儿童来构建的。正是这种对儿童的挚爱让我朝思暮想，精细地考虑儿童的成长环境和空间，考虑儿童和老师、同学、教学内容之间的关系，考虑在这样一个广阔的教育空间里，儿童所担当的角色，更重要的是考虑儿童作为人的发展。而这一切，就是素质的全面发展。我站在"一切从儿童出发""一切为了儿童的发展"这样一个制高点上，提出了情境教育基本模式的第四要素：注重创新实践，落实全面发展的教育目标。

情境教育既然在实践中获得效果，就说明它一定是符合规律的，作为它的探索者，应该有胆识、有能力把它的基本原理阐述清楚。于是，我不仅从哲学上找到情境教育的依据，而且还从科学上借鉴现代心理学研究成果，构建情境教育的基本原理。但仅仅是借鉴，而不是生搬硬套，关键还是要有真正属于情境教育的基本原理。

经过反复推敲、概括，最终明确提出"暗示诱导原理""情感驱动原理""心理场整合原理"，同时又增添了"角色转换原理"。

四、情境课程的开发

情境教育强调诱发主动性、强化感受性、着眼发展性、渗透教育性、贯穿实践性，以渗透着教育者目的、充满美感和智慧的情境，在心理场中利用暗示、移情的原理，通过角色的转换，强化儿童的主体意识，促使儿童主动地投入其中、主动地活动，让他们在活动中获得充分发展。这种教育模式使活动课程顺其自然地融入了学科课程。而教育空间的拓宽，课外活动、班队活动、野外活动，又因主题性大单元教育课程及其他课程的开设，将知识的传授、智力的发展、品质的培养，作为明确的

目标纳入其中，从而孕育了"情境课程"。

"情境课程"的提出，绝非我的初衷。情境教育从理论体系到基本模式的构建，随着实验一步步走来，必然带来课程的改革，也就是说，"情境课程"是实验进行过程中的必然产物。当然，对于课程及其改革，我并未做过全面深入的研究，但是因为实验的需要，我必须去关注课程改革的历史与现状。当今，世界各国都把课程作为教育改革的关键来看待，这个领域中的实验与研究一直没有停息过，倾注着一代又一代人的心血与智慧。无论是维多里诺的人文主义课程论还是夸美纽斯的泛智主义课程论，无论是杜威的实用主义课程论还是皮亚杰的结构主义课程论，在某一个历史时期都显示了其先进性，产生过广泛的世界性影响。这些课程流派在世界课程论的改革中都曾各领风骚。

而我则从众多的课程流派中，从情境课程的内涵出发，更多地关注杜威的活动课程、胡塞尔的体验课程，以及英国劳顿课程模式提出的"情境课程中心论"。当然在此之前，我也深受叶圣陶先生课程综合思想及卢梭的自然主义课程的影响。我觉得课程是相通的，各家之论说都可以进一步丰富情境课程的内涵和建构，汲取各家课程论中情境课程可以借鉴的精华，博采众长，为我所用，创出我们自己的课程特色。

为此，我将自己18年来在情境课程开发与研究过程中的认识与实践作了回顾和梳理，加以概括和构建。1996年在"全国'情境教学—情境教育'学术研讨会"上，首次提出"情境课程"的主张，阐述了"情境课程"的理念，概括出学科情境课程的主体作用、大单元情境课程的联动作用、野外情境课程的源泉作用，以及过渡情境课程的衔接作用等情境课程的四个领域，并对各自的功能进行了阐释。情境课程的具体内容为：①核心领域，学科情境课程；②综合领域，主题性大单元情境课程；③源泉领域，野外情境课程；④衔接领域，过渡性情境课程。

情境课程，从课堂内学科与活动的组合，到打破学科界限、走出课堂，实行大单元联动，再到走出学校，走向广阔的天地间获取源泉，加上低幼衔接的过渡课、微型课程的补充，如网络一般使教育空间通过课程紧密地联系起来。儿童作为活动主体角色的系列性操作，又在情境课程中得到体现、得到落实。

近半个世纪的教师生涯，让我深切地感到教育充满诗意，教育本身就是诗篇。写好她，需要积累，需要凝练，需要迸发。那是用人世间最纯真的情、最深切的情、最炽烈的情——那是一团扑不灭的火，去撰写，

去抒发，去赞颂。"情境教学—情境教育—情境课程"三部曲历时已28年，吟咏的只是同一首歌——我心爱的"小鸟之歌"：

小鸟是黎明的歌手，呼扇着翅膀去迎接清晨的第一道阳光。小鸟的歌是会飞的歌。

孩子喜欢小鸟，孩子羡慕小鸟，他们人虽小却心存高远，总想什么时候长上一对翅膀飞向远方。他们不会像小鸡那样，因为有了一把食，一个温暖的窝，就忘却飞翔。他们连做梦也想变成小鸟，飞过小河，飞过大树，飞过高山，飞向高高的蓝天……这是孩子心中的小鸟之歌。

情境教育，就是给孩子添翼，用情感扇动想象的翅膀，让孩子的思维飞起来，让孩子的心儿飞起来，快乐地飞向美的、智慧的、无限光明的童话般的王国。这是我心中的小鸟之歌。

情境教育为"小鸟之歌"而歌。

一提起教育家，人们脑海里浮现的不是古代的就是外国的教育家的名字。教育家并不神秘，他们应当就在我们教师队伍中间；教育家并不平凡，他们是教师中的仁者、智者与勇者！他们有自己的教育主张，并积极投身实践，在实践中检验、提升自己的教育思想。他们在实现自身教育理想的同时也引领着行业中的人前行。在当代中国，李吉林老师就是一位杰出的教育家！

从情境教学、情境教育到情境课程，李老师创立了情境教育理论框架和操作体系，成为我国素质教育的重要模式，丰富和发展了我国当代教育学理论和教育改革实践。仰望今天的李老师，仿佛是一座高山，让人心存敬仰，心向往之，然不能至。但是，细细品读李老师诗意的文字，用心品味李老师成长的故事，你会觉得非常亲切，你会觉得教育家成长的路径并非高不可攀。

吕型伟先生指出："教育是事业，其意义在于奉献；教育是科学，其价值在于求真；教育是艺术，其生命在于创新！"李老师几十年如一日，在一所学校，教一门学科，不为名利所动，不畏艰难险阻！由于家境所迫，李老师成绩优异却没能上大学，最终李老师也没能圆大学之梦。但是，李老师把小学当成了她的大学。爱一行干一行固然是幸事，然而绝大多数人都没那么幸运！干一行爱一行却是很多人通过自身努力可以达成的。李老师的奉献精神令人敬佩。

　　探究教育的真谛，李老师是全身心投入的，而灵感往往又是在百思不得其解的时候突然光顾。李老师始终处于真切、热切、急切的心理状态，终日沉浸在教学工作的思考中，苦苦求索。所以，当一个偶然的机会，她听说"外语情景教学"时才会如电光一闪，豁然开朗！从此开展了她的小学语文情境教学之旅……

　　"情境教学"的诞生绝非偶然，试想：如果没有研究者对当时的教育现状真切的思考和迫切要求改变现状的愿望，新的教学方法就没有产生的土壤；如果没有研究者对教学信息的准确把握和大胆扬弃，一切都成为无稽之谈；如果没有研究者对教学的不断反思和大胆创新，情境教学就不可能超越"情景"，成为李老师独有的、富有个性的教育思想。

　　处于教学适应期的李老师和许多新教师一样，也遭遇到无法维持好正常的教学秩序，被调皮的学生搅得无所适从的问题。然而面对困难，她采取的是正视困难，查找差距，很快就适应了工作。也许就是这股韧劲和执著，成就了她今后辉煌的事业。

　　进入事业成长期时李老师已年近不惑，乘着全国教育改革的东风，李老师成了第一批教学改革的"弄潮儿"，她带了一个实验班，进行教学改革的尝试。

　　处于事业成熟期的李老师不断地思索，她发现在情境教学的探究中，儿童的成长环境的有效建构才是核心；通过理性的思考，她发现了小学教育教学的普遍真义。就这样，李吉林老师没有停留在原地裹足不前，她将情境教学发展为了情境教育。现在，李老师又在着力于情境课程的开发和研究……

　　热爱学习、积极实践、善于反思是支撑李老师不断前行的动力源泉。勤于学习、善于学习，使李老师既积淀了丰厚的传统文化的基础，又掌握了丰富的心理学、教育学理论；景仰名师、终身学习，使李老师既能够理性借鉴不盲从，又能积极吸收，扬长补短；从不满足于现状，"警惕着女人的脆弱和碌碌无为"，对自己的教育思想不断反思、不断提升，使李老师成功地走向了事业的超越期，成为一名卓越的教育家。

　　近半个世纪的教师生涯，李老师在其间快乐地徜徉、诗意地挥洒。用她炽热的激情，无比的睿智，无止境的探索和攀登为教育界、为教师和孩子们献上了一份厚礼——情境教育三部曲。

寻梦——我的成长之路

2006年春节前夕，我收到了北京师范大学出版社给我寄来的新书，书名是《孙双金与情智教育》。这是由教育部师范司组编的《教育家成长丛书》中的一本。这套丛书收录了魏书生、李吉林、钱梦龙、邱学华、丁有宽、李镇西等20位当今教育界比较有影响的教育名师。它的入书条件是：在全国教育界有一定影响，教育思想有创新，教学方法有特色，教育教学效果有影响，为全国同行所熟知，为广大学生所欢迎，为社会所认可，是有相当名气和威望，堪称"学为人师，行为示范"者。其必备条件是：特级教师、并受到过省（部）级奖励。（《教育家成长丛书》前言）。国务委员陈至立同志专门为丛书写了序言，教育部两位副部长是丛书顾问，教育部师范司司长管培俊同志是本丛书编委会主任，各省、自治区、直辖市主管教师教育的副厅长为丛书编委。

手捧这本装帧古朴大气的新著，我感慨万千，思绪翻滚。读着书中我的一段引言"小马丁·路德金的《我有一个梦》曾像春雷响彻在世界的上空。'我有一个梦'成了每个人心中挥之不去的情结。我的梦想是做一名优秀的人民教师，让学生沉醉在我的课堂！我的梦想是做一名优秀的校长，让校园充盈人文的光芒，让每一位师生在我们的校园幸福地成长！为了这一梦想，我曾呕心沥血，我曾披星戴月，我曾上下求索"，我的思绪又飞到了25年前，想起了那曾经走过的日日夜夜，想起了伴我成长、给我欢乐、给我启迪的一幕一幕……

一、"空试教的刺激"——在蹒跚中学步

故事一：大约是我上初中二年级吧，学校调来一位非常年轻漂亮的女教师。她身材苗条，皮肤白嫩，鹅蛋形的脸上一双眼睛特别明亮。听说她是下放知识青年。学生都喜欢漂亮的老师，一听说她教我们班的物理，我们都暗自高兴了一阵。一天，她教"作用力和反作用力"一章，讲到桥面对桥墩有作用力，同时桥墩对桥面有一反作用力时，可笑无知的我们当时怎么也不明白下面的桥墩怎么会对上面的桥面有反作用力，于是我们就和她争论起来。我清楚地记得，女教师那雪白的脸蛋通红，但就是讲不明反作用力来自何方。我们这一帮争强好胜的少年就嚷着吵着到学校教导处，要求教导主任换一位有真才实学的老师教我们物理……

这个片断在我的脑海里烙下了深深的痕迹，它给我的影响太深了。

朦胧中，我少年的心里萌生了一个念头：将来我当老师的话，我一定要把知识讲得清清楚楚、明明白白，绝不允许自己急得满脸通红而学生仍然是稀里糊涂。这恐怕是我第一次心中萌生了当教师的念头吧。

也许是天随人意，也许是心想事成，"长大后我就成了你"，我真的考上了师范，成了"文化大革命"后走上教师岗位的第一批师范毕业生。1981年暑假，18岁的我怀着对未来无限的憧憬和希望走上了小学教师工作岗位。20世纪80年代初期，是教育战线的又一个春天，教学改革的浪潮一浪高过一浪。"加强双基，发展智力，培养能力"是那个年代的主旋律。公开教学活动此起彼伏。我是正规师范的毕业生，不容分说，公开课的历史担子落在了我的身上。

故事二：星期三下午政治学习时间，全校教师济济一堂坐满了三（1）班教室。初出茅庐的我站在讲台上面对50多位教师进行"空试教"。这是怎样的"试教课"呀！没有学生，我必须把教学环节的每一句话像面对学生那样讲出来。这真是为难我了。有时刚讲了几句，老校长就打断说："停下来！这里不应该那样提问，应该这样问……"啊，漫长的40分钟终于结束了，老师们对我这堂课的评价是：教学语言平淡，没有起伏和高潮，不能激发学生的情感，拨不动学生的心弦。课尽人散，只有我孤零零地站在空荡荡的教室里。我脑子里一片空白，脊梁上凉飕飕的，似有无数的小虫在蠕动，伸手一摸，内衣居然已经湿了。

这堂公开教学前的空试教对我的刺激太大了。我曾作为优秀的师范生留在附小，我曾作为300名师范生的代表在师范内上过公开教学，可是一走上工作岗位的这堂试教课叫我终身难忘。它逼着我静下心来认真反思：优秀的教师语言应该充满魅力，我行吗？优秀教师应有深厚的文化底蕴，我的底蕴厚吗？优秀教师应当有丰富的人文情怀，我具备吗？优秀教师应当具备扎实的教学基本功，我有吗？我离优秀教师的标准还相差十万八千里。是甘居平庸，还是追求卓越？生性好强的我毅然选择了后者。

从此，寂静的校园内出现了一位晨读者，那就是我。伴着冉冉升起的朝阳，闻着淡淡的月季花清香，我吟诵着唐诗宋词，美文佳篇。我字正腔圆地读，我激情澎湃地诵，我入情入境地吟。渐渐地，我的朗读有感染力了，我的演讲有号召力了。我参加了县市组织的演讲比赛，屡屡获胜而归，我的自信心渐渐地增强了。

从此，我办公室黑板上多出了一块练字栏。我临柳体金戈铁骨，我仿欧体圆润端庄。办公室的老师都成了我的书法老师，一下课，我就搜着一手好字的陈老师、王老师给我的字"加以评论"。从间架结构到字体神韵

一一指点。渐渐地我感到自己的字写得像样了，有神气了，有精神了。

从此，我的办公桌上、枕头边上出现了古今中外的文学名著、教育名著。伴着教学名著，我逐渐登上教育的山峦，我在山顶结识苏霍姆林斯基，拜访巴班斯基，和人民教育家陶行知对话，与语文教育大师叶圣陶交流。我体会到教育的最大技巧是"爱"，教育的最终目的是促进学生的最优化发展，"教是为了不需要教"，"千教万教教人求真，千学万学学做真人"，教育的最高境界是"捧着一颗心来，不带半根草去"。

中秋佳节，校园内人去园空，我独坐桌前，徜徉在教育的海洋里。

新春佳节，拜见长辈和亲友后，我闭门读书，沉浸在《红楼梦》的虚幻中。

我思索、我探寻、我迷惘，我在寻找语文教育的真谛，我在苦苦地追求教书育人的"秘诀"……

二、求学路上的碰壁——在挫折中彷徨

故事三：大约是1982年，我高中的同学陆续通过复读之后考上了大学，这对我产生了巨大的冲击。在高中读书时，我的成绩在班上数一数二，年级里也名列前茅。可现在原来成绩不如我的同学都考上了大学，我的内心不平衡了。我，一位小学教师，只有中师学历，当时因为家境贫穷，父亲要求自己报考师范学校，尽早为家庭减轻经济压力，我作为听话的儿子顺从了父亲的安排。现在我想一边工作一边报考大学。老校长知道了我的想法，找我到校长室和我长谈了几个小时，用他自身成长经历谆谆告诫我：作为一名小学教师仍可有所作为，仍能得到社会认可，体现自身价值。谈话结束前，老校长问我："你想通了没有？"年轻气盛的我直截了当地回答："没有，我还想上大学。"一听我的话，老校长气坏了，脸一沉，说："如果你还想考大学就把你调到农村去。"就这样，我们的谈话不欢而散。

说实话，当时小学男教师的社会地位是很低的，我刚参加工作，月工资是36.5元，第二年正式定级为每月42元人民币，去掉每月伙食费及零用钱，一年只能节余180元左右，只够买一辆自行车。再加上我们是从农村考上师范的，在县城没有住房，将来找对象成家一系列困难摆在我的面前。更可气的是，办公室内一些年老的女教师当着我们的面说："我家女儿是不会嫁给农村上来的，又没有住房，又有一大帮农村亲戚，将来麻烦多呢。"冷静想一想，这些女教师的话并没有讲错，谁不希望自己的子女过上好日子呢？如果嫁给我们这样的农村孩子，不知哪一年才能住上自己的房子，过上好日子呢。

那一阵,我的情绪十分低落。继续考大学吧,校长不答应;就此罢休吧,自己不心甘!好在我喜欢看书,书籍排解了我的忧愁和苦闷。走进课堂,孩子们的笑脸给了我精神上的慰藉。读书、教书成了我那一阵子唯一的精神寄托。我在等待,等待有朝一日老校长改变主意,等待有朝一日教师地位有质的变化,等待有朝一日我自己改变了主意,安心做一名小学教师……

三、奏响"小溪流的歌"——在赛课中成熟

故事四:1985年的秋天,学校能容纳500多人的大礼堂内济济一堂,来自省内各大市的教学骨干正在听我执教的古诗《春望》。诗圣杜甫《春望》一诗集中体现了诗人沉郁顿挫的诗风。诗人为"国破山河在,城春草木深"而见花落泪,闻鸟心惊。为了突出诗人忧国忧民情怀,我补充了诗人"平生第一快诗"《闻官军收河南河北》,诗人为平复叛军而喜,为收复失地而狂,为结伴返乡而歌。两首诗一忧一喜,一首是忧极而惊,一首是喜极而狂,正反对照,突出诗人与祖国人民同呼吸、共命运的崇高人文情怀。我详教《春望》,略带《闻官军收河南河北》,一悲一喜,一详一略形成鲜明的对比,给学生以强烈的情感震撼。诗歌打动了听课的教师,我的教学也同样感染了听众。课毕,礼堂内响起热烈的掌声。

《春望》是我第一堂赢得广泛声誉的公开课。课毕,我静坐反思,这堂课之所以成功,我认为归功于:①教者对教材深入地把握,我整整参考了10多本教学书籍。我研究了诗人杜甫的诗歌风格,我查阅了杜甫的生平事迹,我查找了这首诗的时代背景,我深入地阅读了这首诗的分析文章,我把握了这首诗的深蕴内涵,我为了吟好这首诗闭门练读了两天。②教者大处着眼,小处着手的教学设计。对比式教学是大处着眼。而何处讲解,何处设问,何处吟诵,何处留下空白这是小处着手,正因为战略上藐视,战术上重视,为教学的成功奠定了扎实的基础。③教者入情入境的渲染、描述、吟诵也是这堂课成功的保证。"情感是诗歌的生命",没有情感就没有诗歌,同样情感也是课堂教学的法宝。没有情感的教学是平淡乏味的教学,没有情感的教学是游离文本的教学。"夫缀文者情动而辞发,夫观文者披文以入情。"在课堂上打动学生的是情,感染学生的是情,震撼学生的依然是情!我仿佛领悟了教学的"真谛":要上好课,一要有扎实的功底,二要有精彩的设计,三要有真挚的情感。

故事五:1988年年底,江苏省教委教育局在仪征化纤举办首届青年语文教师大赛。我作为镇江市代表参加省级比赛,执教的课文是课外读物,著名童话作家严文井的童话《小溪流的歌》。我面对斯霞、李吉林、袁浩、

顾美云等一大批全国著名的特级教师评委，沉着走上讲台，转身在黑板上写下一行清秀的大字：小溪流的歌。返身问："同学们，小溪流是什么呀？你看到过吗？"根据同学们的回答，我用黄笔在黑板上画了几座峰，然后用蓝笔画了一条清澈的小溪流。随着教学的进程，黑板上依次出现了枯树桩、小村庄和小河、海洋。学完课文，黑板上出现了一幅色彩鲜艳的小溪流从小到大的彩色图画及相关文字。我的课毫无争议地获得了一等奖。赛后，《江苏教育》在封面上这样评价我："孙双金老师在讲台前风度翩翩，光彩照人。他出众的才技、缜密的思维和学生间特有的默契把教学活动引入了艺术的殿堂，听他的课是一种艺术享受。"

《小溪流的歌》产生的反响是权威刊物把我的课提升到艺术的高度。我追问自己：艺术是什么？艺术是音乐，艺术是画面，艺术是构思，艺术是语言，艺术是情感，艺术是魅力，艺术是享受。语文教学是一门综合艺术，语文教学也是一门永远遗憾的艺术。它是一种美的享受，它促成我对人生的不懈追求。从此我走上了研究语文教学艺术的道路。我研究语文课堂教学的艺术特征：形象性、情感性、独创性。我研究课堂教学的"空白艺术"，追求此时无声胜有声的艺术效果。我探索如何朗读后留空白、设问后留空白、板书中留空白，作业中留空白。我研究教学设计艺术：强调教学设计应有主线贯穿始终，讲究教学结构的张弛有度，训练密度的疏密有间，追求先声夺人的教学效果，营造言有尽而意无穷的教学意境。我研究教学高潮的艺术，讲究逐层递进、讲究层层剥笋、讲究众星拱月、讲究跌宕起伏。我研究教学细节的艺术，追求导入语、过渡语和结束语的优美动人和出人意料。

故事六：1989年11月，中国教育学会小学语文研究会及小学语文研究会会刊联合举办全国首届中青年教师阅读教学观摩比赛。来自全国29个省区市的代表和参赛选手2500多人济济一堂。这是全国语文界解放后的一件盛事。各省（区市）选派一名选手代表本地最高水平参赛，我作为江苏代表选手参赛十分荣幸。由15位全国小语界权威、著名的教授、专家、特级教师组成评委团，有高惠莹会长，有斯霞老师，有袁瑢老师，有李吉林老师，有朱作仁教授……我执教的课文是袁鹰的散文《白杨》，真可谓无巧不成书，黑龙江、吉林、四川三位选手跟我选择了同一篇课文。有老师开玩笑地说："不怕不识货，就怕货比货。这次就看哪棵'白杨'最粗最壮了。"我是最后一天参赛，我凭借自己对教材深入的把握和对教材独特的处理，赢得礼堂内教师们雷鸣般的掌声。坐在我旁边的北京教师热情地向我祝贺："祝贺你，小伙子，转眼间你就成了全国有

名的教学明星了。"我的课得到评委一致好评，荣获一等奖。

"转眼间就成了全国的教学明星"是别人的赞誉，其实在赞誉的背后倾注了我多少的心血和汗水。我在赛课中一路走来，从校内第一到县内第一，从县内第一到大市第一，从大市第一到全省第一，从全省第一到全国一等奖。对我个人来说，各级比赛是十分重要的机遇，如果没有这个机遇，我恐怕难以这么快让大家认识、了解。但机遇是垂青有准备的头脑的。有人说，机遇就像一匹奔驰的骏马，只有做好充分准备并有实力的人才能够抓住缰绳，一跃而起，骑上这匹飞驰的骏马。否则，再多的机遇来到你的面前，你也不能够抓住它，拥有它。我觉得这话十分深刻，值得青年朋友们深思。

全国比赛回来后，各地邀请我去上课的邀请函纷至沓来，我外出讲学的足迹遍及大江南北。但是不久，我发现我的教学存在问题：什么问题呢？同一篇课文的教学设计、详细教案，我在此地上课上得很生动，甚至很轰动，而到彼地则上得很沉闷，甚至很吃力。这是怎么回事呢？一时，我陷入了深深的苦恼中，迟迟找不到问题的答案。有一阵，我谢绝了讲学邀请，重新静心反思、潜心学习，在课堂实践中探索，在理论书籍上思索。有同事和我开玩笑："孙老师，你已在全国获得一等奖了，难道你还要到联合国去拿奖吗？何苦和自己过不去呢？"是呀，在一般人看来，我仿佛已功成名就，可以歇一歇喘口气了。但是我一歇下来，几天不看书，几天不研究语文教学，心里就感到空得慌、闷得慌。看来我和语文教学已结下了不解之缘了，这辈子恐怕也无法离开语文教学了。语文教学已溶进了我的血液，和我的生命融为一体了。

经过一段时间的闭门沉寂，经过一段时间的痛苦思索，我发现问题出在原来追求的是教师自己所谓的教学艺术，而忽略了学生学习主体的研究。学生心中有什么疑问我没有去问，而去琢磨如何设计高明的问题；学生学习的兴趣如何激发不去研究，而去琢磨如何达到"先声夺人"的效果；学生学习方法不去考虑，而去琢磨教师如何运用巧妙的教法让学生学得有趣……我走入了只研究教师、只研究教材，而忽视了学生主体研究的方向。反省之后，我案头多起了学生主体研究的书籍，备课我再也不闭门造车，"运筹帷幄"，更多地是走近学生，倾听童声。倾听儿童的问题，倾听儿童的见解，倾听儿童的心声。走进童心，让我的教学又走入了新的天地。

四、挑战自我、名师——在竞争中超越

故事七：1999年下半年的开学第一周，我到五年级办公室和教师们

聊天。五年级一位教师对我说："孙校长，有些传统性教材没有什么意味，比较难教，你能否上给我们看看呢？"我问："你认为哪篇课文比较难教？"她说："这一册的《落花生》，就比较难教，你就上这一课吧。"第二周的周三下午正好是业务学习时间，我把全校教师集中在阶梯教室，借班连上两节课。我运用问题教学方式，结束课文之前搞了类似《实话实说》栏目，以"现代社会，你是想做落花生式的人，还是想做苹果式的人"为话题展开辩论。课上学生畅所欲言，各抒己见，课堂上学生情感的闸门不断被开启，学生智慧的火花不断被点燃。

《落花生》一课就像在热油锅里撒了一把盐炸开了。有老师说："孙校长，你这堂课的风格和你以前的课风格不同了。"我反问："有什么不同呢？"他说："你以前的课最大的特点是严谨，你今天的课最大的特点是洒脱。""洒脱是一种境界，那是教师从关注预设的教案，走向关注生成的课堂，是教师课堂教学炉火纯青的体现。"另一位教师议论道。开始提议我上《落花生》的老师问我："孙校长，你在备课上花了多少时间？"我说："我真正花在这篇课文备课的时间不超过一小时。"回答着老师们的提问，我自然就联想起苏霍姆林斯基在《给教师的一百条建议》一书中举的案例：有一次苏霍姆林斯基去听一位历史老师的课。听课时他总有一个习惯，记下执教教师教学环节，课后给予点评。可那堂课讲课教师一下子就把他吸引住了。直至下课他笔记本上没有记下一个字。那课太吸引人了。课后他问那位执教老师："你备这堂课花了多长时间？"老师回答："我花在备课上的直接时间是15分钟，但我一辈子都在备这堂课的。"那位历史老师的回答给我以极深的印象。多么富有哲理的话语，正因为他一辈子都去准备，所以他才能在短短的15分钟备出如此精彩的课。是否应验了"功夫在课外""台上一分钟，台下十年功"的至理名言呢？

故事八：2004年4月，江苏省教研室苏教版编委会决定在扬州举行一次"苏教版教材名师教学观摩大会"。各县市教研员、教学骨干和来自全国25个省实验区及网友代表约1500多人汇集扬州。组委会邀请于永正、支玉恒、贾志敏、靳永彦、徐善俊和我6位名师到会上展示课。我选上的课文是苏教版第十册著名作家冰心的散文《只拣儿童多处行》。为了准备这一课，我把自己浸入了冰心的世界，我阅读着冰心，我的心变得那么纯净，仿佛到了冰清玉洁的世界。冰心让我变得那么宁静、纯洁、高尚，我仿佛也成了爱的天使，融入爱的怀抱。两堂课毕，礼堂内爆发出热烈的掌声。主持人高林生局长那洪亮的声音响彻礼堂："孙老师大家风范，大道无痕。如果说儿童是最美的春光，那新生的祖国就和儿童

一样可爱！"走下讲课的舞台，坐入席位中，身旁镇江中山路小学的副校长对我说："孙老师，你的课太感人了，太美了！"

扬州，历来就是文人墨客向往的地方。"烟花三月下扬州"道出了多少读书人的心驰神往。2004年4月扬州江苏省小语会的一场盛会，5位前辈级名师汇集扬州，对我这位后生来说既是一次极好的学习机会，更是一次极大的挑战。我是喜欢挑战的人，往往压力越大，潜能激发得越大。一堂课，能折射出一个人的人生智慧。人生智慧表现在对自我的认识，对他人的认识和对客观世界的认识。备课时，我一直在思考，我的优势在哪里？我以前的课有哪些特色？我的一堂《泊船瓜洲》曾因紧扣诗眼，丝丝入扣，让语文教育专家张田若先生发出"古诗教学竟能如此引人入胜"的感慨；我的一堂《落花生》曾因超文本的解读，把辩论引入课堂，在国内外引起极大争议，至今余波未平；我的一堂《天游峰的扫路人》曾因运用自主、合作、探究教学方式，在教学中把教师藏起来而引得周一贯先生赞叹："孙老师这堂课淋漓尽致地阐释了新课标的理念。"这次面对"世纪老人"冰心的名篇，我将在哪方面有所突破呢？我陷入了沉思……于永正、靳家彦、贾志敏、支玉恒、徐善俊这5位享誉全国的大师级名师，他们的课炉火纯青，进入了"自由王国"的境界。我作为一后辈学生，如何继承他们，如何超越他们，我陷入了沉思……全国第八次课改从2001年起步，到2004年已实验3年，新课改的理念如何在语文课堂上实践、尝试，放射出夺目的理性之光，我陷入了沉思……冰心是位"世纪老人"，她是爱的化身、善的化身、美的化身，如何让学生在学习《只拣儿童多处行》的课文中感悟冰心那"有了爱就有了一切"的高尚情怀，我陷入了沉思……

人生智慧、教育智慧就是在诸多矛盾中找到一条解决矛盾的最佳路径。执教冰心的《只拣儿童多处行》，我寻找到了一条让学生从作品走向作家，从文字走向心灵，从课内走向课外的最佳路径，那就是紧紧扣住冰心那"有了爱就有了一切"的名言，用"爱"贯穿始终：爱儿童，爱春天，爱星星，爱大海，爱母亲，爱祖国。就像网友张宏军、姜海宽在网上评论的那样："烟花三月，在古城扬州举行了苏教版小学语文实验教材第四期培训会上，我们有幸零距离聆听了孙双金老师执教的《只拣儿童多处行》，如临春风，如沐春雨，如饮甘露。课文字里行间流露出的爱和教师从心里流淌出的爱有机地融合在课堂教学中，深深地感染了所有学生和一千多名听课老师。没有爱就没有教育，孙老师正因为拥有深入骨髓的对学生的爱，所以能把语文教学演绎得如此出神入化、炉

火纯青，充满无穷的魅力。"

"艺术的最高境界是无技巧"，教师要想在课堂上挥洒自如，"潇洒走一回"，那么，就应该做有思想、有文化、有情感、有艺术的教师。

教师是学生人生道路上的思想导师。教师应用自己思想的火种去点燃学生思想的火把。一位有思想的教育者要引导学生去思考科学、思考人生、思考社会、思考未来。教师只有认真阅读了古今中外教育家的思想，融通百家、身体力行才能逐步形成自己的教育思想。

教育的一个很主要的功能是向下一代传承人类几千年光辉灿烂的文化。教师理应成为文化人，要有深厚的文化底蕴。书籍应成为教师终身的伴侣。要有一天不读书，就像一天不吃饭那样难受。教师既是一位博览群书的"杂家"，又是一位熟读本专业书籍的"专家"。有文化才有底蕴，有底蕴才有底气，有底气在课堂上才有灵气。

教育全部技巧就是一个字——爱。对教育事业的爱，对教育对象的爱。只有当教师具有博大深厚的爱心，教师在课堂上才能真正尊重学生，尊重学生的人格，尊重学生的见解，尊重学生的差异；才能真心宽容学生，宽容学生的偏激，宽容学生的缺点，宽容学生的错误；才能真正欣赏学生，欣赏学生的优点，欣赏学生的缺点，欣赏学生的个性。

教学是一门科学，教学也是一门艺术。艺术是相通的，我们的教学艺术就应向一切的艺术学习。学习音乐艺术的灵动，学习诗歌艺术的灵秀，学习电影艺术的综合……把教学当作艺术，就不会把教学当作技术，仅仅在如何导入新课、如何过渡衔接、如何结束课文、如何运用电教媒体上捣鼓。

有思想、有文化、有情感、有艺术的教师是大师，大师的课堂就会充满灵动、充满情趣、充满智慧、充满诗意。

在听专家报告时，突然萌生了我的好课观：书声琅琅、议论纷纷、高潮迭起、写写练练。

在随课堂听课时，陡然闪现充满生命活力的好课标准：一堂好课应上得学生"小脸通红，小眼发光，小手直举，小嘴常开"。

在听别人执教《鸟的天堂》过程中，脑中忽然闪过一念：如果说大榕树是鸟的天堂的话，那课堂应该成为师生精神的天堂！学生在课堂上应该是自由的、充实的、快乐的、幸福的。

五、从县城走向省城——在引领中飞翔

故事九：2003年8月29日，丹阳市教育局局长、书记和人事科长一行三人专程把我从丹阳送到南京市玄武区教育局报到。这一天，我正

式调往南京市北京东路小学任校长。北京东路小学是全国名校，时任教育部部长的陈至立同志视察北小后曾称赞："北京东路小学是我看到的全国最好的小学之一。"北小原校长袁浩先生是全国著名特级教师、江苏省首届名校长。袁校长到了退休年龄，区教育局在省内物色北小新的"掌门人"，我有幸到这样的名校掌舵感到十分荣幸。走进北小校园，只见绿树成荫，庭院深深。走上二楼行政大楼楼梯，楼道转弯口一块大幅铜牌上柳斌主任的题词："含爱生情怀，有教师智慧"跃入我的眼帘，我的心头一颤，这一"情"一"智"两字仿佛拨动了我内心的琴弦……

苏霍姆林斯基说过，校长最重要的是教育思想的领导，其次才是行政领导。作为名校校长，我拿什么思想去引领北小？这是我心中考虑最多的问题。

经过一个学期的了解与熟悉，我找每一位行政领导促膝谈心，我走进每一位教学骨干的课堂深入听课研讨，我和学生座谈，我找家长沟通，我追寻北小发展的轨迹，我研究前任校长的办学思想，"情智教育"的办学思想在我心中越来越清晰，在北小高举"情智教育"旗帜的决心越来越坚定了。

"情智教育"指教育者运用自己的情感和智慧作用于被教育者，让受教育者的情感和智慧和谐共生。我们的"情智教育"思路是从情智管理、情智课堂、情智校园、情智活动着手，培养情智教师和情智学生。

我们的"情智管理"原则是"三重"：重发现，校长要有一双发现的慧眼，要多发现教师身上的优点和长处；重关怀，关怀出真情，关怀出效率，关怀出凝聚力；重激励，在激励中鼓舞教师，在激励中鞭策教师，在激励中培养教师。我的情智管理策略是：以情换情，用校长的真情换教师对学生的真情，用校长的人格感染教师的人格，用校长的善良、正直、诚信、奉献赢得教师对教育事业爱的感情；以智启智，用价值导向启迪教师，用文化力量感化教师，用头脑风暴点燃教师，用外在智力催化教师；情智交融，培养教师的乐业情怀，培养教师的反思意识，培养教师的读书精神，营造教学研究氛围。

我们的"情智课堂"追求的目标是：课堂上学生"小脸通红，小眼发光，小手直举，小嘴常开"。"小脸通红"说明学生兴奋；"小眼发光"说明学生思维的大门开启了，智慧的火花被点燃了；"小手直举，小嘴常开"说明学生全过程、全身心地参与到学习中去了，说明充分地表达了他们所感，所思，所疑，所见，所闻。

我们的"情智课堂"追求的是"登山式课堂"，课堂中让学生经历

思维情感攀登的过程，经历由"山脚—山腰—山顶"的攀登体验过程，让学生登思维的高山、情感的高山、文化的高山。

情智教育，让我找到了一条发展自己，发展学校，发展师生的金光大道。2004年12月，南京市小学青年骨干校长在我校举行"校长办学思想"论坛，我在会上作的情智教育发言获大家好评。2005年，我代表南京市名校长赴杭州参加"西博会"名校长论坛，得到全国600多位校长赞誉。2005年11月，我个人荣获中央教科所"全国首届十大明星校长"称号，学校荣获南京市人民政府素质教育创新奖。2006年第2期《江苏教育》长篇报导我校"情智教育"经验。2006年教育部主管的《人民教育》长篇报导我校"情智教育"的探索和成果。"情智教育"这朵教育园地的奇葩将会开放出更加夺目的花朵。

路漫漫其修远兮，吾将上下而求索。

我将在寻梦的道路上走下去，坚实地走下去……

"教育者运用自己的情感和智慧作用于被教育者，让受教育者的情感和智慧和谐共生。"情智教育，让孙双金老师找到了一条发展自己，发展学校，发展师生的金光大道。"学生小脸通红，小眼发光，小手直举，小嘴常开"，情智共生的诗意课堂，是一种理想，是一种信念，是孙老师多年以来孜孜以求的目标。从孙老师的成长经历中，我们看到了一个不甘于平庸的教育工作者，用自己成长经历中的一个又一个故事为我们讲述他追求卓越的历程……

孙老师的职业适应期步履似乎有些蹒跚，刚走上工作岗位的一次"空试教"给了他很大的打击。面对这样的"难堪"场面，孙老师不是自怨自艾，而是"逼着自己静下心来反思"自身存在的问题，在不断的反思和追问中调整自己，制订自己的成长计划，并一步一步地去实施。面对现实生活中的问题，孙老师也曾产生放弃小学教师职业去考大学的念头，求学路上的碰壁使他在挫折中彷徨。

一次次赛课成功使孙老师品尝到成功的喜悦，他一步步走向成熟，也越来越热爱自己的教师岗位。只要一歇下来，几天不看书，几天不研究语文教学，心里就感到空得慌、闷得慌。他和语文教学已结下了不解之缘，这辈子恐怕也无法离开语文教学了。语文教学已溶进了他的血液，和他的生命融为一体了。随着名气的大增，请孙老师上课的越来越多，孙老师却发现了自己教学中的问题，一时间陷入深深的苦恼，教学走进了"高原期"。冷静思索，挑战自我，与名师同台授课，孙老师迅速越过高原期，他的眼界更开阔了，课变得更加洒脱，课堂教学越发炉火纯青。

从县城走进省城，从教师成为校长，孙老师考虑更多的是如何引领团队的前进。他的"情智教育"思路从情智课堂拓展到情智管理、情智校园、情智活动，培养情智教师和情智学生。从孙双金老师的人生轨迹中，我们看到了一个"反思一探究一醒悟一再反思一再探究一再顿悟"的永无止境的探究历程，我们祝愿孙老师和他的团队在成功的道路上越走越远！

行走苦乐间——我的教学人生之路

二十多年光阴如白驹过隙，二十多年教坛履痕却历历在目。回顾这些年来所走过的一串串深浅不一的足迹，我欣慰：在教育的圣土上，我距我所追求的教育至高境界渐行渐近……

一、在理想与现实之间，我曾迷失方向，是父亲的忠诚、质朴拨正我人生的航船

孟子曾言："父母俱存，兄弟无故，一乐也；仰不愧于天，俯不怍于人，二乐也；得天下英才教育之，三乐也。"在孟子那里，教育成了一种人生目的，是一种"生命之乐"。毋庸讳言，教育是充满激情和诗意的事业，是充满人生智慧和生命旋律的事业，是构成教师全部人生价值和意义的基础。而对当年的我而言，教育是一项艰苦的事业。

做教师于我纯属偶然。从小学到高中，我一直都是班长，而且学习成绩出类拔萃。凡教过我的老师对我都是宠爱有加。那时的我可以说是意气风发、踌躇满志，对未来充满希望。然而，1979年的高考我以本科一档的分数却走进了镇江师专的大门。在大学的三年时间里，我深陷于怀才不遇的怅恨，和自觉命运不公的孤苦中，但我仍然严格要求自己，因为我的心中又有了一个新的梦想：考研。

1982年，当我怀揣着毕业证书匆匆来到我就业的第一所农村初级学校时，我的心又一次掉进了冰窖：这是一所怎样的农村学校？阴沉的天空下，三两间低矮瓦房孤单地伫立着，墙上的石灰已经脱落，就像一个已近暮年的老人。这难道就是我即将工作的地方？我久久地站在校门外，不愿相信这样的事实，直至学校老师热情地迎我入内。早晚要离开这"鬼地方"，我暗暗下了这样的决心。为了能体面地离开，我暂时逼迫自己定下心来，开始了我的工作。不服输的我，在工作中卖力地备课、上课、批改作业、找学生谈话……当然这期间我并没有放弃考研究生离开这里

的念头，我在寻找机会。然而，命运好像在和我开玩笑，得知我准备考研时，教育局通知我，在职教师工作三年后方可报考。我迫切离开教育岗位的希望再一次破灭。在表面的平静与内心的痛苦挣扎中，我度过了一天又一天。我幻想着这一切会很快过去。然而，一年后的一次大学同学聚会，我压抑的心情终于在沉默中爆发了。

那天，我穿戴一新地去参加聚会。然而，整个聚会反而让我心情变得更加郁闷。在聊天中，我得知好些同学已经转行，有调进令我羡慕行业的，也有下海经商已经掘到第一桶金的。当然，也有少数几个同学和我一样，不是没有办法，就是还没有寻到机会，仍围着三尺讲台转悠着。谈到这个话题，大家可以说是同病相怜，都一肚子怨言，待遇低且不说，社会地位更低，连找对象都十分困难。我们此起彼伏地长叹着，整个聚会，就在我的羡慕与懊恼中结束了。我怀着说不清是啥的滋味回到了家。这之后，我又不断听闻某某同学下海了，某某同学发了，在这段风潮中，我的心愈加不能平静了，我开始无心工作，脑海里也不断琢磨着跳槽之类的事。我反复思量了一阵子，便将心事告诉了父亲。我以为父亲会赏识我的胆量，却没料到当了一辈子工人的父亲严厉地训斥了我一番，并语重心长地对我说："……国家培养你这样一个大学生要付出多大代价，你这样不负责任地离开对得起谁……"看着父亲那因激动而涨红的脸，我不由得低下头。一旁的母亲也过来劝我，诉说她因为不识字，以前吃了怎样的苦，极力劝我不能为了自己而不顾学生的将来。一些学生不知怎么知道我有转行的打算，那几天对我好像格外亲热，上课比以前安分多了，课间还缠着我问这问那，有个学生还天真地说："老师，我希望你能永远教我们。"想到这，我的心不再平静，我该怎么办？我矛盾着，犹豫着，彷徨着。见我如此痛苦，母亲很是不忍。

一天晚上，母亲走进我的房间，向我述说了一件至今都让我刻骨铭心以致后来改变了我一生命运的事。她说我父亲好歹也是吃国家粮的，这些年他一直犯哮喘病，按照规定，他一切医疗费用完全可以报销，可我父亲却常常自己掏钱买药，他说作为一个普通工人，党和国家给予他的已太多太多（父亲曾于1978年被评为江苏省劳动模范），按理说应该报答国家，可因为生病，这些年来已经花了国家很多钱，他不能总让国家吃亏，那样他心里不安。这些年来他总觉得自己对不住国家，只是希望儿女将来能替他为国家尽尽这份责任。母亲的话使我潸然泪下，父亲的那句"宁亏自己，不亏国家"的话不由又在耳边响起。就是在那一刻，我做了一个郑重的选择：既然今生注定我在物质上不能富有，那么我就

一定要在精神上做个富有的人，既然教师职业选择了我，我就应该踏踏实实做一名好教师。在理想与现实之间徘徊多时的一颗心终于安定下来。其后的道路尽管走得苦乐参半，但我的教育信念却再也没有动摇。因为有信念，我在后来的人生路上才能甘于寂寞，放弃一个个节假日，让孤灯清影伴我走过春夏秋冬；因为有信念，我才能守住清贫，任屋外灯红酒绿，我独守三尺讲台；因为有信念，我才能抵制诱惑，任凭东西南北风，我始终咬住青山不放松；因为有信念，我才能克服困难，纵然遍体鳞伤，我却胜似闲庭漫步。

二、在教与学的过程中，我受益良多，是学生的感谢告诉我教师角色的真谛

曾经有人向著名特级教师斯霞讨教成功的秘诀，斯霞老师动情地说："我没有什么成功的秘诀，如果有的话，那就是我全身心地爱着我的学生。"于漪老师在她的报告中如是说："教育事业是一个永恒的事业，教师肩上担着千斤重担，教师要有满腔热情满腔爱，和学生心心相印。"当人们惊叹于漪老师精湛的教学艺术和丰硕的教学成果的时候，无不被其崇高的人格魅力所深深折服，而这种魅力的根源就是其博大而深厚的爱心。"甘为泥土护春花"，这就是于漪老师的为师信条，也是我们每位老师师法和效仿的精髓。我以为：教师具有良好职业道德的关键就是要"永远爱着每一个学生"。

1989年5月的一天，我的同事给了我一封信，这是一封来自上海某大宾馆的信。是谁呢？我好奇地打开了信封。"尊敬的陆老师：

您好！我是怀着感恩的心情给您写信的。不知您是否还记得我，那棵整天躲在墙角，孤独而又感伤的无名草……"

"无名草"？我快速地在记忆的仓库里搜寻着，并迫不及待地看了一下落款：田青。对了，是她，我想起来了。

她是我任教的初三的一名学生，当时成绩较差，表现平平，在一群叽叽喳喳的学生中，她显得很不起眼。记忆中，我好像从没有训斥过她，但也好像没有与她谈过心，或表扬过她。

"……陆老师，您还记得初三时我们学校举行的那场歌咏比赛吗？就是在那场比赛中您改变了我，是您如春风般的话语，吹走了我心中笼罩多年的自卑的阴影，使我这棵"无名草"得到了渴望已久的阳光和雨露的滋润，从此便一路茁壮成长……"

歌咏比赛？思绪把我拉回到几年前。原来初三那年，学校举行歌咏比赛，我们班歌咏曲目、歌咏队伍都准备好了，可以说万事俱备，独缺

东风——一个指挥。如果参照其他班级的做法，请一位音乐老师很简单就能解决，但我觉得应该由学生来指挥较好。一次课堂上，我在学生中广泛宣传，希望哪位学生毛遂自荐，可不管我怎么动员、鼓励，就是没有学生肯举起手来，失望之余，我准备放弃自己的想法。突然我意外发现教室后角的田青半举着手，我欣喜之极，好像发现新大陆似的，疾步走到她的桌前，问道："你愿意当指挥？"其他学生闻声回头，见我所说的是田青，有的学生不由大笑起来。这时，我注意到田青眼里闪过一丝惊慌，半举的手迅速地放了下来。我心里明白由于她成绩差，不少学生看不起她。当我制止了学生不礼貌的行为后，再问田青是否愿意当指挥时，她却使劲地摇头。我有些失望。下课后，我不甘心地又找了一次田青，在我的反复开导下，她终于开口了。她说她以前做过一次指挥，只是后来因为学习成绩差，老师大都不喜欢她，以至于学校举行一些活动，即使她想参加，但老师也从没给她机会。我听了，鼻子有些发酸，一年来我不也总是关注所谓"尖子生"？像她，学习成绩不尽如人意的，我虽然没有怎么训斥过，但心里总不大喜欢他们，更谈不上和他们交流、谈心呀。要不是这一次需要一个指挥，我还根本没有如此接近一个"差生"呢！想到这，我忙开导田青，说了好多鼓励她的话。在我的说服下，田青终于答应了。后来，我们班的歌咏比赛获得了一等奖，于是我在班上又大力表扬了田青和其他同学。时间一晃就过去了，这件事在我脑海里也没有留下太多痕迹，没想到田青却始终铭记于心，并说她感谢我。

"……老师，是您给了我信心，让我觉得自己不是一无是处，是您让我走上工作岗位后不再自卑，只要遇到困难，我都会想起这段经历及您对我说的话，于是我便鼓起勇气，在别人不解、嘲讽的眼光中，一路走来，直到今天成了宾馆的部门经理。"

说实话，看完这封信我思绪澎湃，惭愧、感动、思索，百般滋味一齐袭上心头，想不到我当年的一个不经意的举动却挽救了一个即将枯萎的花朵。这封信，让我明白了"教育的内涵就是热爱"这句话的意义，明白了教师的一言一行对学生的影响。原来，老师除了"传道授业解惑"，还不能忘了热爱学生，不能忘了走进学生的心灵世界，不能忘了用一颗真挚的爱心去点燃每个学生内心的那盏灯。

我小心地将这封信珍藏了起来，我要让它时时鞭策、告诫自己，不要忘记关心、呵护学生们稚嫩的心灵。从那一天起，我开始重拾大学里学的有关教育心理学理论的书籍，注意阅读报纸杂志中有关教书育人的报道。在这期间，我还有幸读到了几本好书，如苏霍姆林斯基的《给教

师的一百条建议》、魏书生的《班主任工作漫谈》，以及陶行知的文集。这几本书就像黑夜里的指明灯、冬日里的暖阳、沙漠里的绿洲，给了我前进的方向、进取的动力、奋斗的希望，以至于我在以后的工作中能全身心地关心、疼惜我的学生。我也因此得到学生的爱戴，每年的教师节或春节，我都会收到来自四面八方的书信，而这些书信便又一直感动并激励着我奋力前行。

三、当教学日趋熟练时，我裹足不前，是马明老师的课拓宽了我的视野

1987年10月，我有幸被学校安排去南京听特级教师马明的课。说真的，当时在我的心里特级教师是一个什么概念，还模糊不清，只知道那是一个了不起的称号。我当时错误地以为特级教师上课无非也就是一本书，一支粉笔，数学老师外加一把尺。课前只要大纲读细点、教案备详点，一堂课就这么上了。然而，就是这堂课让我的教学思想又一次发生了巨大转变。如果说刚听课时我是怀着不以为然的心情，那么当我听完马老师的课后，我的心情就无法用笔墨形容了，我被深深震撼了：手中无书，但一切都了然于胸；桌上无尺，但随手一挥，一切图形都如空中彩虹那么优美；话语时少时多，少时，给人感觉字字有如珠玑；多时，又让人觉得书香扑鼻。真的可以说，整个课堂就好像马老师手中操作的机器，不，好像又不是，机器只会听人摆弄，但马老师的课堂上，学生个性张扬、思想活跃，学生有完全的自由，马老师只是偶尔稍加点拨，没有刻意遥控。啊，数学课原来还可以上得如此完美，让人觉得如读窈窕文章，如诵明月之诗。我豁然明白我的课为何总是波澜不惊。我一定也要上出这样的课来，记得当时我就立下了这样的志向。

听课回校后，我便毕恭毕敬地在笔记本上写下了那句至今都让我不敢懈怠的话——做一个像马老师那样优秀的数学教师。如果说我有什么偶像的话，那马老师就是我一生的第一个偶像。

为了提醒自己不要半途而废，我每周都制订详细的工作计划，不管工作多忙、时间多紧，我每天都坚持学习。我首先从基本功——绘图练起。我常常一个人在空荡荡的教室里，拿着一支又一支粉笔在黑板上涂着、画着，手酸了，腰疼了，眼累了，我仍不罢休。终于有一天，我也能随手在黑板上一挥，一道优美的弧线便神奇地出现在眼前了。从此，上我的课，学生便希望我多在黑板上画图形，因为他们觉得看老师画图也是一种美的享受。为了上课能像马老师一样"惜字如金"，每上一堂课前，我都以说课的形式。先用录音机录下来，然后重新播放几遍，力争将可

有可无、不得体的话删去，对缺乏启发性的话进行反复修改。上课时，我又特意邀请同事临课指导。我常常进出图书馆，借阅一摞又一摞书籍，于是，一桌、一椅、一盏小小的台灯，便伴我度过了一个又一个静读的夜晚、忙碌的周末。后来我又脱产进修了数学本科学历。在重回大学的那两年里，我如饥似渴地阅读了大量的教育教学理论书籍，研究了几十名特级教师的教学艺术，做了整整二十多本厚厚的笔记。通过学习生活的、专业的、教育教学的甚至其他社会科学的各类知识，积聚着沉淀于心底，我觉得眼前的路越来越亮了。

天道酬勤，终于有一天，我也成了学校教学骨干，多次代表学校参加省市各项教学大赛并获一等奖，连续被评为"扬中市十佳教学能手""扬中市中小学教师学科带头人""镇江市中小学教师学科带头人""镇江市优秀科技工作者""江苏省优秀教育工作者"。我曾经仅仅是一名勤奋的教师，在成长的过程中，我不断探索着教学艺术。

四、当成功唾手可得时，我逐渐满足，是于漪老师的报告引领我登高望远

当我面对这些成绩有些飘飘然时，一场不期而遇的报告会又促使我清醒地审视了自己。那是20世纪90年代初，我参加的某个培训班邀请了特级教师于漪为我们作关于教育教学的报告。报告会上于老师以声情并茂的语言讲述了她的教育人生经历，她说作为一名教师就要有这样的思想：不能仅把教师作为养家糊口的职业，而要把教师作为一种事业，不能仅求做一个合格的教书匠，教师要给学生一碗水，教师首先得有一桶水，而且还要有长流水。每一个教育工作者都要勇敢地做一个研究型、专家型的教师，因为教育关系祖国的存亡和兴衰，振兴民族的教育事业是我们每个人的责任。

时隔这么多年，那场报告会的一些情节我已逐渐淡忘，但于老师的这些话却如刀刻于脑海，任凭岁月风雨的磨砺不曾消失。我至今还记得当时我心潮澎湃、热血沸腾，同时我想起了我那质朴、忠诚的父亲，我觉得我是该对过去的教育教学生活好好梳理一下了。

我一直十分迷恋孤灯一盏、清茶一杯、书香满怀的意境，所读之书尽量宽泛，教材、习题、教学参考书、教育刊物、教育理论书籍当然要读，文学、历史、经济、哲学、人文等方面的书籍也要涉猎，同时我经常反思，因为只有不断进行总结、思考，掂量自己的教学得失，才能摆脱陈旧、保守的窠臼。同时，我开始更加积极地参与到各种教科研活动当中去，听课、走访老师、查阅资料、分析案例、外出观摩、研究典型、尝试新

教法……当新课改还在其他城市悄然进行时，我已"摸着石头过河了"，一些体现学生为主的"导学式""合作讨论式""自主探究式"等教学新模式，逐渐走进了课堂。我规定自己的数学课一般只讲20分钟，而把大量的时间和空间还给学生：问题学生提，疑难师生共同讨论，课余时间学生自己安排。我不再仅仅注重数学知识的传授，更注重培养学生用数学眼光来看待问题，引导学生用数学方法思考问题。我和数学组的老师们申请了多项国家级、省市级课题研究，其研究成果受到省、市专家和同仁的一致好评，并在一定范围内得到推广。我积极为国家级或省级刊物撰写教改论文，与省内外专家探讨教改困惑，交流研究心得。2000年4月，我被教育局举荐参加国家级首批骨干教师培训。在华东师范大学，朱德明教授的"现代数学大观"让我眺望了数学明天的美景；袁震东教授的"数学建模"使我深深体会到数学应用的价值；唐瑞芬教授的"数学教育的理论与实践"又给我初窥国内外数学教育最新动态的良机；顾泠沅教授的经验，给我们指明了一位普通教师成长为一名专家学者的成功之路；张奠宙教授的旁征博引，更使我懂得了一个数学教育工作者所面临的历史使命。上海、苏州、浙江等地先进学校的教改经验给我启迪良多："以人为本，以学生发展为本"的课程建设原则深入我心；而"关注学生、关注发展、关注过程、关注与生活联系"的国家九年教学课程标准的基本理念更给我指明了前进方向……还有其他众多国内外知名专家、学者的精彩纷呈的讲演，都使自己获益匪浅。学习与研究，极大地促进了我的教育教学水平的提高。有老师曾这样评价我的课：陆老师的课是一件艺术品，精思巧授，心存爱意，善待学生，寻求师生间的心灵交融。追求数学课能给学生思想的自由、心灵的放飞，引领学生感受数学的简洁美、和谐美。对于同行的赞誉，我自知愧当，但在教研的大海中，我贪婪地吮吸着教育的新乳汁，体验着教学的新感受，采撷着思考的新收获。

五、在登高望远时，我日益清醒，理想的召唤指引我继续向前

作为一名教师，我不懈地追求我的课堂教学的创新。我希望我的课堂是鲜活的，鲜活的课堂讲究真实，拒绝造假，它不把学生当作白纸和容器，随意刻画和灌输，也不死抱教案，牵着学生鼻子走，不敢越雷池半步。我希望我的课堂是灵动的，灵动的课堂追求对话与共享，它阐释的不仅仅是师生之间语言的讨论和交流，更重要的是心灵的沟通和相融，是师生共同的生命历程。在灵动的课堂里，学生享有足够的自由想象的时间和空间，他们可以充分地展示数学思维的发生和发展的过程，可以在自主探索的过程中真正理解和掌握数学知识、技能、思想和方法，同

时获得广泛的数学活动的经验。

我以为，数学教学归根结底是数学活动的教学，是师生之间、生生之间交往、互动与共同的发展，数学教学过程的核心要求是师生的相互沟通和交流，而数学教学过程的完美实现就在于教师与学生的充分理解和信任。"聪明的教师跟在学生后面，愚昧的教师总堵在学生前面。"我希望：用我的耐心和智慧，让学生在数学活动中认识自我、树立信心，让他们能用数学的眼光去认识问题，用数学的思想去揭示问题，用数学的方法去解决问题，让他们在熟悉的生活情境中学习数学，在实际应用中体会用数学的意识，让他们能领略数学的美感，让他们在获得知识、形成能力的同时获得健康的人格。

如今的我，已经年过不惑，在教育这条道路上，我留下了青春年华，洒下了辛勤汗水，体会到了"面壁廿年图破壁"的艰辛劳动，也感受到了"教育人生竞风流"的成功惬意。我由当年的排斥教育，到今天的梦萦教育，我痛着、苦着，也甜蜜着、快乐着。对于教师，即使到了今天，我仍觉得她是普通而平凡的，只是，当我真正走进学生的内心世界，当我真正用整个身心投入教育的怀抱时，我才领悟到教师工作博大而丰富的内涵，才感受到教师工作的幸福和快乐。正如俄罗斯教育家乌申斯基所说："教师的事业，从表面上来看虽然平凡，却是历史上最伟大的事业之一。如果没有教师的劳动，人类积累的科学文化知识和思想观点就会中断，人类社会就会退回到愚昧、野蛮的时代。"

这二十几年来，我是取得了一些成就，我深知成功来之不易，但我更懂得在教育这条漫长而曲折的道路上，我其实才迈出了一小步，我离我的理想的目标还很远，但我会矢志不渝地朝这个方向努力。我会竭尽我一辈子精力，在教育的苦乐之间继续实践与探索，因为今天在我的心中，教育事业早已成了一生的最爱。

陆廷荣老师已经度过了二十多年的教坛生涯，这二十多年来的苦乐人生给了陆老师许多感悟，让他由一个血气方刚、心高气傲的青年变成了一个事业有成、具有远大目标的教学骨干，他的成长经历也对我们有着很多的启示。

陆老师教学生涯初期的经历颇为曲折，也具有一定的代表性。可以说，陆老师在职业生涯的初期对自己的发展没有明确的规划，自身的定位受外界的影响也比较大，这时如果不及时调整思路，就有可能长期陷于自怨自艾的境地，从此一蹶不振。好在他的父母及时帮助他摆正了位置，

让他一心一意地开始从事教育教学。值得学习的是，陆老师一旦确定了目标、明确了信念，就朝着这个方向坚定地走下去，勇往直前，丝毫不退缩，也许正是因为这一点，陆老师成功地度过了职业适应期，在今后的教学之路上也是越走越好，最终成了一名光荣的特级教师。

在陆老师的职业成长期中，有几件关键的事给了他工作的启迪和前行的动力。一件事是陆老师的学生给陆老师寄来的一封信，这封信让陆老师明白了"教育的内涵就是热爱"这句话的意义；另一件事是他偶然有一次机会听了特级教师马明的数学课，马老师在课堂上精湛的教学艺术让陆老师陶醉和崇拜，也激发了陆老师想当一名优秀教师的激情和欲望。特殊的事件对教师的促进看似偶然，却也必然。如果没有教者对自己的高要求，没有教者的反思和顿悟，可以说再多的事件也不能改变现状。所以说，陆老师自身的定位和对成功的追求，再加上一些事件的刺激，使他更加明晰了作为一名好教师的必备的条件，促使他努力学习，潜心研读，苦练基本功，最终能够厚积薄发。

专家的引领、高层次的学习让陆老师逐渐走出了高原期，实现着自我的超越。他申报了多项国家级、省市级课题，脚踏实地地开展研究，力求让科研推动自身发展，让反思促进教学深入；他积极撰写教改论文，与省内外专家探讨教改困惑，交流研究心得……高层次的交流和研讨，专家的指点迷津，既帮助陆老师认识了不足，也指点了前行的方向，帮助他实现了自我的超越。

做实践的理性者，做理性的实践者

1991年秋天，满怀着对未来的憧憬，我踏进了镇江师范的大门。三年的师范学习生活润泽了我的生命，也升华了我的教育理想。三年后，为了丰富自己的文化底蕴，实现更高层次的人生追求，我放弃了已经安排好的工作岗位，来到丹阳师范继续深造。两年的大专学习，我浸润在丹阳师范深厚的人文气息中，如饥似渴地吮吸来自各方面的营养。广泛的阅读和涉猎练就了我扎实的文学功底，机敏的反应和思辨为我赢得了"最佳辩手"的称号，积极向上的人生态度和优秀师范生的全面素质使我成为当年毕业生中唯一的一名学生党员。

1996年，作为丹阳师范首批培养的大专学历的毕业生，我来到了镇江市江滨实验小学。尽管还是一名新教师，但顶着大专生和学生党员的光环，我分明感受到周围投来的目光中蕴涵了更多的疑问、关注和期待。也许是为了回应这样的目光，也许是自己追求完美的性格使然，也许是从小"我要当个好孩子"的惯性，十年的教育教学生涯，我一直潜心于教育教学工作，不断追寻着更高的人生理想。读书学习成为我生活的一种常态，反思实践成为我不断提升自己的阶梯。岁月的磨炼与超越，洗去了我的稚嫩，使我逐渐成长为优秀辅导员、优秀团干部；勤奋和追求褪去了我的青涩，使我迈入了教坛新秀、镇江市骨干教师的行列；默默奉献的执著和追求卓越的人生态度为我赢得了学生的崇敬、同事的赞许和社会的承认，我因此受到了政府的嘉奖，在自己人生的履历上挥写了辉煌的一笔。尽管今天的我，还只是教育战线上一个不起眼的小兵，没有教育家的光环，也没有名特优的荣耀，但回顾自己历经的学习吸纳——实践探索——反思提升——创造辐射的不同成长阶段，我总有着述说的冲动，因为我期待一个普通教师成长的心路历程能激起您的共鸣，也期待因此与正和我一样行进在探索追求之路上的您相遇、相识、相知……

一、学习吸纳，不断丰厚知识底蕴和理论素养，为自身的专业成长厚本培源

从踏上三尺讲台起，我就立志要成为最好的老师。尽管对最好的理解不断发生着变化，尽管时至今日我已知道要成为最好的老师有着多方面的条件和影响因素，但这种志向使我从走上工作岗位的那一天起，就始终没有放松过对自身素养和底蕴的不断充实和锤炼。于是，在繁忙的日常工作中，学习成了我生活的一种姿态。我时常留意报纸、杂志有关教育教学的最新动态和研究成果，静心钻研理论书籍，只要有学习和培训的机会我从不放过。我多次参加了出版社以及省、市教研室、教科室等组织的各级各类通识培训和学科培训，并先后被推荐参加了江苏省首批语文骨干教师培训和江苏省品德与生活（社会）骨干教师培训、义务教育新课程骨干教师省级提高班培训等高层次的培训。通过多渠道学习，我不断更新自己的教育理念，增加自身的知识底蕴，唤醒了自身对教育科研的自觉意识。

"泰山不择土壤故能成其大，河海不择细流故能就其深。"尽管作为一名小学教师，我的学历起点比较高，但我并没有故步自封，工作三年后，我就通过自学考试，取得了南京师范大学汉语言文学本科学历，成为当时小学少有的几个具备本科学历的老师之一。2004年，经过层层筛选，我又在众人惊奇的目光中，跨入了南京师范大学的大门，攻读教育管理专业硕士学位，开始在更高的层次上淬炼自己。研究生阶段，我系

统地学习了教育教学理论，对自己多年的教育教学实践进行反思，规范地进行科学研究，逐渐跳出实践，关注教育的本质，大大提高了自身的理论素养和理性思考的能力。应该说，是学习的自觉意识为我实现从实践者到研究者的转变和自身的进一步发展奠定了坚实的基础。

二、潜心实践，为成为具有鲜明教育思想和风格的教师执著追求

2002 年，第八次课程改革的春风吹绿了江南岸边的小城——镇江。从这一年起，我们镇江市开始实验北师大版的《品德与社会》教材。开学刚一个月，我就接到了一项光荣而艰巨的任务，要在全市 10 月份组织的新课程教学观摩培训活动中执教一节品德与社会课。由于市里把这次活动定位为给广大进入新课程的教师"放样子"，我觉得压力很大。因为品德与社会作为课程改革中为小学中高年级学生设置的一门全新的综合课程，没有"前车之鉴"，也没有"他山之石"，对实施这门新课程的教师来说，是一个极大的挑战。这意味着我要把暑假里刚刚接受的满脑子的新课程理念，马上转化为教学行为，而且要让大家嗅出点新课程的气息来。在准备的过程中，我的教学思想和行为都经受了堪称痛苦的蜕变和洗礼，并开始真正走近品德课程。当时，我并没有想到，这次活动会成为我萌发专业意识，走上专业化发展道路的开始。

随着课程改革的不断推进，随着教材实验的不断深入，我又先后多次在品德学科的各级各类教研活动中执教了公开课、观摩课。

2002 年 10 月，我在镇江市举行的首次课改实验观摩培训活动中做了品德与社会学科的示范性教学，获得了专家的充分肯定。

2002 年 11 月，我面向全市作了个人的教学成绩汇报活动，"友爱残疾人"一课获得了应邀前来的品德与社会课标组副组长高峡和首都师范大学赵亚夫教授的充分肯定和高度评价。他们认为该课例较好地体现了课改精神和实验理念，走在了全国实验区的前列。我被邀请参加了全国教育科学"十五"规划重点课题——小学综合课程教材的开发与实验研究全国交流会，并在大会上做了重点发言，交流自己在实验中的心得和体会，获得了来自全国实验区教学研究人员和教师的热烈反响。我至今还记得，当会议结束后，一位来自青岛的教研员激动地拉着我的手说，"像你这样的教师是可遇而不可求的"。后来，"友爱残疾人"教学实录被作为北师大品德与社会教材培训的示范性课例，在全国各实验区交流，产生了较大的影响。

2003 年 8 月，我又重新挑战自己，选择了综合性极强的"货币天地"一课进行教学实践，全新的教学方式和教学理念，令大家耳目一新，被

教研室的有关专家挑选为镇江市品德与社会学科培训的示范性课例，并先后获得了镇江市品德与社会课评比的一等奖和全国品德与社会录像课评比的一等奖。

在不断地探索和磨炼中，我越来越走近品德课程，也越来越喜欢品德课程给自己带来的挑战和发展。可作为一名班主任和语文老师，工作任务的繁重又不允许我在这门课程上投入更多的时间和精力，我就这样在"鱼和熊掌不能兼得"的痛苦中挣扎着，追求着。

不久，随着学校工作的需要，我被安排到了行政领导岗位。这时，我大胆地向校长提出我要做一名品德课程的专职教师，并把这门课程作为我的专业发展方向。至今我还记得校长眼里的惊讶和惋惜。当时的我，已经在全市的语文教学中崭露头角，并刚刚参加完省级语文骨干教师培训归来，大家一致认为我将是在语文学科上发展的好苗子，前途一片光明。谁会想到我竟然会选择放弃这一切，去做一名谁也不知以后会怎样，在学校、社会上都不会重视的"副课老师"。但是，感谢我的校长对我自身追求的理解和支持，我就这样成了当时镇江地区唯一的一名专职品德课程教师。

成为一名专职品德课程教师后，我真正开始把品德课程作为我专业发展的方向潜心钻研。在潜心实践的过程中，我对品德课程的理念、性质和特点的认识不断深入，逐渐树立了全新的课程意识、资源意识、共建意识，转变了自己的知识观、课堂观、儿童观、学习观，并满怀着创造的激情和喜悦，逐渐进入了"课程创造者"的角色。我在课程实验中大胆尝试适合课程特点的新的教习方式，和学生一起走向社会、走向生活，调查、参观、访问，收集资料，动手制作……在课程的天地中尽情地生长。在这个过程中，我重新蹲下身来，观察儿童，了解儿童的兴趣、需要和发展的水平，尊重他们独特的生活视角、思维方式和价值观念，引导他们和我一起参与课程的设计和实施，真正实现自己"和儿童一起做课程"的理想目标。在四年的教学实验和研究中，我结合自己的教学实践撰写的《友爱残疾人》等多篇教学案例均被收入《伴你教——北师大品德与社会课程案例集》，面向全国出版发行。

2006年的春天，江苏省"师陶杯"论文颁奖大会暨全省实验小学教育科研协进会在镇江市实验小学隆重举行，来自全省各地的获奖代表、教学科研骨干、教授专家济济一堂。我作为论文一等奖的获奖代表，应邀在大会上展示一节品德与社会课。第一次在这么大的舞台上亮相，并且和薛法根、周卫东等特级教师同台上课，要说没有压力是不可能的。

这种压力来自能否证明自己，也来自我能否利用这个机会让更多的人了解这门课程，感受到品德课程的魅力。悉心的揣摩、巧妙的设计、适时的引导、亲切的教态，我没有想到自己的教学会受到如此多与会专家、领导和老师的好评，但更令我高兴的是，老师们说他们知道了原来品德课是可以这样上的，原来品德课也能如此精彩。有趣的是，他们纷纷建议我赶快开设一个个人博客，以便能更好地与大家进行交流，从而催发了我个人博客的产生。

2006年5月，镇江市教育局教研室为我和其他两位品德课程的骨干教师专门组织开展了一次有着特别意义的教学研究活动——镇江市品德课程骨干教师成长例谈，让我们上带有自己风格的观摩课，介绍自己的成长经历，并邀请江苏省教师培训中心副主任、南京师范大学教授及镇江市教育局基教处的同志一起来参加活动。师训、教研、科研、行政等多方面的领导和专家汇聚一堂，为以我们三人为典型的品德骨干教师的成长会诊把脉，来自四面八方的老师向我们投来赞赏甚至羡慕的目光，这使我更加坚信：学科无大小，有作为才有地位，我深信，品德课程是最有魅力的课程，品德教师也会是最有魅力的教师……

就这样，我满怀着对品德新课程的热爱，满怀着对教育理想的执著和追求，行进在品德新课程的路上。我的选择、理想和追求得到了越来越多人的理解和认同。在同伴的合作、学校的支持、教研人员的帮助和行政部门的鼓励下，我逐渐成长为一名在省内外具有一定影响、具有鲜明思想和风格的市级骨干教师。

三、深入研究，不断提升自身的教育智慧，向专业化的方向不断迈进

2002年8月，我加入了苏教·中图版《品德与社会》教材编写组。从一个教材的实践者转变为教材的开发者，对年轻的我来说，是一个极大的挑战。我结合自己在实践中的心得和体会，与专家、学者面对面地交流和研究，虚心地向他们学习和请教，也大胆地提出建设性的意见，并独立承担了教材中整整一个单元的开发任务。在挑战和磨炼中，我逐渐实现了由教材实践者向教材开发者和教学研究者的转变。从此，我的每节课都成了带有研究意味的课，我利用自己处在教学一线的有利条件，既深入课程实践，又跳出课外反思，这样实践和研究相结合的工作方式使我的专业化水平有了极大的提升。

作为教材的开发和建设者，作为一名品德学科的骨干教师，我曾多次受出版社的委托和实验区老师的要求，赴安徽、浙江、江苏、广西等地为老师做教材培训，进行专题讲座。由于有了教学实践者、教材开发

者和课程研究者的多重视角，我的培训呈现出理论和实践结合紧密，贴近老师需求和实际经验的鲜明特色，受到了实验区老师的热烈欢迎。有的地区甚至多次指名要求我去进行培训。我还多次为镇江市品德与社会学科的教师进行培训，应邀为镇江市综合学科骨干教师培训班做讲座，并多次在北京、上海、浙江等地作有关德育课程的专题发言，与专家和老师进行对话和交流。通过这些培训活动和教学研究活动，我进一步开阔了自己的视野，并自觉地将自己对课程的认识、学科的认识和个人的经验有机地融合起来，逐渐形成自己独特的教学实践智慧。

为了使自己的实践探索向理性化、科学化的方向发展，在十年的教师生涯中，我几乎从未脱离过课题研究。工作刚一年，我就参与了学校的江苏省教育科学"九五"规划课题"确立学生的主体地位，培养小学生创新能力"的实验。两年后，我独立主持了镇江市教育科学规划课题"小学高年级语文中学生创新能力的培养"的研究。2002年，我结合新课程实施中课程资源缺乏的现状，申报了国家教育科学"十五"规划重点课题子课题"品德与社会课程资源的开发与整合研究"，并带领课题组的老师扎扎实实地开展了课题研究。我们在研究过程中不断学习、不断思考、积极创造，不仅使课题研究活动形式上有了突破和创新，提高了科研的实效性，也使学校的课题研究有了鲜明的特色。在2004年5月举行的课题中期汇报活动中，课题组的汇报和研究成果得到了中央教科所及省、市、区各级专家和领导的高度评价和肯定，并被中央教科所有关领导作为课程改革的典型上报教育部，打造了学校的科研品牌。在.2004年5月镇江市教研室第二期课题培训活动上，我作为小学的唯一代表作了课题研究的汇报，介绍课题研究的经验。2006年，我主持承担的全国教育科学"十五"规划重点课题"全国综合课程教材开发与实验"子课题"品德与社会课程资源的开发与整合"，被评为镇江市优秀教科研成果一等奖。从参与研究、组织研究，到主持研究，九年的实践经验，使我对课题研究的意义、方法有了清晰的认识，具备了较强的课题研究能力和指导能力，课题研究成为我深入发展、提升自身的有效载体。

2003年3月，借着参与品德与社会教材编写的底气，我勇挑重任，承担了学校开发校本课程的任务，带领10位老师进行了艰苦的探索和思考，以镇江这座历史文化名城为主题开发了"镇江风情"系列校本课程，其扎实的过程、翔实的资料和精美的校本教材获得了省、市、区各级教育领导的充分肯定。他们惊喜地说："这套校本课程的开发让我们看到了江苏小学教师的风采，看到了课程改革的希望。"在我的积极策划下，

学校于2003年12月召开了校本课程开发与实施的专题研讨会，邀请课程专家、省教研室领导，以及来自连云港、扬州等各地的同行参加，汇报学校在开发与实施校本课程中的探索和思考，其新颖的汇报形式和成果在全市乃至全省形成较大的影响，其典型经验在省校本课程经验交流会上做了交流，并发表于《江苏省课改实验通讯》上。2004年7月，《江苏教育》又发表了有关的专题文章，使学校的课改工作形成特色和亮点。

四、深入反思，"积小智成大智"，使自己的专业发展进入快车道

在积极投身教学实践的同时，我还不断地进行反思和总结，把自己教育教学中的经验、做法、困惑、思考以不同的方式表现出来，对自己的教学实践过程作出意义分析和改进。

我提出了"和儿童一起做课程"的理念，在教学实践中坚持开展学情调查，了解学生对课程实施的意见和看法，及时调整和总结课堂教学，使自己的教学贴近儿童、贴近生活，提高了品德课程的针对性和实效性。

我关注学生学习过程，及时发现教学中的问题，认真撰写教学案例，反思自己的教育实践。我的多篇教学案例发表于北师大出版社《伴你教——品德与社会》系列丛书，还先后获得中央教育科学研究所"新课程优秀教学案例评选"一等奖，镇江市课改案例、课件评比一等奖，镇江市教育科学优秀案例评比一等奖等。

我深入思考教学问题，积极撰写教学论文，并在省、市、区级论文评比中频频获得高层次的奖励。我先后获得过江苏省"教海探航"征文评选一等奖，连续三年在江苏省"师陶杯"论文评选中获得一等奖，并多次在国家、省、市级的各类论文评比中获得一、二、三等奖，多篇文章发表在《江苏教育》《江苏教育研究》《学科教育》《课程研究》等有影响的刊物上。

作为具有一定理论素养的实践者，我还应邀参加过多部丛书的策划和撰写。其中，与汪凤炎教授合作的《德化的生活——生活德育模式理论探索与应用研究》一书，已由人民出版社公开出版发行；参与编写的教育科学出版社的课堂问题诊断丛书小学综合实践卷和品德与生活（社会）卷也已出版。

随着品德课程的不断推进，随着自身实践的不断积累，我不仅充分享受着学习和实践的乐趣，也不断收获着丰收的喜悦和甜美。2003年、2006年我连续两次被评为镇江市中青年骨干教师，2004年受政府嘉奖并记三等功，2004年9月被评为"镇江市京口区十佳教坛新秀"。

现在的我，已逐步成长为具有一定理论素养、研究工作能力突出、

教育教学实践智慧较为成熟的实践者、研究者和管理者。我想要以研究者的理性思考，管理者的大胆尝试，实践者的亲身体验，改变人们对品德课程和品德教师的认识和看法，改变品德学科在学生、家长和学校中的地位，去引领更多的老师和我一起走向专业化发展的道路。我想要找到我的同伴，不是一个，也不是两个……

太阳每天都是新的。我渴望带着我的梦、我的理想走进一片新天地。

颜莹老师是一位优秀的青年教师，她充满朝气，充满自信，有理想有抱负，对自己有非常清醒的认识和明确的规划，"立志成为一名最好的老师"是她的梦想和追求。历经十的磨炼，让她变得成熟、老练、沉稳，然而不变的始终是心里的那句话：要成为一名最好的老师。

为了这个梦想，颜老师在学校工作阶段非常勤奋，在不断自我挑战和自我加压后，她取得了一定的成功。

虚心、刻苦、持之以恒的学习是颜老师成长的源泉，读书学习成为她生活的一种常态。通过各种渠道和不同层次的学习，颜老师的教育理念提升了，知识底蕴丰厚了，科研意识增强了。这些都为她今后的成长奠定了坚实的基础。

积极、主动、不畏困难的实践是颜老师成长的阶梯。一次次接受公开课的任务，在经受了痛苦的蜕变和精神的洗礼后，颜老师获得了成功。在品德学科被很多人看作"小学科"的情况下，在省内少有专职品德教师的情况下，她毅然决然主动申请专职教品德学科。困难是一柄双刃剑，处理得当，它会变成你成功的阶梯，聪明的人懂得迎接困难，把握机遇，颜老师是聪明的教师。

认真、深刻、不断的反思是颜老师成长的动力。"积小智成大智"是颜老师教育实践和反思的所得，她常常把自己教育教学中的经验、做法、困惑、思考以不同的方式表现出来，不断地对自己的教学实践过程作出意义分析和改进，多篇案例获奖、被编入丛书，多篇论文在国家、省、市级比赛中获奖和发表。由于不断地积累，颜老师有了较为成熟的教学理念和教学智慧，所以她又被邀请参与一些专著和教材的撰写工作。

"不积跬步，无以至千里。"颜老师在她挚爱的讲台前挥洒青春，在她理想的征途上边走边唱，让我们衷心祝愿她能在今后的人生路上走好。